Los afrancesados

Miguel Artola

Los afrancesados

Alianza editorial
El libro de bolsillo

Obra publicada en colaboración con la Sociedad Estatal de Conmemoraciones Culturales

GOBIERNO DE ESPAÑA
MINISTERIO DE CULTURA

SOCIEDAD ESTATAL DE CONMEMORACIONES CULTURALES

Primera edición: 1989
Tercera edición: 2024

Diseño de colección: Estrada Design
Diseño de cubierta: Manuel Estrada
Ilustración de cubierta: Anne-Louis Girodet de Roucy-Trioson (antes atribuido a Jacques-Louis David): *Retrato inacabado de Napoleón I,* 1808. Óleo sobre lienzo. Musée Bonnat, Bayona, Francia. © ACI
Selección de imagen: Carlos Caranci Sáez

PAPEL DE FIBRA CERTIFICADA

Calle Valentín Beato, 21
28037 Madrid
www.alianzaeditorial.es

ISBN: 978-84-1148-555-5
Depósito legal: M. 53-2024
Printed in Spain

Si quiere recibir información periódica sobre las novedades de Alianza Editorial, envíe un correo electrónico a la dirección: alianzaeditorial@anaya.es

Índice

Listado de abreviaturas

Alh	La Alhambra, Granada.
BAH	Boletín de la Real Academia de la Historia, Madrid.
BBMP	Boletín de la Biblioteca Menéndez Pelayo.
BHi	Bulletin Hispanique, Bordeaux.
BibAE	Biblioteca de Autores Españoles.
BRABLB	Boletín de la Real Academia de Buenas Letras, Barcelona.
BUG	Boletín de la Universidad de Granada.
C.	Le Correspondant, París.
EM	La España Moderna, Madrid.
EG	Estudios Geográficos.
His	Hispania, Madrid.
HZ	Historische Zeitschrift.
IEA	La Ilustración Española y Americana.
NT	Nuestro tiempo.
Pir	Pirineos, Zaragoza.

PCInd	Publicaciones del Congreso Histórico Internacional de la guerra de la Independencia y su época (1807-1811), celebrado en Zaragoza, 5 vols. en 8.º.
PhQ	Philosophical Quarterly, Iowa.
Polyb	Polybiblion, París.
RABM	Revista de Archivos, Bibliotecas y Museos, Madrid.
RCC	Revue des Cours et Conférences, París.
RDM	Revue des Deux Mondes, París.
RdeInd	Revista de Indias, Madrid.
RE	Revista de España, Madrid.
RevBAM	Revista de la Biblioteca, Archivo y Museo, Ayuntamiento de Madrid.
ReAra	Revista Aragonesa, Zaragoza.
REH	Revue des Etudes Historiques, París.
REP	Revista de Estudios Políticos, Madrid.
RH	Revue Historique, París.
RHeb	Revue Hebdomadaire, París.
RHi	Revue Hispanique-París.
RHLF	Revue d'Histoire Litteraire de la France.
RInCa	Revista Técnica de Infantería y Caballería, Madrid.
RPH	Revue Philomatique, Bordeaux.
RQH	Revue des Questions Historiques.

Presentación

Los afrancesados es un libro antiguo, se trata de la tesis doctoral de su autor que, en su momento, ofrecía dos novedades: avanzaba hasta el siglo XIX el límite de la investigación y no condenaba a los colaboracionistas. El estudio de los afrancesados contaba con antecedentes de interés: la *Historia política de los afrancesados*, de Méndez Bejarano (1912), y la serie de artículos que publicara Viñas-Mey en el *Bulletin hispanique* en los años 1923 y 1924 con el título común de «Nuevos datos para la historia de los afrancesados». El azar, en forma de una magnífica edición de la Sociedad de Estudios y Publicaciones (1953), contribuyó a la difusión de un autor desconocido. El paso del tiempo contribuyó a descatalogar la obra hasta que en 1976, Ediciones Turner me ofreció la ocasión de revisar y actualizar el texto. Nunca, salvo en casos aislados, he sido un lector de mi propia obra, y una revisión supone escribir de nuevo. En esta ocasión disculpé mi resistencia ante mis lectores.

Y en 1989, mi hijo Ricardo publicó en Alianza Editorial la tercera impresión, que no edición, a pesar de lo que sugiere la sucesión de editores.

Los afrancesados había sido concebido como el primer panel de un tríptico dedicado al estudio de lo que entonces se consideraba como los primeros partidos políticos de nuestra historia: *Los orígenes de la España contemporánea* (1959). He de confesar que nunca he estado dispuesto a realizar un trabajo semejante para estudiar la última de las tablas de ese tríptico. La vida me ha deparado la ocasión de volver sobre mis trabajos de juventud para terminar lo que dejé sin estudiar en su momento. Era consciente de la importancia de los afrancesados en la historia de España, pero no me sentía con la capacidad necesaria para estudiar su intervención en la construcción del Estado unitario, el gran proyecto de los liberales, que realizaron los afrancesados desde un punto de vista conservador. En la lucha política entre progresistas y moderados aportaron a los últimos las enseñanzas adquiridas en el estudio de la administración francesa, que la política de la Restauración no podía ocultar. No soy capaz de hacer hoy lo que no hice ayer pero espero poder mostrar la exactitud de aquella hipótesis.

Ahora, la Sociedad Estatal de Conmemoraciones Culturales ha considerado que este libro puede iniciar las celebraciones que se avecinan por la efeméride de la guerra de la Independencia (1808). Las circunstancias me dan la oportunidad de recuperar el prólogo de Gregorio Marañón.

Miguel Artola, Madrid, noviembre de 2007

Prólogo, de Gregorio Marañón

I

Sería imperdonable impertinencia mía el ocupar esta primera página de un libro que creo fundamental, para otra cosa que para alabarlo en justicia. Trátase en él uno de los problemas más arduos de nuestra Historia, el de los *afrancesados,* problema que no se puede discutir por mera impresión, aun cuando esta impresión brote del patriotismo. Cuanto dice el autor está basado en una larga investigación y está maduramente pensado. Por lo tanto, hay que oírle, y habría que estudiar tanto como él antes de discutirle. Siempre he creído que el oficio de crítico es absurdo tal como habitualmente funciona y se acepta, ejercido sin otra razón que el autonombramiento del propio censor. La crítica no se puede ejercer con el clásico «me parece», sino con rotundos y fundamentados «esto es así». Pero como lo que yo voy a decir no es crítica sino mero divagar, a sabiendas de que, en caso de no coincidir mi criterio con el del autor, es el de éste y no el mío, el exacto; y como, por otra parte, la forma más segura de la cortesía y de la estimación es la sinceridad, sinceramente diré, «a manera de prólogo», según la clásica frase hecha, mis impresiones sobre esta nueva y considerable contribución al estudio de los *afrancesados.*

II

Soy yo excepcional testigo de la pulcritud y del rigor con que Miguel Artola ha compuesto su obra, con un sentido de la responsabilidad, con una falta de prisa muy poco comunes entre la juventud de hoy; así como de su afán por no limitar su tema a un problema monográfico, sino que, sobre un fondo de época, no trazado a brochazos, sino minuciosamente estudiado, coloca, lleno de vida, el argumento del libro. El hecho de los *afrancesados,* por sí solo, puede ser un dato más para la Historia; pero sólo es Historia en cuanto aparece inextricablemente unido a su ambiente. Ese ambiente es el del breve reinado de José Bonaparte. Y, en verdad, con esta amplitud de visión comprendemos mejor lo que fueron los *afrancesados* y también lo que fue el fugaz mandato del *Intruso.*

Nada podría objetar el crítico más severo al interesantísimo estudio. Sin embargo, en el capítulo de los orígenes del afrancesamiento, que aparece como Introducción del volumen, hay algunos puntos de vista sobre los que quisiera apuntar algún comentario.

El más interesante para mí es que el autor, tras su exacto estudio de los hechos, se suma a la común opinión de que la Revolución francesa fue el fruto natural, diríamos normal, del espíritu del siglo XVIII, es decir, del culto de la razón, del amor a las luces, del *Aufklärung*. La forma más precisa de esta adhesión a la idea clásica se hallará en el párrafo de dicha Introducción en el que, hablando de «los intelectuales», dice que se prevalecieron de la libertad que el Despotismo Ilustrado les concediera «para estudiar y publicar las obras que conducirían al movimiento enciclopédico y más tarde a la Revolución en que la evolución completa su camino».

Ya sé que es un tanto desairado, y quizá inútil, discutir una opinión que, por lo menos entre nosotros y en el momento actual, pasa por dogma, sin acompañar la objeción de largas razones; pero aquí esas razones estarían fuera de lugar. A todo evento, sin coraza ni escudo de argumentos, por ahora, repetiré, porque no es la primera vez que lo digo, mi idea de que aquella opinión general no es enteramente exacta.

Ha sido, sin duda, muy frecuente que los esfuerzos de los hombres generosos para arreglar, en este o en aquel acto de la gran tragedia humana, nuestro imperfecto mundo, hayan acabado en una algarada cuando no en una catástrofe. Como esos esfuerzos de superación alcanzaron en aquel siglo XVIII su máxima ambición –pues se cifraban nada menos que en lograr «la felicidad» terrenal para el género humano, acaso por eso el eventual remate subversivo–, la Revolución francesa fue también de violencia excepcional. Y esto ha hecho pensar a muchos que el noble objetivo de crear una mente libre y un bienestar material para la mayoría de los seres humanos engendra inevitablemente la anarquía. En el final de la frase copiada se ve hasta qué punto puede estar arraigada esta idea: «... *la revolución* –dice– *en que la evolución completa su camino*».

Hace falta insistir poco para darse cuenta de lo peligroso de esta afirmación. Porque de ser cierta habría que admitir o que el afán de la libertad y del vivir propicio, que constituye el fin normal de la evolución humana, son sentimientos subversivos; o que las revoluciones son episodios naturales de la evolución normal. Ambos supuestos son falsos. La humanidad, inexorablemente, marcha hacia la satisfacción adecuada del instinto de la libertad y de la paz. Con los altibajos inherentes a la permanente resaca de las humanas pasiones, que en ciertos momentos de dolor nos tornan pesimistas, es evidente que de siglo a siglo el hombre es más dueño de su albedrío y elimina mayor número de sufrimientos materiales. Y el que la Revolución, que es siempre un episodio retrógrado, pueda interrumpir aquella solemne ascensión, no quiere decir que sea obligatoria, sino que el común de los hombres no está todavía preparado para hacer un uso noble del progreso y lo utiliza para hacer el mal.

III

Además no es exacto que la Revolución surja invariablemente del intento intelectual, del prurito de comprender las cosas y de sojuzgar el dolor. La Revolución francesa, volviendo a su ejemplo arquetípico, fue, como todas las revoluciones, más que un suceso político un accidente patológico, una explosión de las tres pasiones que acechan a la civilización, a saber: el resentimiento, la envidia y la ferocidad masoquista. De esos tres eternos subterráneos motores de todas las revoluciones, los dos primeros los ha creado la civilización misma. Son como «reversos» inevitables del «anverso» del progreso y requerirán muchos siglos para superarse. El tercer elemento, la crueldad masoquista, es una energía ancestral que la civilización no ha podido, y quizá no pueda nunca, dominar. La humanidad resentida, envidiosa o cruel, que alcanza las tres cuartas partes del censo de nuestra especie, aprovecha los brotes de la libertad para quitarse la máscara y echarse a la calle. En las eras de paz, esas pasiones han tenido que recluirse en los antros oscuros del silencio, en los que fermentan y en los que aguzan, para cuando sea, su agresividad. Y a pesar de todos los fracasos, es lo cierto que la libertad es su única medicina, con sus inconvenientes y sus peligros, como todas las medicinas eficaces. Por eso se comprende el infinito tacto y la infinita energía que requiere la aplicación de la excelsa y delicada droga. En América –repito esta observación que ya he hecho en otra parte– el problema es distinto, por lo menos en muchos de sus aspectos, al de nuestra vieja e inmortal Europa. Pues allí los pueblos y los Estados modernos se han desposado, apenas nacidos, con la libertad y viven aún su candorosa luna de miel. Mas la humanidad europea tiene en su conciencia las huellas, quizá ensangrentadas, de infinitos avatares de esclavitud y de libertad. Ésta ha tenido que conquistarla muchas veces y se le ha roto, otras tantas, entre las manos. La vida de los Estados europeos es una perpetua lucha por el ensayo y la conquista de una forma potable y estable de libertad. Unas veces, la libertad conquistada con sangre y dolor, se nos ha hecho pedazos; y otras, el arma con que íbamos a conquistarla se nos ha disparado por la culata. Y, sobre todo, como el amor a la libertad supone una veta de radical dignidad y como todo ser digno es crédulo, a la sombra de la gran cruzada se han alistado las brigadas siniestras de los envidiosos, de los resentidos y de los bárbaros que han deshonrado el ideal y le han dejado maltrecho y sucio del barro del arroyo.

Esos que truncaron la evolución humana, injertando en ella la Revolución, no son, claro es, los hijos; no son la consecuencia de los que propugnan la libertad y el progreso, sino sus radicales y específicos enemigos. Pero los que se apresuran a utilizar el argumento, ya discutido y desacreditado en las escuelas de lógica, de que todo lo que viene detrás es consecuencia de lo que pasó antes, lo olvidan, y olvidan, además, que hay otro aspecto del problema, el fundamental, el de precisar la causa de que, bajo la vida civilizada, pueda persistir la horda atroz dispuesta, en cuanto se aflojan los resortes sociales, a destruir la paz. Nosotros, los pacíficos, nos quejamos de que la paz sea turbada. Pero ¿estamos seguros de que fuera justa nuestra paz y de que la mereciéramos? En la Revolución francesa, que es la que más ha influido en la marcha ulterior del mundo, no sólo por su volumen, sino porque, a diferencia, por ejemplo, de la Revolución rusa, tuvo un maravilloso instrumento de propaganda literario y romántico; en la Revolución francesa, digo, es evidente que la explosión popular fue, no como por inercia se repite, la obra de los enciclopedistas, sino el producto de una vasta conmoción de extensión y profundidad, infinitamente mayores que aquella literatura ingenuamente pedantesca. Los que odian a los intelectuales no pueden halagar más fuertemente el pecado específico de éstos, que es la vanidad, que atribuyendo al correr de sus plumas la capacidad de derribar, como catapultas, los ídolos y los Estados. Todo ese oscuro poder del intelecto es un inocente espejismo. El mismo autor del hermoso libro que comento dice, en varias ocasiones, con absoluto acierto, que el espíritu de la *Enciclopedia* no llegó a las grandes masas, las que se lanzaron a la batalla iconoclasta.

Precisemos, sin embargo. Algo, y algo no menospreciable, llegó, sí, a las masas; pero no la convicción razonada, ni el afán de la luz, ni el sentimental y un tanto infantil deseo de la felicidad y del bien, sino el eco falso, excesivo e inexacto que tiene la predicación, venga de donde venga, en el oído y en la pasión de las colectividades. El hombre que habla a la muchedumbre nunca dice, para estos efectos, lo que ha dicho, sino lo que han escuchado sus oyentes, que, con frecuencia, no coincide con la intención del orador o del escritor. Al mismo Cristo, con haber dicho las supremas verdades con la suprema claridad, le han seguido, o dicen que le han seguido, tantas y tantas veces, no por sus divinas palabras, sino por espejismos de la resonancia de ellas en los oídos humanos, que están radicalmente dispuestos a deformar, con arreglo a sus apetitos, la más pura verdad. Con todo, la verdad es siempre intangible, y la agitación aceda de las almas y el trastorno de la conducta que puede seguir a esa agitación sólo se producen cuando el hombre está acorralado por la injusticia.

Ahora se sonríen las gentes de este modo de pensar, que despectivamente se llama «progresista». Pero el hecho es que cuando se logra sojuzgar o superar a la Revolución, inmediatamente tenemos que reconocer un fondo de justicia en la inquietud del revolucionario; y el antirrevolucionario vencedor adopta, a su vez, invariablemente, la retórica progresista.

IV

Viene todo esto a cuento del origen del afrancesamiento de los españoles que, como certeramente indica Artola, fueron, en parte, los representantes de los buenos, de los excelentes varones que en el siglo XVIII quisieron, honrada y cristianamente, hacer un mundo mejor. Su fórmula, feliz en muchos aspectos, fue el Despotismo Ilustrado, admirablemente estudiado en estas páginas. El Despotismo Ilustrado significaba –y significa, porque hoy está en vigencia en varios países– el reconocimiento de la legitimidad de la libertad y de la necesidad del progreso, pero administrado desde el poder. Tenía el Despotismo Ilustrado sus inconvenientes y sus peligros. Pero para los pueblos incapaces de hacer uso de la libertad y de la cultura no se ha inventado nada mejor. A través de las oscilaciones históricas –y la de los *afrancesados* es particularmente expresiva– ocurre, a veces, que el Despotismo Ilustrado parece una actitud antiliberal. Mas en su origen y en su esencia fue, y es casi siempre, la única forma posible del liberalismo. Artola destaca muy bien este común origen del liberalismo y del Despotismo Ilustrado cuando escribe, hablando de la evolución política del siglo XVIII: «Todo parecía anunciar el Estado liberal. Su teoría se encuentra preformada, sus conveniencias y ventajas saltan a la vista. Y es entonces cuando los *aufklarer* [los hombres de las «luces»], al ir a aplicarlo a la práctica tropiezan con la realidad y sustituyen su liberalismo teórico por un despotismo práctico». No es, en realidad, sustitución, sino matiz. A veces, incluso el matiz despótico es el verdaderamente liberal; sobre todo, aunque parezca paradójico, en los pueblos viejos, trabajados por largas y profundas culturas, creadoras de formas casi anticiviles, desde luego antiliberales, de la individualidad.

Los *afrancesados* españoles, liberales, según ellos, no tan liberales para nosotros, acabaron, durante la guerra y la emigración, por ser enemigos de los que oficialmente se titularon liberales. Éstos, desde luego, tenían también muy poco liberalismo legítimo, fuera de su palabrería. De aquí la confusión con que hoy todavía vemos este episodio de nuestra historia. Los liberales patriotas, los de las Cortes de Cádiz, no eran, como digo, en verdad liberales, como no lo han sido, salvo excepciones, los que desde entonces se han llamado así, no sólo en España, sino en toda Europa. Eran, casi todos ellos, jacobinos, esto es, la representación de la máxima y de la más funesta superchería del liberalismo. Su espíritu era capaz de comprender muchas cosas que no comprendían los tozudos absolutistas, como mi antepasado el pintoresco y furibundo *Trapista.* Pero tenían también prejuicios, algunos tan graves como el anticlerical; y el prejuicio, político y humano, es incompatible con el liberalismo verdadero. Verdaderos liberales no hubo en aquella época más que el pequeño grupo que vivió y sufrió persecuciones sin cuento, acosado por las dos fuerzas extremistas de Jovellanos y los suyos.

El jacobismo, aunque el nombre nació en la Revolución francesa, era muy anterior al episodio que comentamos. Venía actuando y creciendo desde el siglo XVII. Incluso en España, que casi todos los autores, el mismo Artola entre ellos, suponen inmune a estos extremismos políticos y religiosos, existía también. Por ejemplo, la Revolución de Aragón en tiempo de Felipe II fue una verdadera algarada prejacobina. Y este jacobismo, de remota trayectoria, fue el que se interpoló en la noble evolución del *Aufklärung,* convirtiéndole en revolución y retrasando su eficaz trayectoria.

V

Conviene recordar todo esto, porque tiene muchos puntos de contacto con los recientes sucesos de España. Con las diferencias que impone el tiempo y la inmensa evolución en las ideas y en los modos de vida, y, sobre todo, la aparición y el auge de las organizaciones sociales, así como el increíble desarrollo de las técnicas, también ha habido aquí, entre nosotros, una generación de hombres nobles, desinteresados, eficaces, representados, para ser breve y con las necesarias salvedades y ampliaciones, por lo que se designa por generación del 98, y sus secuencias. Las cuales se propusieron colocar a España, retrasada y dormida, en un nivel de dignidad internacional, y lo consiguieron. Sus tres hombres más representativos fueron Ganivet, Costa y Cajal. Los que ahora hacen consideraciones frívolas sobre estas generaciones no podrán presentar nada parecido el día que la Historia exija a todos, ya alejados en el tiempo, las cuentas. No es lo mismo dar voces encomiando las glorias de nuestro pasado que trabajar silenciosa, eficaz y desinteresadamente por mejorar las incomodidades y los defectos del presente.

A la sombra de este generoso impulso se engendró, es cierto, una revolución, retardataria, como todas, y, como todas, patológica mucho más que política. Y, como de costumbre, se echó sobre aquellos claros varones una responsabilidad, que acaso fueron, entre los contemporáneos, los únicos que íntegramente la podrían rechazar. Una vez más, los que los motejan todavía, siguen sus mismas normas sociales, culturales y hasta, en gran parte, políticas. En lo que dicen que se diferencian, no hay más que artificio. Son diferencias de la corteza y, a veces, diferencias inventadas.

VI

A la vuelta de estas consideraciones, ¿queda a salvo la conducta de los *afrancesados?* Con las reservas que impone siempre la actuación humana, nunca libre de error ni de pecado, claro es que sí. Cuantos españoles han hablado de los *afrancesados,* no al son de la fanfarria propagandista, sino en la serenidad del estudio, los han tenido que defender. No hay un solo libro documentado sobre este tema del que los *afrancesados* no salgan absueltos, aun aquellos que fueron escritos para atacarlos.

Existen, entre otros muchos que les favorecen y les alivian de culpa, dos hechos fundamentales que en el libro de Artola se destacan también: uno, que la dinastía española, la de los Borbones, agobiada por sus continuas inepcias en el reinado de Carlos IV, y por la fuerza tremenda de la realidad napoleónica, abdicó en los Bonaparte, en aquella escena que las *Memorias* de Godoy refieren patéticamente, cuando, en Bayona, vieron los pobres monarcas y su valido acercarse al *Corso,* a caballo, con el talante agrio y la boca derramando improperios, en una catarata de su pasión dominadora. Los españoles que creyeron que la salvación de España era más probable afrancesándose, no hicieron otra cosa que seguir a su rey. Su disculpa es mucho mayor que la que hoy concedemos todos, por ejemplo, a los colaboracionistas franceses de la última guerra.

La otra razón es que, frente al argumento de que el patriotismo, con el país arteramente invadido, todo lo debía arrollar, incluso las regias traiciones, está el hecho de que unos años más tarde la misma generación de españoles abría nuestras fronteras a los mismos franceses que antes nos invadieron, aunque esta vez bajo el mando del duque de Angulema. La magnífica rabia de los madrileños del Dos de Mayo, o el tesón sobrehumano de los aragoneses entre los escombros de Zaragoza, dieron quizá el más soberano ejemplo del coraje con que el español está siempre dispuesto a morir por las altas y nobles emociones. Mas, ¿cómo negar que el santo patriotismo encubría, en otros españoles menos admirables que muy luego habían de imponerse, cínicamente, al patriotismo, preparando un camino triunfal, desde el Pirineo hasta Cádiz, a los mismos soldados extranjeros que en 1808 encendieron su pasión nacional? Entonces, dice Artola, pudieron nuestros compatriotas «darse cuenta del nulo sentido que tenía para los absolutistas el término patria».

Y contribuye a aclarar aquella confusión y, desde luego, la conducta de los *afrancesados,* la realidad tremenda de lo que fue el rey *legítimo,* Fernando VII, que es el que ha costado, en toda nuestra historia, más vidas y más sufrimientos a sus súbditos. Ha llegado ya la hora de no apostrofarle como cínico y marrullero, sino de declarar que este soberano da la razón, sin atenuación alguna, a lo que pudo haber de pecado en los que prefirieron, con toda clase de reservas patrióticas, al rey José. Si alguno lo duda, lea en los Archivos Nacionales de Francia la inmensa cantidad de documentos sobre la estancia de Fernando VII en Valençay, durante su cautiverio, mientras los españoles morían por su causa, bendiciendo, los infelices, su nombre. Pocas vidas humanas producen mayor repulsión que las de aquel traidor integral, sin asomos de responsabilidad y de conciencia, ni humana ni egregia; y, por añadidura, para agravar sus culpas, no estúpido, como sus hermanos, sino, ya que no inteligente, avispado.

Todo lo que no fuera acatar a aquel ser de excepcional maldad tiene que parecernos, por lo menos, disculpable.

Y, sin embargo, buen número de los *afrancesados* fueron tan leales a su españolismo y a su monarquismo, que al cesar su compromiso con el Bonaparte que habían jurado por espíritu de orden y por noble sentido liberal, volvieron a la obediencia del *Deseado.* La sociedad española está llena de nombres de aquellos *afrancesados* que hasta muy entrado el siglo XIX eran todavía oficialmente réprobos. Sus descendientes no se avergüenzan del error de sus antepasados. Y no pocos de aquellos varones despojados de su nacionalidad duermen hoy el sueño eterno entre laureles con el unánime respeto de la patria.

Dejemos zanjada para siempre, y zanjada de este modo, la cuestión.

No quiere esto decir que ante el tribunal supremo del tiempo resulte que toda la razón estuvo de parte de los *afrancesados.* Sí que tuvieron sus razones para obrar como obraron y para que hoy les disculpemos. No sabemos lo que cualquiera de nosotros hubiera hecho de haber vivido entonces. Yo, sin embargo, creo que sí lo sé: yo no hubiera sido ni patriota absolutista, ni liberal de los de Cádiz, ni *afrancesado;* yo hubiera sido *jovellanista.*

VII

El libro de Artola es también, aunque en forma no tan explícita, una contribución más a la reivindicación de los *afrancesados.* No es esta reivindicación su conclusión expresa; acaso no es la que el autor se ha propuesto, pero sí la que extrae el lector de su sabrosa lectura. En cuya lectura falta, quizá, la consideración de lo que en la conducta de los *afrancesados* y, en general, en todo aquel inmenso torbellino de pasiones, influyeron los factores religiosos. Nos habla el autor, para explicar la actitud de los *josefinos,* de motivos políticos, históricos y de conveniencia nacional. Pero hubo otros: si no los propiamente dogmáticos, los de las diferencias en el matiz de la religión práctica que, al margen de la ortodoxia, han tenido siempre en España –donde los verdaderos heterodoxos se pueden contar con los dedos de una mano– significación fundamental en la génesis de los movimientos ideológicos y de las resacas populares consecutivas.

Y, al margen de lo religioso pero no lejos de ello, hubo otra influencia que explica no poco de lo contradictorio y confuso del período. Me refiero a la masonería, que actuó en todos los grupos y del modo desconcertante que suele ser su característica. La historia de aquellos años en que se engendraron los sucesos inquietantes que llenan el siglo XIX y los que estamos viviendo, con la emancipación de América y la lucha por terminar el período constitutivo del Estado español, que inició, pero no pudo terminar, la genial Reina Católica, no se hará rigurosamente mientras no se estudie con frialdad, sin coacciones de la propia pasión o de la pasión del ambiente, la influencia de la masonería.

Pero si de todo esto no ha querido hablar el autor, es justo respetar su reserva.

VIII

Con alborozo debemos acoger todos este libro que representa no sólo un importante documento histórico, sino la aparición de un valor nuevo en la ya copiosa e importante generación de investigadores y escritores de la posguerra, que nos permite contemplar ilusionadamente el porvenir.

Toledo, 1953

Introducción

Afrancesados, afrancesamiento. Estas palabras evocan una doble realidad, cuya distinción es cosa obligada si se pretende llegar a conocerla. Existe el afrancesamiento como influencia cultural e ideológica igual que existe la españolización o el europeísmo como fenómenos de carácter general, como grandes corrientes que, repetidas a lo largo de los siglos con intervalos diversos, van trazando sobre un mapa ideal del mundo las corrientes históricas, en todo semejantes a las marinas que saltan a la vista en las cartas geográficas. Su existencia, ineludible por otra parte, se debe en primer lugar al simple hecho de la relación y continuidad físicas existentes entre estados y países de distintas razas, lenguas, religiones y espíritus. La diferencia engendra el intercambio, la moda y los fenómenos de influencia. Uno de estos fenómenos es el afrancesamiento.

Pero esta corriente de influencias que nos llega del vecino país se ha repetido con frecuencia diversa a lo largo de nuestra historia, puesto que hay un afrancesamiento medieval, otro al advenimiento de los Borbones, un tercero con la asimilación en las postrimerías del siglo XVIII de las doctrinas racionalistas y liberales.

Junto con este afrancesamiento ideológico, pero con distinto carácter, tiene lugar en los años de la guerra de la Independencia otro político, material, cuya característica principal, colaboracionismo, ha hecho que le sea atribuido el título con carácter de exclusiva que no tiene.

En estos años que pretendemos historiar se dan con simultaneidad, que en ocasiones ha creado confusión, dos fenómenos que la indiferencia gramatical ha contribuido a superponer y confundir. Se trata del afrancesamiento ideológico o liberalismo y del político o colaboracionismo, cuyos representantes son designados con absoluta unanimidad con el adjetivo de afrancesados, pese a ser los primeros los que han sufrido una mayor influencia del espíritu francés.

Para comprender su existencia y aspiraciones es preciso considerar, bien sea brevemente y destacando determinados aspectos peculiares, la evolución espiritual acaecida en el siglo XVIII, especialmente en aquellos aspectos relacionados con el Estado y la sociedad, hacer historia de la evolución de la teoría política durante los años que precedieron a la Revolución francesa y a la guerra de la Independencia.

El Estado de origen divino anterior a la Reforma sostenía, en cuanto a su esencia, la univocidad entre los conceptos de Rey y Estado, y en cuanto a su forma, el absolutismo monárquico. Más tarde, y a pesar de todos los esfuerzos de primera hora de los protestantes para conciliarse la benevolencia de los poderes establecidos, la Reforma se vio obligada a negarlos, vista la inutilidad de pretender la libertad religiosa, sin que existiese primeramente su equivalente civil y político. El camino para ello fue crear una doctrina que, aboliendo el ancestral derecho divino, transmitiese al pueblo el origen del poder, y una de cuyas premisas fundamentales sería la disociación y enfrentamiento de los anteriormente conceptos unívocos Rey-Estado.

En los años que Paul Hazard ha designado como críticos en la conciencia europea, la lucha hasta entonces equilibrada adquiere caracteres favorables al pensamiento protestante. En estos treinta y cinco años (1680-1715) está implicado el siglo XVIII entero. Lo que ha sido rápido ensayo, ataque brusco, pero no continuado, se transformará en la centuria a que da paso, en metódica evolución, cuyo fin ignorado no era otro que la Revolución francesa. Pero antes de alcanzar sus fronteras, Europa había de ver un intento de salvación: el Despotismo Ilustrado, cuyo fracaso no hizo más que acelerar el advenimiento del liberalismo decimonónico, a través de la gran convulsión revolucionaria de 1789.

La obra será producto exclusivo de la razón, de las «luces», según la terminología de la época. Kant, el primero de los historiadores del *Aufklärung,* definirá las «luces» diciendo que «son lo que hace salir al hombre de la minoría (de edad) que le es atribuible, y que consiste en la incapacidad en que se encuentra de usar de su inteligencia sin ser dirigido por otro»[1].

Junto con su racionalismo, el carácter aristocrático da una segunda nota que sirve para caracterizar las «luces», pues tanto Ilustración como Despotismo Ilustrado son intentos de realizar la revolución desde arriba, en la dirección filósofos-pueblo o monarca-súbditos. Los hombres saldrán de su ignorancia mediante una lenta evolución, consecuencia de principios debidos a unos pocos espíritus destacados. «El pueblo no puede alcanzar las "luces" más que con lentitud»[2].

Las «luces» han de poseer además un carácter expansivo. Partiendo de una minoría de filósofos, tienen por fin alcanzar los últimos estratos de la sociedad, y para difundirlas es preciso la libertad, la libertad «de hacer público uso de la razón para todas las cosas», la cual a su vez engendrará el deseo de libertad política en el súbdito que aspira a convertirse en ciudadano. Pero el *Aufklärung,* estadio de transición, acompaña cada concesión con la correspondiente limitación, y mientras de un lado siembra las ideas que han de dar lugar más tarde a la Revolución, de otro quiere contener su efecto mediante arbitrarias limitaciones, y para justificarlas crea la diferencia entre uso público y privado de la razón[3]. El primero es totalmente libre, en tanto que el segundo queda a menudo limitado, sin dañar mucho por esto los progresos de las «luces».

En el terreno de las realizaciones prácticas, en la política, el Despotismo Ilustrado busca igualmente satisfacer las aspiraciones del siglo, en este caso la «felicidad», una felicidad inmediata y terrenal, que de deber terrenal –el deber de ser felices– se transforma en derecho extensible a todos, inalienable, y del que toda la humanidad debe disfrutar. Y para lograrla surge el despotismo, más rígido que el absolutismo tradicional, la firme decisión de hacer feliz a la gente a través de un mecanismo de fuerza.

El Estado, como organismo social, deberá, pues, tender a este único fin, a este único deseo en cuya satisfacción se esfuerza todo el pensamiento y acción de la época.

> El Estado tiene por función esencial –ha dicho Sagnac– hacer la felicidad de los súbditos. Pero de esta felicidad los soberanos son y se consideran únicos jueces. Harán felices a sus pueblos de acuerdo con su ideal propio, y en caso necesario por la fuerza: es el despotismo como en el siglo XVII, pero un despotismo ilustrado, conforme con los preceptos de la razón, en perfecta armonía con el movimiento intelectual, aún racionalista del siglo[4].

La razón, esta suprema deidad que impulsa toda la evolución del siglo XVIII, se enfrenta no sólo con la religión, la filosofía y el derecho, sino que también lo hace con las ideas del Estado y de la sociedad para reformarlas y recrearlas de acuerdo con cánones lógicos. El nuevo hombre no se contentará con aceptar los viejos esquemas políticos en que naciera, sino que exige de ellos que presenten sus títulos de validez y de verdad, y el ser social se verá obligado a sufrir el mismo proceso por el que antes pasaron las realidades, religiosas y filosóficas. A la política se le aplica el mismo método que a la investigación científica; se rompe también aquí con el viejo sistema deductivo, se descompone la realidad hasta sus últimos elementos, las voluntades individuales, y por el camino del análisis se reconstruye de nuevo el edificio social. Nada tiene de particular que los resultados sean notablemente diferentes del viejo sistema absolutista.

En este camino existía desde mediados del siglo anterior un precedente decisivo en la figura de Hobbes y su magna creación de *Leviathan*. Su doctrina del Estado y de la sociedad, rara vez aceptada en el siglo XVIII, no impide que su forma, la teoría del contrato como origen del poder, influya intensamente y constituya parte fundamental del pensamiento de todos los tratadistas políticos del «siglo de las luces».

La vieja monarquía absolutista, basada en el origen divino del poder, entra en colisión con las doctrinas contractuales de origen protestante, favorecidas por el racionalismo de la época. Es significativo que en los albores del siglo XVIII se señale un recrudecimiento de la «heterodoxia», cuya inmediata consecuencia política sea el Despotismo Ilustrado, que en su origen no es más que la aplicación práctica de las viejas doctrinas políticas reformistas. El nuevo Estado será una creación artificial, una institución fundada por los hombres, y en ningún caso derivada de Dios:

> Los hombres, en sus pasiones e instintos, se aniquilarían unos a otros si permaneciesen desorganizados. Y como lo han comprendido así, se han entregado a un artificio político superior, sometiéndose a él por virtud de un contrato, que confiere a aquél la soberanía, y a los súbditos, en cambio, la protección[5].

La Ilustración ha creado su propia doctrina. A la libertad de pensamiento corresponde en la acción la libertad política, consecuencia, al igual que la anterior, del deseo de imitar lo dado por la naturaleza, «puesto que nadie había recibido de la naturaleza el derecho de mandar sobre los demás, la libertad era un bien inalienable, un título inscrito en todos los corazones»[6].

Todo parece anunciar el Estado liberal. Su teoría se encuentra preformada. Sus conveniencias y ventajas saltan a la vista. Y es entonces cuando los *aufklarer,* al ir a aplicarlo en la práctica, tropiezan con la realidad, y sustituyen su liberalismo teórico por un despotismo práctico. La libertad subsiste, pero únicamente como un privilegio personal, nunca como una realidad política. Hemos visto cómo Kant, al estudiar la Ilustración, distinguió entre uso público y privado de la libertad y de las «luces». El primero pertenece a los sabios y a todos aquellos que tratan como tales de las cosas del Estado.

El segundo consiste en su aplicación práctica, y aquí surge la imposibilidad de la acción liberal. El gobierno exige que todo individuo, como miembro de la sociedad, esté rígidamente jerarquizado en un sistema de autoridades escalonadas. Dice Kant:

> Hay muchas cosas relacionadas con el Estado que exigen un cierto mecanismo, que requieren que algunos miembros de la sociedad se conduzcan de un modo meramente pasivo, a fin de concurrir, formando, por su parte, en la sabia armonía del gobierno, a ciertos fines públicos, o al menos para no contrariarlos. En este caso, sin ninguna duda no está permitido razonar, es preciso obedecer.

Añade en otro lugar: «Razonad tanto como queráis, sobre todo lo que deseéis, pero obedeced»[7].

De aquí se sigue una arbitraria división de los individuos según su actividad sea pública o privada. Los primeros, actuando como sabios, no están sometidos a ninguna limitación[8]; el resto, artesanos, funcionarios, soldados, cualquiera que no se dedique al cultivo del espíritu abstracto, no tiene ninguna garantía de independencia, ni ningún derecho a la libertad. Su deber es obedecer, y obedecer sin vacilación ni duda, en forma maquinal.

La separación entre las actividades públicas y privadas es el punto débil de la teoría ilustrada. Divide a la política en dos planos: «el de la acción, que provisionalmente fue inalterado, y el de la razón, donde se prepara la evolución que al final determinará los actos, pues esta labor del pensamiento tiene como deber no detenerse»[9].

Con estas premisas nada tiene de extraño que los mayores propagadores del *Aufklärung* sean los déspotas ilustrados, que hallan en él una doctrina que, a más de su firmeza, para ellos indiscutible, encuentran que apoya su poder absoluto[10]. A su lado figuran los que hoy llamaríamos intelectuales; los pensadores de todas clases que se sirven de la libertad concedida a toda actividad pública para estudiar y publicar las obras que conducirían al movimiento enciclopedista y más tarde a la revolución en que la evolución completa su camino.

Los monarcas europeos han hallado en el Despotismo Ilustrado un sistema que consideran permanente y que no desean cambiar. Los pensadores, en una ininterrumpida carrera de relevos en que se suceden las generaciones unas a otras, usando de la libertad que su obra les depara, continúan la evolución sin respetar ninguna tradición, ni realidad social o política alguna. Prosiguen la elaboración de sus doctrinas en la paz de sus gabinetes, analizan los ensayos precedentes, se resisten a la fijación realizada por los monarcas, al tiempo que van divulgando sus resultados, usando en forma abrumadora de la prensa y de las publicaciones. Y paso a paso dan forma a la *Enciclopedia* y más tarde sacan a la luz los dogmas de la Revolución. Ha dicho Palacio Atard:

> Entre el absolutismo ilustrado y la Ilustración hubo una lucha, o mejor un forcejeo. Forcejeo consciente o no, pero que sólo podía terminar con la ruina de uno y la ganancia de otro. Era una extraña e intolerable alianza la de los teóricos del estado liberal y los hombres representativos del Despotismo[11].

La antinomia no pasa de ser una mera apariencia, ya que en el fondo no se trata más que de la alianza querida entre dos poderes antagónicos, con la particularidad de haber resultado engañado el que se consideraba engañador. Los reyes ilustrados creyeron servirse de una doctrina que apoyaba sus derechos sin ninguna reserva, y a cambio de ello se consideraron obligados a otorgar plena libertad a sus teóricos. Estos, afirmando siempre el poder absoluto de los monarcas que los protegían, no tardaron mucho en llegar a determinar la doctrina de la soberanía popular.

En todo el proceso existe un desarrollo lógico, nada se debe al azar. Toda la evolución política viene determinada por un proceso natural.

> La Ilustración pretendía desatar al hombre de todos los lazos que le impedían el libre desenvolvimiento de la persona; los lazos que lo vinculaban a la tradición, al pasado, a las creencias antiguas... No se daban cuenta, los déspotas ilustrados, que el hombre, al que reconocían tantas libertades, exigiría pronto la libertad política más completa, y por eso el Despo-

tismo Ilustrado, conducido por los hombres de la Ilustración, había de terminar necesariamente en la Revolución liberal[12].

La diferencia entre el viejo absolutismo y el nuevo despotismo es, ante todo, una distinción respecto a la justificación teórica del poder político y principesco. La monarquía absoluta tenía su fundamento en la idea de la gracia divina como origen del poder; el nuevo Estado, racional e ilustrado, basaba su poder en un contrato por el cual el pueblo delegaba la soberanía en manos de los príncipes, de resultas de lo cual la vieja univocidad entre los términos Rey-Estado se escinde.

El *Aufklärung*, que admitirá con toda decisión el origen contractual del Estado, pone fin a la unión anterior y separa doctrinalmente sus términos, manteniendo momentáneamente, durante unos pocos años, la unión artificial entre ellos, afirmando la conveniencia del uno para el otro. Aparentemente no hay ningún cambio, aunque lo cierto es que ya ha tenido lugar la gran mutación, que no se hará visible hasta la Revolución francesa. Dos frases, muy citadas, la señalan: «El Estado soy yo», afirmaba Luis XIV. Federico II, apenas medio siglo más tarde, acusa la diferencia, al decir: «El príncipe es el primer servidor del Estado». Entre ambas frases ha mediado un cambio político que no reconoce par si no es en la independencia de las monarquías frente al Imperio medieval o en la quiebra señalada por la Revolución francesa[13].

El gran duque de Toscana, Leopoldo, en una carta dirigida a su hermana María Cristina, en el año 1790, expone lo que puede considerarse como la profesión de fe de un soberano ilustrado:

> Creo que el soberano, aun el hereditario, no es más que un delegado y empleado del pueblo por el que ha sido instituido... A cada país le es necesario una ley o contrato entre el pueblo y el soberano, que limiten la autoridad y el poder de este último; cuando el soberano no lo respeta, renuncia por este mismo acto a su puesto, que no le pertenece más que bajo esta condición, y no subsiste ninguna obligación de obedecerle. El poder ejecutivo pertenece al soberano, pero el legislativo radica en el pueblo y sus representantes, que a cada cambio de gobernantes puede limitar su autoridad con nuevas condiciones. El monarca, que debe al pueblo cuenta exacta y anual de la erogación de los ingresos públicos, no tiene el derecho de imponer arbitrariamente impuestos. Debe dar cuenta y haber obtenido aprobación previa para realizar cualquier cambio en su organización, nuevas leyes, etc. En fin, creo que el soberano no debe reinar más que de acuerdo con la ley y que sus constituyentes son el pueblo, que no puede ser privado por ninguna prescripción o consentimiento tácito o forzado; tiene un derecho imprescriptible, que es el de la naturaleza, de acuerdo con el cual han consentido en tener un soberano, es decir, a concederle la preeminencia para que hiciese su felicidad y dicha, no de acuerdo con sus deseos, sino como ellos lo quieran y sientan, puesto que el único fin de las sociedades y los gobiernos es la felicidad de sus individuos[14].

En Italia, y especialmente en España, donde la vinculación a la Iglesia era muy estrecha, la Ilustración no consiguió extenderse con la amplitud que en los demás países europeos. En estos países la religión católica, que no ha sufrido la Reforma, es tan poderosa y está tan arraigada en la masa de la población, que no deja avanzar al racionalismo más allá de los límites de una minoría de gentes europeizadas, en las que la fe había perdido su fuerza primitiva. «El culto de la razón no podía superar con toda facilidad el reino de las necesidades religiosas, sentimentales, que arraigan en el corazón del hombre»[15].

Sin temor a pecar de exagerados, bien puede decirse que España no llegó a conocer siquiera el espíritu ilustrado. En este siglo XVIII, en que el racionalismo adquiere carta de naturaleza en toda Europa, incluso en la lejana Rusia, en este siglo en que el continente entero se considera ignorante y se educa con vistas a un futuro mejor, España, en la seguridad de su fe, permanece inalterable, se niega a verificar las transformaciones políticas, filosóficas y religiosas que caracterizan la época moderna y, en consecuencia, se sale de este modo de la universal corriente espiritual, continuando sola por propia voluntad un camino eterno. Ortega ha dicho que nos falta el siglo XVIII, el siglo educador. Es cierto; pero aún hay algo más, y es que antes nos falta la crisis religiosa, y sin ésta es imposible llegar al racionalismo. Éste es el motivo por el cual, a partir de esta época, la Península diverge en sus destinos de los del resto del continente. Nuestra última figura de valor universal sincrónico con el pensamiento europeo es Feijoo. A partir de él existirá, de un lado, el pensamiento auténtico y tradicionalmente español; de otro, una minoría «disidente», pero disidente por influjo exterior y no por íntima evolución. De allí nuestro tradicional retraso espiritual en relación al continente, ya que es precisamente el pensamiento europeo el que hace surgir por contacto a nuestra minoría.

No existe una Ilustración española porque no existe en España un cuerpo de filósofos y tratadistas políticos imbuidos en las nuevas ideas. El movimiento, en lo que puede considerarse de espíritu racionalista, será de fuera a dentro, y nuestros pensadores acudirán a Francia, Inglaterra y Prusia, donde, sin alcanzar a penetrar en los fundamentos de la nueva filosofía y pensamientos, se quedarán únicamente con sus consecuencias y derivaciones políticas y económicas. A su regreso se dedicarán a cultivar racionalmente las ciencias y a reformar la política de acuerdo con los nuevos cánones aprendidos. En el fondo no desempeñan más que un oficio que adquirieron fuera. Bajo Carlos III implantarán un sistema de despotismo ilustrado semejante al que han visto en sus viajes[16]. Es significativo que Menéndez Pelayo, que al estudiar la ciencia española no ha logrado reunir más allá de cuatro tratadistas políticos de ningún relieve en todo el siglo XVIII, consiga agrupar seguidamente una lista de más de treinta economistas y arbitraristas, entre los que destacan figuras tan notorias como Campomanes, Ward, Capmany, Cabarrús, Foronda, Jovellanos, etc.

El balance de la ciencia española ilustrada es nulo en teología. En filosofía apenas si hay media docena de autores y tratados. En política, nadie. Todas las ramas de la ideología yacen en un total abandono frente a sus aplicaciones prácticas: económicas, sociales, etc., que alcanzan una extraordinaria difusión. Y es que en España se intenta aplicar una técnica, sin que hubiese tenido lugar anteriormente la correspondiente evolución cultural.

La *Enciclopedia* es, en cierto modo, la cristalización y consagración de las formas políticas ilustradas, al tiempo que el punto de partida de la ideología revolucionaria, que se anuncia en algunos de sus colaboradores. Entierra un mito: el monarca de origen divino; consagra una realidad: el soberano mandatario de la nación, cuyo poder ilimitado en la práctica no reconoce más ley que la prohibición expresa de oprimir al pueblo u oponerse a la razón y la justicia; y anuncia una revolución: el poder popular ejercido por el pueblo sin necesidad de príncipes soberanos. En conjunto, su ideal político, bastante indeterminado, si a algo puede asimilarse, es al sistema de los déspotas ilustrados. «Feliz es el Estado cuando su rey es un filósofo o cuando un filósofo es su rey»[17].

Su importancia, más que en sus afirmaciones, radica en su espíritu, en la materialidad que afirma, en la falta de trascendencia que implica. La intención de la *Enciclopedia* proclama en alta voz que el destino de la humanidad no es volverse hacia el cielo, sino avanzar sobre y para esta tierra, merced a la inteligencia y a la razón[18]. Los filósofos, operando sobre la única base del hombre, no tardarían en dar cima a la revolución intelectual, transformando al súbdito de sujeto paciente en sujeto agente de la realidad política, haciéndole recorrer a paso de carga el largo camino que separa al súbdito del ciudadano.

Montesquieu, De Lolme y Rousseau crearán la nueva política. El primero se decidirá por la división de poderes y por el régimen democrático, el único racional, al tiempo que el único que preserva y defiende los derechos del individuo. Años más tarde, Rousseau prosigue la obra iniciada. Su *Discurso acerca de la desigualdad* es un rudo ataque contra los vicios de la sociedad y el absolutismo, y en el *Contrato social* intenta establecer los principios fundamentales de la teoría de la soberanía popular[19]. Raynal *(Histoire politique et philosophique des deux Indes,* 1770); D'Hollbach *(Systeme social,* 1773); Boullanger y Helvetius («De l'homme», 1777) colaboraron en la magna empresa de liberar al hombre. Después de atacar la base de la monarquía, el poder de origen divino, la emprenden con la forma absolutista, hasta entonces aspiración común a los tratadistas políticos de ambas religiones, con la intención de sustituirla por la soberanía popular, a la que la Revolución francesa daría carta de naturaleza.

Durante mucho tiempo se había luchado contra la Iglesia y la religión revelada. Usando del viejo método luterano, los filósofos se apoyaban en los príncipes absolutos para enfrentarlos al poder eclesiástico. Después de la publicación de la *Enciclopedia* y de las obras de Montesquieu y de Rousseau se inicia un nuevo movimiento dirigido a atacar los tronos, cuando Voltaire aún no había conseguido terminar con los altares. *«Jusq'alors le mot d'ordre philosophique avait été: Plus de prêtres! On dissait maintenant... ni prêtres ni vois absolus!»*[20].

La teoría política, amparada en la libertad de la publicación, da un gran salto, se transforma radicalmente. La *Enciclopedia,* resumen del pensamiento del «siglo de las luces», encierra pocos artículos de interés político[21], pero a su sombra, amparados por su espíritu, que se filtra en todas las capas sociales, brotan multitud de obras cuyos autores, en su mayoría colaboradores del gran diccionario, exponen las ideas que, derivadas del nuevo pensamiento, conducen a fundamentar el Estado sobre bases que, si bien es cierto que derivan de una vieja tradición reformista, también es verdad que alcanzan a sus últimos límites y dejan sentadas las premisas ideológicas que pocos años más tarde conducirán a la Revolución y sus excesos. Diderot anuncia el cambio con sus ataques a Federico II y su obra en un libro lleno de máximas maquiavélicas[22]. Y en los *Eleutheromanes* inserta un verso:

La nature n'a fait ni serviteur, ni maître
Je ne veux pas ni donner, ni recevoir des lois
Et ses mains ourdiraient les entrailles de prêtre
A defaut d'un cordon potir étrangler les rois.

que revela, por el solo hecho de haberlo pensado, un espíritu afín al que animaría a los *sans-culottes* durante el Terror.

Si cortamos arbitrariamente, dentro de los cien años que componen el siglo XVIII, un período de veinticinco años, veremos que en el cuarto de siglo que se extiende de 1748 a 1773 se han publicado en Francia, además de la *Enciclopedia,* una masa de obras, animadas todas ellas del espíritu que había de determinar, apenas pasados unos años, los hechos de la Revolución. En este tipo ven la luz el *Esprit de lois* (1748), de Montesquieu; el *Discours sur l'egalité* (1753) y el *Contrat social* (1764), de Rousseau; los *Principes de politique des souveraines* y el *Essai historique sur la police*[23], de Diderot; la mayor parte de las obras de Voltaire, entre ellas sus *Ideés republicaines* y el *Essai sur les moeurs,* fechadas ambas en 1765; el *De l'esprit* (1758) y *De l'homme* (1772), de Helvetius; el *Systeme social,* de D'Hollbach, fechado en 1773; la *Histoire philosophique et politique des établissements de comerce des européens dans les Indes,* y tantas otras cuyo carácter de actualidad, cuando no panfletario, las condena a permanecer en el olvido.

A la revolución política precede una previa rebeldía en el campo del pensamiento, un cambio que, haciendo tabla rasa de todo lo anterior, se dispone a crear un mundo nuevo. Bastarán unos años para que salgan a la superficie las consecuencias del gran error del *Aufklärung,* al dividir la sociedad de los hombres en libres y esclavos, en intelectuales y funcionarios. Con un apresuramiento que no anuncia nada bueno, los primeros completan la evolución, cierran el ciclo ideológico, sentando en forma definitiva las premisas liberales que, a su vez, habían de determinar la historia del mundo en los siglos siguientes.

Todo el proceso posee una dinámica interior que lo hace claro y comprensible. Los déspotas han admitido la libertad del espíritu, por así decirlo, por un lado, en tanto que por otro han intentado sujetar, organizar y jerarquizar al individuo, situándolo en una escala graduada que va desde el campesino hasta el monarca; de quien, a fin de cuentas, depende todo. Estos reyes se han sentido conscientes de su cargo y de su responsabilidad. Federico II, José II, Catalina de Rusia, Carlos III de España, Gustavo III de Suecia, el margrave de Baden, el gran duque de Toscana, Leopoldo, etc.; todos los monarcas europeos –excepto Luis XV de Francia– llevan a cabo en sus Estados reformas políticas, sociales y económicas, hacen dar un salto a las culturas nacionales, acomodan sus reinos al espíritu de la época, de acuerdo con los conceptos y conclusiones determinados por las «luces»[24].

A pesar de todo, comienza a hacerse patente la existencia de una diferencia de niveles entre la cultura, el espíritu y las correspondientes realidades políticas. A partir de la segunda mitad del siglo, la diferencia crece en proporciones alarmantes. La evolución política, iniciada bajo los auspicios de una rápida progresión intelectual, llega a un momento –el del Despotismo Ilustrado– en que se para, cesa en su avance en busca de nuevos mundos más fáciles y justos. No ocurre lo mismo con el desarrollo de las ideas, que, amparadas en la libertad concedida a los sabios y al uso público de la razón, no rendirá viaje antes de alcanzar el liberalismo. La diferencia que el tiempo acentúa, alejando cada día más la posibilidad de una conciliación, anuncia ya el gran cambio que ensangrentará la Francia de final del siglo. Suspendida la evolución por la arbitrariedad de los monarcas, no quedaba más que una posibilidad, y ésta es la Revolución.

Esto nos da uno de los términos fundamentales –Revolución– de la historia moderna de Europa; nos falta por conocer el factor geográfico, el lugar en que ha de estallar esta Revolución. De todos los países europeos, el más culto, aquel en que las «luces» han alcanzado mayor difusión, es Francia, donde todo sistema o idea se acoge, se discute, se asimila y se desea; el país racionalista por excelencia[25], en que los folletos y libros tienen franca acogida, donde se libra la gran batalla de las ideas. Junto con este elevado nivel cultural e intelectual, hay que señalar la total ausencia de reformas, aun de aquellas mínimas que vienen exigidas por el mismo espíritu del siglo. Copiando a Inglaterra, el continente ha cambiado su faz, excepto Francia, a la que dos Luises han mantenido anclada en la tradición absolutista, en la más rancia forma política de la Europa del siglo XVIII.

Ha dicho Sagnac:

> A partir de 1760 en casi todos los países de Europa continental se ha verificado una transformación política gradual, pero profunda.
>
> Únicamente en Francia no ha habido grandes reformas, y lo poco que hizo la monarquía, cada vez más debilitada, defraudó a los franceses, a los que cada retraso hacía inevitablemente más exigentes. Allí ha tenido lugar una evolución oportuna; aquí, a falta de esta evolución, impedida por los privilegiados, ha brotado repentinamente una Revolución[26].

Y se da la paradoja de que, en igualdad de tiempo y lugar, ocurran un máximo ideológico con un mínimo de sentido político y de evolución en aquella dirección. Aquí es donde la diferencia de niveles será tan grande que conducirá irremisiblemente a la Revolución, que, por lo tanto, será francesa.

> Esta Revolución –ha dicho Sagnac–, que en Francia transformará totalmente el Estado y la sociedad en nombre de la razón y de los derechos del hombre, merced al esfuerzo de la nación soberana, no es, en el fondo, más que la evolución, mucho más rápida y violenta, que habían comenzado los príncipes en nombre de su poder absoluto, en los grandes Estados europeos[27].

El racionalismo ha determinado conceptualmente dos de las premisas –libertad, igualdad– que la Revolución francesa hará suyas. La tercera –fraternidad– se derivará del espíritu masónico, que llama a todos sus miembros, cualquiera que sea su clase o posición, hermanos. Una vez fijado este «ternario sagrado», no quedaba más que llevarlo a la práctica.

Tal ha sido, en líneas generales, la ineluctable evolución europea hasta su transformación en trágica revolución.

La *Enciclopedia* y amparadas por ella las obras de enciclopedistas e ideólogos revolucionarios, se extendieron a lo largo y ancho de Europa sin reconocer límite ni frontera que se opusiese a su paso. La oposición de los organismos gubernamentales, aumentada en el caso de España por los religiosos, no consiguió impedir su rápida extensión. «A nuevas barreras, nuevas brechas. Incluso en el país menos permeable, España, acaba siempre por penetrar el pensamiento heterodoxo, a veces en las formas menos previsibles»[28].

Nuestra patria no fue una excepción. A través de sus fronteras se filtraron todas las obras que la Inquisición prohibía, y que la misma prohibición hacía más buscadas. El proceso ideológico reformista iniciado por el *Aufklärung,* y del que la *Enciclopedia,* con sus embarullados y a veces contradictorios juicios, no representa más que una sistematización momentánea, muy pronto superada, continuó su desarrollo, llegando a las últimas conclusiones en el orden intelectual y a sus postreros confines en el geográfico.

En la Península no pasa de ser un movimiento receptivo, de asimilación de doctrinas extrañas, que desde fuera se imponen al país. El idioma, y el hecho mismo de ser un movimiento impuesto y no un desenvolvimiento interno del alma nacional, explica su difusión, más aparente que real, y su concreción alrededor de las pocas figuras de unos cuantos pensadores que hoy llamaríamos intelectuales.

Rousseau, al historiar la vida de Carlos III, afirma:

> Es incontestable que la influencia de la *Enciclopedia* se hacía sentir en la Península, pero únicamente en las clases relativamente altas o, por lo menos, instruidas, capaces de ojear nuestros libros, ya sea en el texto francés o en las traducciones. No era, pues, más que una minoría de la nación la alcanzada por ideas contrarias a las doctrinas ortodoxas[29].

Y es esta generación la que en 1789 –muerte de Carlos III, Revolución francesa– se ve rebasada en ambos sentidos; de un lado, por el regreso de España al viejo sistema absolutista, que intentaron mejorar; de otro, por el advenimiento de la Revolución y del liberalismo, en que no reconocen la consecuencia de sus premisas ideológicas[30]. Floridablanca, que cumple en este año los sesenta y un años, enfrentado con los excesos revolucionarios, retrocede, renegando prácticamente de las que fueron sus creencias de toda la vida, reingresando en las filas del absolutismo tradicional, lo que explicará su resistencia, más tarde, a las sugerencias e intentos de captación realizados por los afrancesados.

Junto a absolutistas y enciclopedistas, consecuencia del espíritu racionalista sembrado por estos últimos, y de la propaganda revolucionaria difundida por los girondinos[31], se va gestando, en la oscuridad de los años que preceden a la invasión napoleónica, un tercer partido, en el que forman las gentes de la generación sucesiva a la enciclopedista. El reinado de Carlos IV, exteriormente tranquilo, oculta en su interior los brotes de las luchas de partidos que ensangrentarían España durante el siglo siguiente.

Sin embargo, nunca la fuerza exterior ha conseguido dominar, poner fin o precipitar el desarrollo natural de una doctrina política o filosófica. En 1789, privado del uso del poder, el Despotismo Ilustrado se refugia en el alma de sus adeptos, donde permanecerá sin evolucionar durante más de veinte años, hasta la invasión española por Napoleón, conmoción política de tal trascendencia que hará brotar a la superficie todas las doctrinas y posturas hasta entonces soterradas. Con rara unanimidad –los casos de Jovellanos y Floridablanca tienen su explicación: el primero en su indeterminación política, claramente expuesta en sus obras doctrinales, que le tuvo varios días a la puerta de Madrid dudando acerca del partido más conveniente, y el segundo, en razón de su edad y de la violenta reacción que le produjo el espectáculo de la Revolución–, los ilustrados del tiempo de Carlos III se enrolaron bajo las banderas de José I, constituyendo el núcleo del partido que se llamaría afrancesado.

1. La ideología afrancesada

Los partidos ante la invasión

La doctrina tradicional absolutista, de vieja raigambre española, ha visto llegar a la actualidad política dos nuevas doctrinas, el Despotismo Ilustrado y el liberalismo, en el breve espacio de medio siglo. Durante el XVIII existe una sucesión, una alternativa, que impide las colisiones. El reinado de Carlos III señala la superación de los viejos sistemas políticos, sustituidos por formas nuevas, renovadoras y más racionales. La muerte de este monarca marca en la evolución política española un salto atrás, un retorno a las formas antiguas, cuyo más claro exponente es la reincorporación a la vida política de un sistema tan desacreditado como era el valimiento[1]. Las formas racionalistas del Despotismo Ilustrado, comprimidas desde fuera por la acción gubernamental, perviven en forma anormal, sin evolucionar. Junto con ellas ocupan un lugar en la oscuridad de lo inactuante las doctrinas revolucionarias del liberalismo, recién advenido en Francia, y cuya sistemática difusión ha contaminado a grandes capas de la población española.

Esta situación se mantiene a lo largo de los veinte años del reinado de Carlos IV. El problema, implícito desde sus orígenes, no surgirá a la superficie hasta tanto que una convulsión brusca –la invasión armada– no revuelva toda la organización estatal, apareciendo entonces, en forma súbita, doctrinas políticas estructuradas y definidas que se alinearán en el palenque de la política española. Absolutistas y liberales se unirán a pesar del antagonismo interno que los separa, para no constituir más que un solo cuerpo de resistencia frente al invasor, en tanto que los racionalistas carlotercistas intentarán armonizar hechos irreductibles, antagónicos, dando origen al partido de los afrancesados. «No ofrece duda –ha dicho Alcázar– la existencia de cierto espíritu de continuidad entre los hombres renovadores del siglo XVIII y los afrancesados que ven amanecer el XIX»[2]; aunque más que de continuidad puede hablarse de identidad.

Los partidos o grupos de oposición se distribuyen alineándose absolutistas y liberales a derecha e izquierda, respectivamente, del grupo afrancesado.

La ideología política de los absolutistas, las ideas tradicionales del régimen político español, causa de esta postura, se fundamentan en una doble base: de una parte, la doctrina de origen del poder, y de otra, el hecho histórico de la formación de la monarquía.

La doctrina se enuncia con pocas palabras. «Nihil potestas nisi a Deo». «La potestad no viene de la república, sino del mismo Dios» (Vitoria). «La mayor potestad viene de Dios» (Saavedra Fajardo). «El Estado entero está en la persona del príncipe» (Bossuet). De su origen se deduce, como consecuencia lógica, su carácter absoluto, afirmación común a todos los tratadistas, pues sólo el príncipe, por su carácter de elegido, puede gobernar. «El soberano, semejante a Dios, tiene derecho a la obediencia inmediata y sin reservas cuando promulga sus leyes» (Bodino).

No existe la dualidad príncipe-pueblo, y, en todo caso, puestos a intervenir en ella, lo que al final cuenta y determina la política es el primero de estos factores. Existe un Estado, pero es un Estado cuya existencia es en función del príncipe.

> En todo el siglo XVII –ha dicho Maravall– se piensa que los pueblos tienen caracteres propios, y que estos pueblos así diferenciados tienen gobiernos propios; pero, en rigor, lo que hace que un grupo humano sea considerado como un pueblo, y como tal dotado de un privativo carácter, es justamente la dependencia de un mismo poder[3].

Y a esta forma política no se le puede designar, en ningún caso, con el sustantivo Estado, en su actual significación, a no ser que se lo limite con un adjetivo tal como patrimonial. El Estado patrimonial, independiente de cualquier otra jerarquía terrena, continúa, sin embargo, vinculado al monarca y a su dinastía; puede aumentar o disimular según la voluntad o necesidad del príncipe que ocupe el trono, sin que en ningún caso cuenten para nada los verdaderos intereses de la nación según los concebimos hoy, y sin que ni siquiera los gobernados por un mismo príncipe se consideren como nación, pues el único lazo que los une, lo único común entre ellos, es la misma figura del monarca. Vestigios de esta situación se encuentran en la titulatura de los monarcas[4], expresión de una organización estatal acumulativa, nunca unitiva, y en los fueros regionales, pervivencia del espíritu de los antiguos reinos y señoríos, y el mejor símbolo de cómo las naciones han llegado a su unidad a través de un estado previo de agregación de partes –territorios o reinos– diferentes y en casos antagónicos.

En 1808, ante la expoliación de los Borbones, los absolutistas, la mayoría del pueblo, se lanza a la calle para defender y conservar la monarquía.

> Ateniéndonos a los hechos –ha dicho Suárez Verdaguer–, no es posible negar que la sublevación española la provocó no la presencia de tropas extranjeras, sino el intento de secuestro de un infante de España[5].

El hecho de la invasión, la presencia material de un ejército extranjero, el atentado contra la monarquía, representada en la dinastía borbónica, junto con la ofensa a los altares, son los motivos decisivos por los que el pueblo, la masa absolutista de la nación, inicia la lucha a muerte contra el invasor. Su programa político no buscará sino una total restauración: restablecimiento de los franceses en sus fronteras, de Fernando VII en su trono –únicamente su ausencia lo transformará en el Deseado–, de la religión en su antiguo brillo.

> Las fuentes son tan concluyentes –dice el autor citado anteriormente– que no cabe vacilación alguna en determinar las notas que integraban ese unánime sentimiento nacional: la religión, el rey, la independencia de todo yugo extraño en las ideas, costumbres y vida del país[6].

Descartado el unanimismo, que la existencia de los partidos basta a desautorizar, no cabe duda que han sido enunciados los móviles del grupo absolutista.

En la otra banda, radicalmente opuestos a los absolutistas, se encuentran los liberales. En los años de la guerra lucharán codo con codo con los absolutistas, causa de la explicación simplista del hecho de la guerra como un levantamiento unánime debido a sentimientos comunes. Descartando a los afrancesados, bien puede hablarse de unanimidad, existente de otra parte tan sólo en el gesto y no en el espíritu, pues en ningún caso puede afirmarse una motivación igual para todos. El liberal posee una claridad de ideas meridiana. El Estado, al que casi divinizan al transformarlo en la Patria, surge de la yuxtaposición tan sólo de un territorio y un pueblo inalienables[7]. Y, en consecuencia, a sus ojos no es imprescindible la figura de un determinado monarca, ni tan siquiera de una determinada dinastía. La adhesión a Fernando VII o a los Borbones no será motivo de su actuación, como tampoco lo será el sentimiento religioso ofendido.

Lucharán tanto y tan bien como los absolutistas en una alianza precaria, pero sus motivos son los que hoy se encuentran en la base de todo patriotismo: la defensa del territorio ocupado y la liberación de las poblaciones sometidas al ejército invasor. El liberal –teóricamente– es el máximo patriota. Todo aquello que representa injerencia extranjera supone para él amenaza inmediata contra la propia esencia de sus ideas políticas y provoca su rebelión. De ahí surge la paradoja de la doctrina liberal, que, nacida en Francia y difundida por el ejército de la Revolución a lo largo y ancho de Europa, levanta entre los convencidos oposición inmediata contra todo lo francés, no por francés, sino por extraño. Basta recordar la expedición de los Cien Mil Hijos de San Luis, apenas pasados unos años del fin victorioso de la guerra, para darse cuenta del nulo sentido que tenía para los absolutistas el término patria.

Y únicamente así se explica la paradoja de los extremos luchando contra el término medio, de las doctrinas antagónicas que unidas combaten a la doctrina afín o intermedia. «Las ideas más contrapuestas –ha dicho Viñas– tendían a hacer coincidir a todos los españoles en la obra de la resistencia nacional contra los franceses»[8].

Entre absolutistas y liberales, un pequeño grupo se unirá a José Bonaparte, se hará colaboracionista, según la moderna terminología. Son los afrancesados, objeto de esta historia.

Después de veinte años de vida latente, los ilustrados se nos presentan en 1808 encarnando el núcleo fundamental en cantidad, y sobre todo en calidad, del partido josefino. La metamorfosis desconcierta a primera vista, pero basta con enfrentar la doctrina política del Despotismo y el espíritu de la *Enciclopedia* con las obras de los afrancesados para descubrir en todas ellas una comunidad de ideas y pensamientos que demuestran la continuidad de la evolución; y esta igualdad se da merced a que los enciclopedistas españoles han vivido esta veintena, clave en la historia de la política y del pensamiento del mundo entero, en un estado que bien podemos llamar sefardítico, lejos del mundo de la realidad material de cada día, conservando invariables sus doctrinas políticas. En 1808, a la hora del deshielo, brotan a la superficie las mismas ideas e idénticos proyectos a los presentados, y en parte realizados, bajo Carlos III. El conde de La Forest dijo en cierta ocasión, refiriéndose a un plan financiero del ministro español del ramo: «El conde de Cabarrús vaciaba una vieja cartera»[9].

El fenómeno afrancesamiento

La Historia universal presenta unos fenómenos similares a los que en la naturaleza originan los vientos. De un centro de alta presión, el aire se propaga en dirección a todos los lugares de baja presión, tendiendo a la uniformidad. Lo mismo ocurre con los valores intelectuales. De un centro intelectual de alta cultura –España, Francia, Inglaterra, Alemania– irradian sucesivas corrientes de influencia cultural, que se extienden a través de todo el continente, dando a una época un carácter marcadamente especial que la diferencia de las demás. Por decirlo así, cada edad pasa a la Historia firmada con el nombre de una ciudad o una nación. Podemos decir: la edad española o la época francesa, al igual que hoy se habla de la era americana.

Las palabras «afrancesado» y «afrancesamiento» sufren las consecuencias de un excesivo uso y de una no bien determinada fijación. Falta univocidad al concepto. Afrancesamiento –en un sentido lato–, según la definición de la Real Academia, es únicamente la «tendencia exagerada a las ideas o costumbres de origen francés». Como todo movimiento intelectual, posee una dinámica interna que hace difícil fijarlo, limitándolo en el tiempo y en el espacio. En su primitivo y fundamental sentido, ni siquiera es único, sino que se nos presenta repetido en varias épocas con distintos significados.

Francia, por su posición clave en la encrucijada de los mundos latino y germánico, ha desempeñado, a través de la historia del espíritu occidental, papeles de dos clases bien diferentes. En los tiempos en que sus valores culturales y nacionales alcanzan el máximo, ha ocupado –al igual que cualquier otro país– un puesto rector al frente de la evolución europea. Cuando, por el contrario, sus formas descienden, pierden originalidad y, finalmente, son sustituidas por otras extrañas, su papel decae, pero no desaparece. Si antes era un centro productor de doctrinas, ahora se transforma en crisol donde se refunden las ajenas teorías, para luego –adornadas con el *sprit* francés– circular por el mundo. En estas ocasiones, Francia desempeña el oficio de intermediaria entre pueblos meridionales y septentrionales o viceversa. En el siglo XVIII, Francia traduce a Inglaterra, pone de moda en el Viejo Continente el *Aufklärung* y crea la *Enciclopedia.*

Estas influencias, sin embargo, no son actuantes en política. El afrancesamiento intelectual no engendra necesariamente su equivalente político. En España, las gentes que han bebido en sus fuentes las doctrinas francesas son los liberales –partidarios de los dogmas de la Revolución–, y su gestión política, por otra parte lógica, es la única esencialmente nacional y, en consecuencia, antifrancesa, entre todas las que se debatieron en España en 1808.

Los que se llaman afrancesados, intelectualmente han tomado poco de Francia. Su pensamiento viene determinado en mayor grado por la filosofía inglesa y las teorías políticas prusianas, que han recibido a través de Francia e Italia. El Despotismo Ilustrado, aspiración en lo político de los partidarios de José, fue un movimiento que, según hemos visto, jamás tuvo vigencia en el vecino país, donde no pasó de ser una teoría que se discutía públicamente y que nunca se tuvo en cuenta en la política práctica. Su afrancesamiento, en contra de la opinión generalmente admitida, no es intelectual[10].

Los afrancesados –cuyos orígenes ideológicos se remontan a tiempos de Carlos III– no piensan en el régimen francés, por tradición absolutista, como en un modelo a seguir. A la Revolución la encuentran anárquica y peligrosa para el bien del Estado, por el excesivo influjo que otorga a la masa de la nación en el gobierno. Los principios liberales rebasan su pensamiento político, lo mismo que los absolutistas, cimentados en el poder de origen divino, se les han quedado cortos. En cuanto a Napoleón, su política es desmesurada para pretender que sus contemporáneos la comprendiesen. Si fracasó fue porque las ideas, subyacentes en su actuación inmediata, no fueron comprendidas, no sólo por los vecinos países, sino ni siquiera por sus inmediatos subordinados en la tarea de gobernar. Basta con recordar la actuación de Talleyrand en Erfurt. Hasta bastante tiempo después no se conocería al verdadero Napoleón. Sorel ha dicho, en uno de los juicios más penetrantes sobre el emperador: «Napoleón tombé parut inmense»[11].

La Revolución francesa rompió la uniformidad interior del Viejo Continente. Nos dejó en herencia las fronteras, que entonces no eran aún lo suficientemente altas como para impedir el libre discurrir de las ideas. Y las que el siglo XIX llamaría liberales nacieron en Francia y de allí se difundieron por todo el universo, constituyendo un verdadero fenómeno de afrancesamiento, tan difícil de señalar para los contemporáneos del hecho, como fácil de percibir para los que lo estudian gozando de la suficiente perspectiva histórica.

Junto a este afrancesamiento ideológico e intelectual ha existido otro, político y material: el eterno fenómeno de los colaboracionistas – no partidarios de los franceses– y de las gentes que por diversos motivos consideran un deber unirse al invasor para intentar salvar lo que se pueda de la nación, e incluso en algunos casos para medrar personalmente.

En España se llaman afrancesados a estos últimos, a las gentes que, cuando la dominación francesa, ocuparon cargos, juraron fidelidad al intruso o colaboraron con los ocupantes con fines diversos.

> Los afrancesados, en el sentido que se da a esta palabra, son los empleados, de todas clases y categorías, que continuaron prestando sus destinos en las provincias o ciudades ocupadas por las tropas, o que fueron nombrados por el Gobierno intruso[12].

Hasta hoy –a pesar de algunos estudios reivindicadores– continúa desconocida la esencia íntima del problema. Es este un fenómeno muy complejo. La Historia, apasionada, no ha entrado en distingos de motivos o intentos al dictar su fallo, y, sin embargo, hay muchas observaciones que hacer antes de admitir semejante sentencia.

José Bonaparte, al iniciar su reinado, ordenó lo que constituía una estéril medida de gobierno: que todos los empleados le jurasen por rey de España, amenazándoles, en caso de oposición, con la pérdida de sus destinos[13]. Decreto tan poco político sirvió a los contemporáneos, y aún hoy sirve, para separar, de un lado, a los que juraron, juramentados, y por ampliación afrancesados, de los que no lo hicieron, resistentes o patriotas.

En primer lugar, resulta imprescindible, si hemos de avanzar algo en nuestro estudio, distinguir entre ellos clases, pues es cierto que no todos apoyaron al intruso en virtud de los mismos motivos[14]. Primeramente –y pues no hemos de volver sobre ellos– están aquellos funcionarios, pequeños propietarios, etc., que cumplieron las órdenes que recibieron sin discutir su origen ni legalidad. Sus motivos son dos, y fáciles de señalar: el miedo a la represión[15] y la inexcusable necesidad de sobrevivir a la prueba.

> Toda esta parte considerable e influyente de la población [los empleados] –dijo el embajador francés desde Valencia en el año 1812– ha seguido simplemente el instinto de la necesidad, y no ha mostrado, bajo el nuevo régimen, más celo que bajo el antiguo. Persiguiéndola se la une al rey, al que habían parecido estarlo muy poco hasta ahora[16].

Son los más y los menos interesantes. No representan nada, son totalmente amorfos. Más que afrancesados merecen el nombre de juramentados.

Junto a éstos se encontraba el grupo de los afrancesados por íntima y libre determinación, formado por aquellas gentes que se unieron voluntariamente a José para apoyarlo en sus proyectos reformistas y seguirle en su política. «La Historia nos presenta –ha dicho Méndez Bejarano– una agrupación de honrados ciudadanos, ilustres muchos de ellos y algunos glorias imperecederas del genio español, que tal vez con error, siempre con generosa intención, trataron de redimir la patria»[17]. Y Muñoz Maldonado mantiene que «es preciso confesar una verdad muy importante para la Historia. Los hombres de más talento, las personas más ilustradas de España, se habían adherido a la Constitución de Cádiz o al partido de José»[18]. Su número resulta difícil de fijar. Amorós, en su *Representación,* dice: «Más de dos millones de españoles han prestado sin disputa el juramento de fidelidad a ese rey que se esfuerzan en llamar intruso»[19]. La Forest calculó en unas 12.000 personas las que acompañaron a José en su retirada hacia Valencia. Deleito, al hablar de los españoles que se retiraron a Francia, junto con los ejércitos napoleónicos, da la misma cifra[20]. Llorente, en sus *Memorias,* afirma asimismo: «Más de 12.000 familias se han visto reducidas a tener que buscar un asilo en Francia, en Italia, en Inglaterra, en Portugal y aun en África»[21].

Hecha la distinción entre juramentados sin convicciones y afrancesados por propia convicción, cabe aproximarse con mayor exactitud a calcular la extensión de este fenómeno de colaboracionismo. En tanto de aquéllos cabe aceptar las cifras enunciadas, al tratar de los segundos han de reducirse notablemente, hasta quedar limitadas a una minoría muy restringida, la misma que, en tiempos de Carlos III, había intentado difundir con tan escaso éxito la filosofía de las «luces» y de la *Enciclopedia.* No se trata de una cuestión numérica imposible de fijar, sino más bien de una determinación cualitativa. Hubo muchos juramentados y muy pocos afrancesados.

Antes de jurar al nuevo monarca, hubo, por parte de los más destacados de entre los afrancesados, una resistencia insuperable a pensar siquiera en un cambio de dinastía, en tanto que los Borbones no hiciesen total abdicación de sus derechos y liberasen a sus súbditos de todas las obligaciones contraídas. Semejante legalismo es altamente representativo de su ideología reformista, pero no revolucionaria. Recuérdese el caso de Mariano Luis de Urquijo y su viaje a Vitoria durante la marcha de Fernando VII. En ellos, la fidelidad dinástica ha desaparecido, pero aún poseen en el más alto grado el respeto de las formas consagradas, que en ningún caso deben ser violentadas, pues se llegaría a la anarquía. No intentan una revolución, únicamente quieren una evolución progresiva, que les permita aplicar al gobierno las teorías del *Aufklärung,* que la muerte de Carlos III truncara. Las órdenes de los reyes y de los infantes de mayo de 1808 representan a sus ojos el cumplimiento de un trámite legal. Desde este momento consideran como factible, y aun deseable, unirse a José. Y de estas proclamas borbónicas, así como de las cartas de Fernando a Napoleón, harán más tarde uno de sus argumentos justificativos[22].

Méndez Bejarano ha resumido certeramente la esencia del problema al decir que «el afrancesamiento no significa defección a la causa patriótica a instigación de medros individuales, sino consecuencia natural de evolución dialéctica involuntaria e irremediable»[23].

La acusación de traición

El primer problema que se plantea al estudiar su actuación es el de la traición, el de la fidelidad al invasor, de que se hace piedra de escándalo. Menéndez Pelayo los supone erróneamente partidarios del sistema imperial[24]; mas cabe preguntar si existió jamás semejante lealtad y obediencia a los dictados imperiales. Un término fundamental, y a menudo olvidado, es la presencia en España de un rey que quiere ser –según hemos de ver– un monarca nacional. La fidelidad –que evidentemente existe– se dirige no a Napoleón ni a Francia, ni siquiera a José en cuanto a su propia persona, sino únicamente en tanto en cuanto representa la posibilidad de lograr un buen gobierno. La Forest informaría a su corte, respecto al que más tarde sería duque de Santa Fe:

> Azanza será uno de los españoles más cuidadosos en alejar a los franceses. Por lo demás esta disposición que él ha mostrado al descubierto, los otros la tienen igual que él. Todos los días veo con qué habilidad se modifican las medidas, e incluso las palabras, que podrían parecer imitación de lo que ocurre en Francia[25].

Azanza, a su vez, escribió en su *Memoria:*

> Dimos pruebas bien claras de que nuestro proceder no era guiado por la menor inclinación o apego que tuviésemos al Gobierno francés, puesto que hicimos dimisión de nuestros empleos precisamente en el momento en que el jefe de las armas *(sic)* francesas se arrogó la presidencia de la Junta[26].

Su gestión política a lo largo de los cinco años siguientes prueba hasta qué punto los afrancesados no fueron traidores, sino gentes alucinadas que en ningún momento poseyeron claro sentido de la realidad política, europea y española en 1808. Su actuación fue un error derivado de falsas premisas y no una traición.

Asimismo se les ha considerado como gentes sin dignidad, que se unieron al invasor con la esperanza de lograr sustanciosos y pingües beneficios, aun a costa de la ruina del país. Capmany los calificó de «sobrestantes de nuestros enemigos, para ejercer algún mando sobre los esclavos patricios suyos»[27].

Veamos ahora la realidad de esta acusación a través de cartas y memoriales, algunos de ellos altamente expresivos de los extremos de penuria a que se vieron reducidos los partidarios de José. El 22 de abril de 1811, el prefecto conde de Casa Valencia escribía a un amigo diciéndole:

> Suplico a usted piense en mi suerte pecuniaria. Estoy empeñadísimo; he perdido 8.000 duros de renta y no quiero robar ni hacer enjuagues[28].

De fecha de 18 de enero del siguiente año se conserva, en el A. H. N., una petición firmada por dos funcionarios josefinos:

> D. Felipe Germán y D. Gregorio Marqués, porteros de la Secretaría de Negocios Extranjeros, al cargo de V. E., faltos de todo recurso para su subsistencia, pues han vendido cuanto tenían...[29].

Del 27 del mismo mes y año es un oficio de varios empleados, del siguiente tenor:

> Las privaciones que experimentamos por la falta de pago de nuestros sueldos, junto con el quebranto que hemos tenido en los años anteriores, por la exorbitante pérdida del papel en que se nos pagó, nos obligan a recurrir al rey Nuestro Señor... para que se digne concedernos algún socorro[30].

El embajador francés dijo, en cierta ocasión, de los empleados josefinos: «Cada ministro repite al rey en cada Consejo que es de rigurosa necesidad pagar algún anticipo a los empleados civiles, algunos de los cuales han muerto de inanición, estando arruinados la mayoría de ellos»[31].

> Un Gobierno sin erario –diría años más tarde el anónimo A. M.–, por entrar en las cajas del ejército francés el producto de los impuestos, imposibilitado de pagar los sueldos de los empleados en los diferentes ramos de la Administración pública, no podía venir al auxilio de los que le seguían, ni mucho menos enriquecerlos, como algunos tienen la osadía de

publicar. ¿Por qué no nombran los Cresos que ha hecho el sistema de la sumisión ?[32].

Ninguna afirmación tan falsa y desprovista de base como ésta de los afrancesados por intereses pecuniarios. Es cierto que hubo gentes, como el comisario regio para Valencia, Cervera, que, según comentario de su sucesor en el cargo, «había comprado varias cosas y manejado por sí solo muchos negocios sin conocimiento de nadie»[33], que medraron, aprovechándose de la calamitosa y desordenada situación en que se hallaba sumido el país, aunque la mejor respuesta a tal acusación la dieron los propios afrancesados con sus penosos siete años de destierro, en los que ninguno de ellos, ni ministros, ni cortesanos, ni subalternos, dio señales de haber reunido grandes fortunas en el desempeño de sus cargos.

Su destino fue, como ha resumido certeramente Villaurrutia,

> granjearse el odio de sus compatriotas por afrancesados, y el de los franceses por españoles, porque pospusieron siempre los intereses de los invasores a los que consideraban los verdaderos intereses de su patria[34].

Los motivos de los afrancesados

Los afrancesados son los hijos espirituales del *Aufklärung* y, como tales, su política adquiere forma práctica en el Despotismo Ilustrado. Los consejeros de José –verificando la observación de que sus ministerios fueron un constante estado de emergencia– poseen evidentemente un programa político[35], cuyos elementos son simples y fáciles de señalar. El *aufklarer* busca en política una reforma un tanto utópica. Divide al mundo en diversas clases. Al frente de todas las jerarquías coloca al rey –con lo que conserva la monarquía–, pero un rey ilustrado, ocupado en el bien de la nación, y no un monarca que consuma los recursos del Estado en provecho propio o de su dinastía, como lo han sido los monarcas del absolutismo. En otra dirección, la Ilustración modifica el centro de la política. Del rey y la dinastía tradicional y absolutista no se ha pasado sin transición al Estado soberano. Entre ambos se encuentra el ilustrado, que habiendo despojado a la realeza de su base, el poder de origen divino, se ha quedado a mitad de la evolución sin llegar al gobierno del *demos*.

El *Aufklärung* es un Estado intermedio, una transición rápida entre dos formas lógicas y con sustantividad propia. En consecuencia, carece de íntima consistencia; únicamente posee existencia histórica. Es una forma de paso. Se trata de un parón arbitrario, provocado, en medio de la evolución política continua, por la voluntad de algunos monarcas que intentaron en esta forma negar las consecuencias que los pensadores derivaban de premisas admitidas, truncándolas, impidiéndolas evolucionar, siguiendo el natural orden de las ideas. En la lucha contra las doctrinas antagónicas –absolutismo y liberalismo– saldrá siempre malparado, rebasado en ambos sentidos por teorías de mayor homogeneidad y lógica solidez.

El Antiguo Régimen confundía los términos de rey y Estado. El nuevo estará subordinado a este último, perdida la idea de aquél. Entre ambos, la Ilustración ni se ha despojado de la idea tradicional del rey, ni valoriza suficientemente la nueva concepción del Estado soberano. Y los *aufklarer* intentarán realizar momentáneamente la síntesis de ambos valores, siendo rápidamente superados por la aparición del liberalismo. Como producto derivado de esta doctrina se afirma la idea, embrionaria aún, del Estado como realidad distinta y superior a rey y dinastía, bifurcándose en esta forma el más tradicional y extendido de los dogmas políticos de la Europa del Antiguo Régimen. Esta idea aparecerá posteriormente entre los más destacados miembros de la corte josefina.

> Las personas y las familias de los reyes –dirá Llorente– hoy son unas, mañana son otras; la patria permanece con las unas y las otras. Al soberano se debe fidelidad mientras ejerza la soberanía[36].

Azanza y O'Farrill añaden:

> A medida que se veía irrevocable la suerte de la monarquía el sentimiento de haber perdido a nuestros soberanos se hacía muy compatible en el corazón de los diputados españoles en Bayona, con el deseo de que se salvase la independencia de la nación, de que librándose de los horrores de una guerra empezase, desde luego, a ser gobernada con tranquilidad, y todos encontraban consuelo en entregarse a esta esperanza[37].

En España se da prácticamente el caso de una doctrina –la Ilustración– que, habiendo agotado su ciclo evolutivo, y superada ya en el resto de Europa por los dogmas de la Revolución francesa, aún pervive a consecuencia de un fenómeno semejante a los que Spengler ha calificado de seudomorfosis histórica.

La intentona afrancesada de restablecer el Despotismo Ilustrado carlotercista fracasa no sólo por razones político-militares, sino también por una necesidad mucho más íntima y esencial; se frustra porque no es más que el cadáver de una doctrina en lucha contra el absolutismo tradicional y contra la nueva ideología liberal, que entonces iniciaba su desarrollo.

La gran mayoría del pueblo español era absolutista. Conservaba sin evolución las doctrinas tradicionales, una de cuyas premisas era la univocidad de los conceptos de Rey y Estado. Cualquier atentado contra la dignidad del monarca provocaría en ellos igual reacción a la que en nuestros días suscitaría una ofensa a la dignidad patria.

Desde tiempos de Carlos III coexistía con los anteriores una minoría *d'élite,* abierta a todas las corrientes ideológicas del continente, que en política se inspiraba en Hobbes y su «Contrato primitivo», y en Locke y su teoría de la «Revolución legal», junto con los enciclopedistas, sus contemporáneos. Su evolución ideológica debió conducirles al liberalismo a través de la *Enciclopedia,* y si no llegaron a él fue porque antes de que su forma política se agotase por necesidad interior, se vio truncada por la acción de agentes exteriores a ella: monarquía absoluta de Carlos IV, valimiento de Godoy, etc. Es altamente significativo ver cómo España, al cabo de un siglo y cuarto, vuelve a un régimen de privanza tan extraño al espíritu de la época.

Junto a los partidarios de estas doctrinas ilustradas iniciaban por entonces su actuación política los liberales, los discípulos de la Revolución francesa, que habían de galvanizar el concepto de patria, llenándolo de un contenido de fuerza mítica. Su desorbitada extensión y brusca aparición en el campo de la política deben atribuirse a la gran difusión lograda por las nuevas ideas durante los años de la Revolución francesa, pese a las medidas adoptadas por los ministros de Carlos IV para impedirlo. El ilustrado de tiempos de Carlos III fue el afrancesado de 1808[38].

Consecuente con su ideología, carece de fidelidad a la dinastía y a la figura del rey, y aunque conserva la idea monárquica, la valora por bajo del naciente concepto de Estado, comunidad política superior que ya apunta en él.

Representa 1808 el momento en que, a consecuencia de la intervención imperial –fenómeno totalmente ajeno a la natural evolución política nacional– y el antagonismo ideológico, las diferencias conceptuales existentes entre los tres partidos van a plantearse en el campo de batalla, derivando hacia extremismos y odios violentos, complicados por la presencia de factores extraños a los términos españoles del problema, tales como la intervención de Francia, el aspecto religioso de la contienda, el natural odio contra el invasor, etc.

Para los afrancesados, Bayona no es más que un cambio de dinastía. «No se trataba, según ellos, sino de un cambio de dinastía aprobado por los soberanos legítimos»[39], aconsejable por varios motivos, que Viñas ha clasificado sistemáticamente en razones de

> orden político, deseo de implantar pacíficamente reformas políticas y sociales; de conveniencia nacional, evitar la irremediable postración interna que había de producir una gue-

rra con Francia, y de orden histórico, evitar el peligro de desmembración territorial de España y de emancipación de América[40].

Siguiendo este esquema positivamente bueno, para polarizar alrededor de sus tres términos toda la infinita gama de motivos que se han aducido como justificantes del afrancesamiento, lograremos reducir a una forma orgánica los, en otro caso, agobiantes datos multitudinarios.

Motivos políticos

En política, los afrancesados sufren la consecuencia de una doble colisión contra los otros dos sectores de opinión del país. «Resulta que no se trata exclusivamente de una dinastía frente a otra –ha señalado Méndez Bejarano–, sino de un sistema político frente a otro»[41].

La fidelidad al Estado y la falta de apoyo a una dinastía que consideran acabada e incluso perjudicial para el bien del país, les enfrenta con los absolutistas. En 1813, Fernando VII perseguirá igualmente a liberales y afrancesados, reos ambos del mismo delito de infidelidad a su persona. «Había triunfado el absolutismo, no la patria»[42].

Para los fernandistas, los afrancesados constituyen gentes de ideas demasiado avanzadas, revolucionarios enemigos del rey y, en consecuencia, del Estado, conceptos en su mente unívocos. La fidelidad a una nueva dinastía es traición a ambos valores sin distinción; por esto los afrancesados son reputados por traidores.

Los liberales, por el contrario, consideran a los afrancesados como políticamente atrasados y, a su vez, como infieles al naciente Estado nacional.

El régimen de gobierno popular que representan los liberales es, a los ojos de los josefinos, equivalente a la anarquía, en la que se manifestaron muy temerosos. «Debíamos unirnos cada vez más fuerte a él [a José] –confesó Amorós–, porque sólo en su gobierno se conocía el imperio de las leyes y la hidra de la anarquía estaba refrenada»[43]. Cevallos, en su «Manifiesto», expuso sus temores ante la actuación de las juntas provinciales, en las que veía comités revolucionarios populares.

«La anarquía es el mayor de todos los males», dirá Azanza[44], y los diputados, reunidos en Bayona, firmarán una proclama en la que se repetirá: «La anarquía es el mayor azote que Dios envía a los pueblos; durante ella, la licencia y el desenfreno saquean, queman, talan, cometen toda especie de desórdenes»[45]. Y M. Silvela añadiría: «Si algo puede hacer dudoso el triunfo de la libertad es la anarquía, el terrorismo»[46].

Llorente, en un extenso alegato de su conducta política durante el reinado de José y de las causas que la determinaron, explicará:

> Tuve adhesión al Gobierno que ahora recibe el título de intruso. V. M. lo reconoció por legítimo, yo me adherí a él porque no había otro en el reino. Después se formó el segundo por sublevación, usurpando el nombre de V. M., porque sólo así podía engañar a los ignorantes, pero su verdadero fin era el descubierto con el tiempo. Yo he sido y soy realista por

opinión. Creí ser útil a mi patria y conservar la monarquía contra el sistema republicano[47].

En relación con el poder real, la disociación se acentúa. El afrancesado, que ha perdido la adhesión a la realeza, no ha adquirido en cambio –como hemos dicho– un concepto lo suficientemente claro del Estado. Su pensamiento se detiene en un vago y arbitrario término medio, que le lleva a buscar el bien de la nación, sin preocuparse por determinar exactamente el contenido conceptual y real de dicho término, ni de saber si la patria puede admitir esos supuestos bienes sin detrimento de su propia esencia independiente. Dice A. M.:

> Entre otras razones que influyeron sobre ánimos del bien de la patria, fue una, y la que tuviera quizá mayor imperio, la esperanza de sacar a España del caos en que la habían sumergido tres siglos de opresión y error... Los españoles ilustrados suspiraban porque llegase el dichoso momento en que la verdad triunfase también en nuestro país del error que la oprimía... Para impedir el movimiento ascendente, siempre funesto y destructor, de las conmociones populares, inevitables en aquella invasión, convenía, por la adhesión a una dinastía nueva, establecer la causa del movimiento descendente que arreglase con uniformidad la cooperación de todas las fuerzas y dirigiese todos los esfuerzos, a fin de hacer la reforma pacíficamente[48].

Los principios doctrinales de los afrancesados pueden reducirse a tres:

1.º *Monarquismo,* comprendido como adhesión a la forma monárquica y no a una dinastía determinada. «Está ya consumada –se diría en un folleto anónimo– nuestra degradación con unos reyes haraganes... Busquemos en otra casa destinos más prósperos y sólidos apoyos»[49].

2.º *Oposición a los avances revolucionarios.* «Después de Bayona –dirá Azanza– no pudo optarse sino entre la anarquía y la monarquía constitucional»[50]. «Son malvados e indignos quienes toman las armas contra las órdenes de las autoridades constituidas»[51].

3.º *Necesidad de reformas políticas y sociales,* de acuerdo con las tendencias de la época. «Debimos sostener los decretos del rey José I y coadyuvar a su cumplimiento, porque en ellos se prescribían las reformas que necesitaba la nación, que reclaman las luchas del siglo, que arreglan la administración pública a los sistemas conocidos por mejores, consolidan el poder de un Estado y aseguran su libertad positiva y su gloria verdadera»[52]. Y Moratín resumiría el pensamiento afrancesado al decir: «Una extraordinaria revolución va a mejorar la existencia de la monarquía, estableciéndola sobre los sólidos cimientos de la razón, de la justicia y del poder»[53].

La primera de estas premisas, concebida en forma limitada, les enfrenta con los absolutistas; la segunda provocará la enemiga de los liberales.

Motivos de tipo histórico

La política española de finales del XVIII y primeros meses del XIX, exceptuando el accidental y transitorio hiato producido a consecuencia de los sucesos revolucionarios, estuvo determinada por la necesidad de lograr la alianza de Francia para defenderse frente a Inglaterra. Los afrancesados representan la continuidad de esta tradicional orientación. Años más tarde harán de ella un argumento justificativo de su actuación. «El ejemplo de los años anteriores –diría Azanza– había consagrado para España, como una máxima esencial de su política, la amistad con Francia»[54]. Y Amorós añadiría:

> Se nos presentaban las lecciones oportunas de la Historia, dictándonos la conveniencia que resulta a España de que una misma dinastía ocupe sus tronos... Nos unimos al soberano que se nos mandaba servir y le fuimos fieles hasta el último momento... Debimos servirle con celo y constancia, porque se oponía cuanto fuera posible al despotismo de los gobiernos militares de España, que la misma resistencia tumultuosa había hecho establecer, y rebatía con un tesón noble todos los atentados dirigidos contra la independencia y la integridad de la nación[55].

Azanza y O'Farrill especifican:

> ¿Qué hicieron, pues, los vocales de la Junta de Bayona firmando una Constitución, y los demás españoles que la aceptaron sino procurar sacar todas las ventajas posibles a favor de la independencia y libertad de la nación, apoyados en razones de conveniencia política, que la experiencia reciente, y aun la de un siglo entero, había hecho conocer como la más provechosa y necesaria entre dos naciones a quienes su posición geográfica les dicta la necesidad de vivir unidas? Si se

> consideran las alternativas a que pudiera quedar expuesta la España de resultas de la abdicación de sus soberanos, es preciso confesar que todas se hacían menos funestas, evitando una revolución en el interior y una guerra de conquista, que la hiciese entrar en lucha contra las fuerzas de Francia. He aquí lo que los diputados de la Junta de Bayona se propusieron y desearon evitar adhiriendo al nuevo soberano que se daba a la nación y el partido que juzgaron debía ella abrazar en aquellas circunstancias, como el único que podría salvar su existencia política y conservar en mejor estado todos sus recursos y sus fuerzas[56].

En primer lugar, su concepción, nebulosa aún, del Estado, les enfrenta radicalmente con el invasor. Ante el hecho de la invasión, afrancesados, absolutistas y liberales, todos, experimentan el mismo sentimiento ultrajado. Únicamente su reacción es diferente. Los primeros, enemigos de cualquier solución de tipo violento que pueda comprometer el prestigio de las formas tradicionales de gobierno dando paso a la anarquía, creen trabajar por el interés de la nación acatando los dictados napoleónicos en todo aquello que no roce la esencia íntima de su concepto de la patria. Su papel es el de mediadores, no el de colaboradores. Aceptan una nueva dinastía, pero jamás reconocerán la desmembración del país ni la injerencia extranjera. El 2 de agosto de 1808, los ministros josefinos dirigieron un memorándum a su monarca, en el que, entre otras cosas, decían:

> Estos intereses [de España] exigen imperiosamente que, siendo siempre buenos vecinos y amigos seguros de Francia, no

> seamos jamás sus aliados, no estemos gobernados por su política, ni arrastrados por sus guerras. Todos nuestros males, todas nuestras desgracias, bajo los Austrias como bajo los Borbones –añadían–, han nacido de que se han sustituido las razones de Estado por las pasiones familiares[57].

Y aquí se aprecia la existencia de un sentimiento nacional, pensamiento este mucho más arraigado entre los afrancesados que entre aquellos de sus enemigos de ideas absolutistas, quienes hubiesen cedido con mayor facilidad las provincias en litigio. «Pensábamos –diría Escóiquiz del viaje a Bayona– que [Napoleón] solamente quería el norte de España»[58].

> La situación en que veíamos a nuestra España nos hizo siempre inferir que la suerte de ésta estaba limitada a una de estas tres cosas: ser gobernada por un príncipe de la dinastía que reinaba en Francia, ser dominada y agregada a esta potencia o ser desmembrada en pequeños Estados por común acuerdo con los demás de Europa. Entre estos extremos no podía ser dudosa la preferencia del primero[59].

La historia de las negociaciones en torno a las provincias del norte de España prueba que los ministros josefinos hicieron honor a su pensamiento, no resignándose en ningún momento a admitir la disgregación del país. Dos embajadas extraordinarias, aparte de las gestiones de la reina Julia, del príncipe de Ponte-Corvo y del cardenal Fesch, seguidas de la personal intervención del propio monarca, prueban la autenticidad de sus palabras.

> Cabarrús, Urquijo, Mazarredo, O'Farrill, Azanza, los ministros que siguieron a José I a la salida de Madrid –dice Viñas–, adoptaron este partido ante el temor de la separación definitiva e incorporación a Francia de las provincias de allende el Ebro[60].

Azanza y O'Farrill, en su *Memoria,* tantas veces citada, manifestaron que

> en aquella crítica situación (después de la batalla de Bailén) no se les presentaban más que dos medios en que poder optar: por uno se ofrecía a España la conservación de su independencia y de su integridad, un rey constitucional sostenido por una potencia vecina y preponderante, la reforma de todo lo que la nación miraba generalmente como abusos y la garantía de los derechos más apreciables para los hombres reunidos en sociedad. Por el otro no se podía ofrecer sino como un sueño la posibilidad de recobrar por las armas a nuestro soberano, y la guerra venía a no tener para la nación un objeto de utilidad o conveniencia tal que pudiese compensar los inmensos sacrificios que exigen una perseverancia y sufrimientos difíciles de calcular al principio y aun en el curso de una revolución[61].

Además de los motivos ya citados, hay que añadir el deseo de conservar el imperio, ya en precaria situación. Ha dicho Viñas:

> El evitar la pérdida del imperio colonial constituye otro de los más poderosos fundamentos de su defensa... la acusación de que quienes excitaron y organizaron la insurrección contra los franceses fueron la causa inicial y radical de la pérdida

de las colonias se fulmina implacablemente contra el Gobierno español en todos los escritos de los afrancesados[62].

Azanza acusó a los resistentes diciendo: «Todo nació [el movimiento secesionista americano] del convencimiento y persuasión que llegó a formarse de que España había sucumbido ya en 1808»[63].

Aún existía un tercer deseo, representado por el afán de lograr la absoluta independencia política de España con relación a su poderosa vecina. En un informe de Blondel acerca de Barcelona, de 15 de diciembre de 1809, se señalan varios de los motivos que dieron partidarios al hermano del emperador. Destacaba entre ellos «la esperanza de pasar sin convulsiones y sin desorden a una autoridad nacional»[64].

Motivos de conveniencia nacional

Fundamentalmente fueron dos: el afán natural de evitar una guerra, de la que acertadamente pensaban había de salir maltrecho el país, pugna que, por otra parte, consideraban innecesaria.

> ¿Y cuáles serían, por fin, las resultas de esta guerra? La pérdida de nuestras mejores provincias, la devastación de las demás, la pérdida de las Américas[65].

Si el país sobrevive a la caída de la dinastía, si bajo un nuevo rey se consigue conservar la independencia y la integridad nacionales, no queda ningún motivo que justifique a sus ojos el provocar una guerra que, en el mejor de los casos, sería fatal a España, «porque preveíamos que sería conquistada y destrozada, como ha sucedido»[66]. La junta envió una comisión (Caballero, O'Farrill, Iriarte) para manifestar la cesión de la corona a José.

> Debieron representar como inevitable: o la sumisión a lo pactado y resuelto en Bayona, o el destrozo de la monarquía. Pedir por soberano al hermano mayor de Napoleón, o dejar a éste dueño de elegir el que quisiera o le conviniese según su política o ambición[67].

Añadirán Azanza y O'Farrill en la *Memoria* conjunta que escribieron: «Una guerra llegaría a arruinar a los pueblos y a convertir a España en el desierto»[68]. Verdad esta que se encargarían de demostrar los sucesos posteriores y de los que ellos no se juzgarán responsables en modo alguno. En frase de Amorós:

> Los partidarios del rey José están puros de unos y otros; no querían la guerra; siguieron esta pasmosa causa por evitarla, y no puede hacérseles responsables de los males que ha producido[69].

Al faltarles el *casus belli,* es lógico que los afrancesados no hallasen motivo alguno que les impidiese unirse al nuevo monarca para intentar establecer de consuno un Gobierno español.

> Aun en el caso de triunfar España, la guerra venía a no tener para la nación un objeto de utilidad y conveniencia tal que

> pudiese compensar los enormes sacrificios[70]. [...] La justicia de una causa –añaden en la página siguiente– no basta por sí sola para que una guerra sea conveniente, y como tal deba abrazarse, y que las razones de su inconveniencia pueden presentarse tan probables y poderosas que, lejos de ser un crimen, se haga un servicio a la nación en evitarla[71].

Y en su ingenuidad pensaban y aspiraban a una independencia absoluta con relación a la política imperial.

> Si la nación tomaba parte activa sería para ser destruidos sus pueblos...; perdidas las Américas en todo o gran parte, cuando, por el contrario, supuesta la desgracia del rey Fernando VII..., pensé que la patria sería feliz haciendo de la necesidad virtud[72].

En segundo lugar, un razonamiento de gran fuerza lógica, aunque siempre ha circulado con un aspecto de justificación tardía que le resta valor, es la ventaja que se obtenía de poseer una administración española, con lo que se evitaba que España se transformase en una dependencia francesa, totalmente gobernada por funcionarios extranjeros. Amorós señaló que:

> Si no hubiésemos desempeñado nosotros los empleos se hubieran dado a los extranjeros, polacos, alemanes, italianos y franceses, pues de todo hubo en los ejércitos que hicieron la conquista, ¿y se cree que en tal caso hubieran sido más felices los españoles? Respondan por mí los pueblos y hágase el paralelo de los países que fueron gobernados militarmente con aquellos donde pudo el rey conservar algún influjo y se verá la enorme diferencia[73].

Reinoso, por su parte, dedicó trece capítulos de su obra –*Examen de los delitos de infidelidad a la patria*– a tratar el tema de las ventajas que produjo al país la subsistencia de una administración nacional: «Los que tanto han denigrado a los ministros del rey intruso –decía–, ¿han examinado cuán necesario era a la nación que la administración superior fuese española en el tiempo de la esclavitud?»[74], y en el capítulo XX manifestaba «que se debía a los empleados la conservación de la patria durante la invasión»[75].

> Conscientes de la situación del país –dijo de ellos Suchet–, aceptaron la honrosa misión de interponer la moderación y la justicia entre los habitantes y los soldados, y protegieron los intereses de sus compatriotas con una perseverancia jamás desmentida[76].

Esto explica asimismo por qué al abdicar José abandonaron su partido para seguir a Fernando VII, cuya causa era nuevamente la nacional. Según Llorente:

> En marzo de 1814 volvió a España Fernando VII y se abrieron las comunicaciones con Francia. Los que habían sido ministros o consejeros de Estado en tiempos del rey José, viéndose ya libres de todo vínculo del juramento de fidelidad prestado a éste, se apresuraron a reconocer de nuevo por su soberano legítimo al rey Fernando, procediendo en esto con tan buena fe como lo habían hecho a José, cuando lo había mandado la necesidad de ceder a la fuerza mayor, unida al loable deseo de precaver, y, por lo menos, disminuir los daños de la patria[77].

Este triple motivo justifica y explica la aparición de un grupo político colaboracionista. Durante los cinco años de guerra, tres partidos antagónicos lucharán sin descanso. Los afrancesados, que por su ideología ilustrada debían ocupar la transición, el centro, habían de hacer puente entre los otros dos, son combatidos encarnizadamente por ambos. Al desaparecer, dejaron a España sometida a un movimiento pendular, a una oscilación periódica entre los dos extremismos triunfantes. En consecuencia, durante el siglo XIX los furores demagógicos sucederán a los excesos reaccionarios, y éstos a aquéllos, sin que el país logre encontrar el equilibrio, definitivamente perdido en estos años de guerra. La historia entera del siglo XIX español viene predeterminada desde 1808.

2. La ideología napoleónica y España

Los principios generales de la política napoleónica

Entre la enunciación de un pensamiento político y su realización existe una gran distancia. Concebir el fenómeno napoleónico como el desarrollo cíclico de las teorías pensadas mucho tiempo atrás, desde tiempos del Consulado, y tal vez muy anteriores, no deja de ser un error de visión histórica, originado al atribuir al emperador ideas y deseos que no adquirieron validez sino pasados muchos años, en la ulterior evolución de su pensamiento y política.

Es una realidad y un error histórico en que se incurre con facilidad, el hecho de que veamos la Historia al revés. Mirando al pasado, los sucesos políticos se nos presentan invertidos con relación a su verdadero orden sucesorio. Estudiando a Napoleón, lo primero que vemos es al emperador. Si remontamos su vida hacia sus orígenes, siempre tendremos ante nuestra comprensión la realidad del Imperio, y puede que encontrásemos –con un poco de buena voluntad– que todo el movimiento impuesto a Europa a principios del siglo XIX se deriva de los vagos pensamientos de un cadete de la Escuela de Brienne, a quien sus compañeros llamaban *la paille au nez,* y que se firmaba Buonaparte.

La realidad es muy otra, y tal la vemos si realizamos la adecuada corrección visual para conseguir representarnos la Historia en el mismo orden que se desarrolló cuando aún no lo era. Las ideas políticas no nacen *ex nihilo,* necesitan de un problema previo cuyo planteamiento insoslayable lleva al político a la enunciación de soluciones –nuevos principios– capaces de resolverlo. Por esto resulta absurdo remontarse demasiado lejos en las cadenas de explicaciones y justificaciones que, al alejarse de la realidad, rápidamente pierden validez. Aplicado esto al fenómeno napoleónico, diremos que en la gesta imperial falta la uniformidad, no existe un principio inamovible que conduzca a Napoleón a través de todos sus avatares. Como contrapartida señalaremos la presencia de una continuidad:

> Las ideas del revolucionario –ha dicho Pabón–, la experiencia de la Revolución, dan lugar al pensamiento del Primer Cónsul, y la experiencia del Consulado formará al emperador. Hay en el proceso un desarrollo lógico[1].

Las ideas imperiales nacen con el Imperio. Anteriormente, el Primer Cónsul es, en realidad, un monarca, que busca la grandeza de Francia, al igual que pudo buscarla Luis XIV o cualquier otro de los reyes franceses del Antiguo Régimen. En relación con España, aspira al pacto nacional, forma nueva del viejo pacto de familia. Es altamente expresivo de todas estas mutaciones los cambios que sufre el nombre de Buonaparte, sustituido por Bonaparte cuando su poseedor siente que su destino le hace francés, y que más tarde, en 1804, desaparecerá para cambiarse por el de Napoleón. De etapa en etapa ha modificado sus ideas, adaptándose a nuevas necesidades y a nuevas ambiciones, y sería tan absurdo explicar la invasión de España por la tesis girondina de la revolución universal, como buscar en la guerra de Italia un antecedente del pensamiento del Imperio.

Napoleón no fue servidor de ideologías políticas, sino señor que se servía de ellas en su exclusivo provecho, sin más medida que la grandeza de Francia y la gloria de su nombre. Para él, una doctrina era un programa a seguir en tanto coincidiese con aquellos otros intereses suyos más elevados. La divergencia señalaba el fin de su validez. La ruta del Imperio está jalonada por los restos de pensamientos políticos que perdieron vigencia a los ojos de Napoleón.

El concepto político del Imperio de Occidente –«Yo he querido el Imperio del mundo», confesaba Napoleón a Benjamín Constant en los Cien Días– se produce a consecuencia de la conjunción de dos doctrinas: la idea girondina de la revolución universal y la idea napoleónica de la unidad de Europa.

En 1798, poco antes de partir para Egipto, había dicho a José: «El sistema de Francia ha de ser el de Europa si ha de durar». Es la aceptación de la tesis girondina. La paz de Luneville (9 febrero 1801) rodeará a Francia de una cadena de pequeñas Repúblicas: Bátava, Helvética, Ligúrica y Cisalpina.

En 1804, Bonaparte es ya emperador. De su pasado revolucionario conserva el viejo pensamiento girondino, mezclado con nuevas ideas, entre ellas la de la unidad de Europa: «Europa es una provincia del mundo, y una guerra entre europeos es una guerra civil».

Para gobernar esta Europa unida, que es su parte en el reparto del mundo, crea una entidad supranacional, en la que el emperador será rey de reyes y distribuirá reinos a sus lugartenientes:

> El gran proyecto le lleva a fundar la Cuarta Dinastía... En la organización supranacional del Imperio, los Bonaparte ocuparían los tronos de Europa, subordinados a la autoridad suprema del emperador[2].

La doctrina de la unidad europea bajo un poder único origina la lucha contra Inglaterra, el último de cuyos capítulos es el bloqueo continental.

Es el momento en que el emperador decide completar su Imperio, necesidad perentoria si ha de acabar con Inglaterra. La resistencia portuguesa a cerrar sus puertos a las mercancías inglesas provoca la invasión. El caos político español, representado por El Escorial y Aranjuez, necesita una solución que estabilice y fije para siempre la política nacional. Napoleón resuelve el problema asimilando España a su Imperio. A medida que se desarrollan los acontecimientos, y en muchas ocasiones a la zaga de éstos, el emperador se entrega a la gigantesca tarea de llevar a buen fin su desacertada política.

Los motivos del emperador

Antes de empezar a estudiar los acontecimientos políticos derivados de la idea sustitucionista, conviene señalar, al menos en lo posible, cuál ha sido el móvil que animó al emperador en su gestión. Existen dos direcciones, siguiendo las cuales Napoleón intentó justificar su intervención, desmedidamente egoísta, en los asuntos españoles. Son, primero, la tesis de la regeneración del país, y segundo, la de la razón de Estado, que exigía una intervención para garantizar la seguridad de la frontera sur del Imperio, cubierta por un aliado de dudosa fidelidad.

En Santa Elena dictará a Montholon un largo artículo explicando su política:

> España era, desde tiempo atrás, el objeto de mis meditaciones. Sus tradiciones, sus divisiones territoriales, sus viejas costumbres, la ignorante superstición del pueblo, constituían obstáculos que era necesario vencer para regenerar a la nación española, que será grande y fuerte bajo el imperio de instituciones constitucionales. La nación española despreciaba su gobierno; pedía a gritos el bien de la regeneración. Podía esperar realizarla sin derramar sangre; las disensiones de la familia real la habían manchado con el general desprecio[3].

Siguiendo una segunda dirección, disculpa su intervención, haciéndola depender de la razón de estado.

> No podíamos dejar a España a nuestras espaldas, a la disposición de nuestros enemigos. Era preciso encadenarla, de grado o por fuerza, a nuestro sistema[4].

A Montholon le dijo: «No podía abandonar la Península a las maquinaciones de los ingleses, a las intrigas, a la esperanza, al pretexto de los Borbones»[5].

El estudio de los hechos conduce, sin embargo, a conclusiones opuestas a las tardías justificaciones napoleónicas. Su política española no buscaba, en principio, la sustitución de los Borbones, sino el restablecimiento del poderío español, que piensa utilizar como aliado en su lucha contra Inglaterra. La relación existente entre esta revalorización y la regeneración de que hablará más tarde es clara, aunque en ningún caso sea justificativa, como pretendió hacernos creer al dictar sus *Memorias.* Su correspondencia puede servir de ejemplo. Hasta marzo de 1808, el emperador no parece conceder otra utilidad a su intervención en la Península que apartar a España y Portugal del comercio y la influencia británica y tomar precauciones contra una posible defección en caso de complicaciones europeas[6]. «La regeneración de España –dice Grasset– no la ha deseado más que para aumentar los recursos de que tenía necesidad en su lucha contra Inglaterra»[7]. En ningún caso puede, pues, afirmarse que haya deseos de regeneración. Si Napoleón termina por otorgar una Constitución a los españoles, se deberá no a sus propósitos, sino a «los acontecimientos y al celo de Murat, que le llevaron a comprometerse con los partidarios de las reformas, a precisar promesas vagas, y al final a dar a los españoles su primera Constitución»[8].

Desdevises du Dezert, en la actualidad, considera justificativa la disculpa de la razón de Estado:

> Si Napoleón se ha comprometido en el asunto de España, es, en primer lugar, para protegerse contra toda eventualidad de un ataque sobre su frontera meridional. Ha creído que no estaría seguro de España más que estableciendo a su hermano en Madrid[9].

De acuerdo con él, el emperador conquista España en una campaña preventiva. Como explicación del fenómeno no es falsa, sino insuficiente. En la realidad actuaron causas más complejas e inminentes. El manifiesto de octubre no justifica la invasión militar.

La evolución del pensamiento napoleónico y España

Se han señalado muchas fechas destinadas a fijar el momento cronológico en que surge a la luz la idea napoleónica de exonerar a los Borbones españoles. Pérez de Guzmán[10] y Cánovas del Castillo[11] lo remontan a 1801. L. Madelin[12], sin concretar ninguna fecha, se conforma con señalar que, por lo menos en cuatro ocasiones, a lo largo de los años que van de 1802 a 1806, Napoleón ha pensado en la expulsión de la dinastía española. Jourdan[13] y Barante[14] lo fijan en la primavera de 1805, opinión compartida modernamente por Pérez de Guzmán[15]. Partidarios del año 1806 son Ortega y Rubio[16], Muñoz Maldonado[17] y Toreno[18]; y entre los contemporáneos de los sucesos, Pasquier[19], que la fija a finales de año, y entonces obedeciendo a influjos de Talleyrand. Lafuente[20], Vayo[21], Villa Urrutia[22] y Fugier[23] la retrasan hasta 1807. Conard[24] cierra esta breve enumeración al llevar al 27 de marzo de 1808, con motivo del motín de Aranjuez, el nacimiento del pensamiento sustitucionista. A formar tan diversos juicios y encontradas opiniones han contribuido en gran parte las frases del emperador, que desde muchos años atrás amenazaba acabar con la dinastía española. En 1801, con motivo de la ratificación del tratado de Badajoz, había dicho a Azara: «Parece que SS. MM. Católicas están fatigadas de ocupar el trono y que aspiran a seguir la misma suerte que los otros Borbones». En otra ocasión, escribiendo a Talleyrand, se dejó llevar de la pasión y exclamó:

> Si este príncipe [Godoy], comprado por Inglaterra, comprometiera al rey y a la reina con medidas contrarias al honor y a los intereses de la República, la última hora de la monarquía española habría sonado[25].

Jourdan, recordando una conversación que tuvo con Napoleón en Verona en 1805, dice:

> El proyecto de expulsar a la dinastía reinante estaba en su pensamiento desde hacía largo tiempo. Intentando demostrar la necesidad de restablecer el Imperio de Occidente, tanto para afirmar su dinastía como por la seguridad de Francia, repitió varias veces que un Borbón en el trono de España era un vecino demasiado peligroso[26].

Se cuenta que en octubre del año siguiente, al conocer en Berlín el contenido de la proclama de Godoy, «juró destruir a cualquier precio la rama española de la casa Borbón»[27]. Fugier ha dedicado un epígrafe de su magnífica obra a estudiar el efecto producido en el emperador por la proclama de 5 de octubre. Sus declaraciones, las cartas de sus ministros y una larga entrevista que tuvo con el embajador español Pardo de Figueroa en Berlín el 27 de octubre, lo muestran tranquilo y sin sospechar en absoluto, o, al menos sin demostrarlo, que han considerado el manifiesto como un atentado a la seguridad del Imperio[28]. En su petición de un cuerpo de ejército –4.000 jinetes y 10.000 infantes con 25 piezas de artillería[29]– para cubrir las costas del Imperio, se ha visto con absoluta unanimidad, al tiempo que error, la existencia de una idea maquiavélica al atribuir a Napoleón pensamientos sustitucionistas, iniciados con el desarme –so capa de amistad– de la potencia española. Fugier ha demostrado la falsedad de tan extendido aserto, señalando que «no era para reforzarse por lo que hacía venir 14.000 españoles, sino para mostrarlos»[30].

Finalmente, se ha hablado mucho de Tilsit como punto de partida de los pensamientos sustitucionistas del emperador[31]. Existe una teoría según la cual Napoleón discutió con Alejandro sus proyectos peninsulares. Cuenta a su favor con las palabras, de incomprobable veracidad, del emperador a Escóiquiz, el 21 de mayo, durante las conversaciones de Bayona:

> El Emperador de Rusia –le dijo–, a quien comuniqué, a raíz de nuestras entrevistas en Tilsit, mis proyectos acerca de España, que datan de esta época, los aprobó y me dio su palabra de no oponerse[32].

Si Napoleón ha pensado expulsar a los Borbones desde épocas tan remotas, es cosa que no se puede afirmar ni negar. Lo único cierto es que en su política, que suponemos expresión de su verdadero pensamiento, más que sus malhumoradas manifestaciones, no hay huella alguna que confirme sus propias palabras. El emperador se siente en sí mismo como un gran rey de Francia, y si algo piensa y practica es la total sumisión de España a sus directrices políticas. Es la etapa en que la corte de París mediatiza totalmente la actuación de la de Madrid. La idea de suplantar a los Borbones vendrá mucho más tarde, a consecuencia del caos a que llegará la realidad política española.

En primer lugar, Napoleón no ha llegado de modo súbito a la idea sustitucionista. En su pensamiento hay una continuidad, una sucesión de políticas más atrevidas a medida que los sucesos presentan a sus ojos un cariz más favorable. Su primera idea es mezclarse en la política española, mediatizar a la corte de Madrid: *intervención.*

El 23 de abril de 1806, Talleyrand anunció a Beauharnais su nombramiento como embajador de Madrid; nada en las instrucciones que recibe hace pensar en un deseo sustitucionista. La política de Napoleón, determinada por el pensamiento intervencionista y guerrero contra Inglaterra, tiende únicamente a fomentar el interés por la Marina: «Tenéis que conservar a España en el sistema adoptado hasta aquí de unir todos sus esfuerzos a los de Francia y dirigirlos especialmente hacia la Marina»[33].

Esta etapa, comenzada en 1801 –Luciano, al salir de España, había dicho: «No necesitáis un embajador, sino un procónsul»–, se extiende hasta finales de octubre de 1807, en que la debilidad y las intrigas de la corte española –proceso de El Escorial–, unidas a su ambición, que ha crecido proporcionalmente, le hacen concebir el proyecto de arrebatar a España sus provincias del norte del Ebro –segundo momento, *desmembración,* de su evolución política respecto a España– restaurando la vieja tradición de las marcas:

> Es el Imperio tal como Carlomagno lo poseyera: Francia hasta el Rin e Italia hasta el Volturno; Alemania hasta el Elba, el Moldau, el Danubio y el Emns; la costa del Adriático hasta el golfo de Fiume y España hasta el Ebro[34].

En este momento, la situación es la siguiente. Por el tratado de Fontainebleau, Napoleón se reserva –sin decidir acerca de su destino– el centro de Portugal, con una población de dos millones de habitantes. De acuerdo con estadísticas que le fueron enviadas el 25 de octubre, los territorios de la izquierda del Ebro contaban con 1.910.000 habitantes. Conard apunta la posibilidad de que el emperador pensase en un cambio en el momento de firmar, dos días más tarde, el tratado con España[35]. Que en esta fecha piensa ya intervenir es seguro[36]. Sin embargo, el proyecto definitivo aún no ha adquirido forma. Serán los acontecimientos posteriores los que moldearán y transformarán sus primitivas ideas, hasta llevarle a la expoliación de los Borbones.

Finalmente, el 26 y 27 de marzo, cuando sus ejércitos buscan apoderarse del botín que espera arrancar a la debilidad de su aliado (misión de Izquierdo) sin pagar un gran precio, tal vez 12.000 hombres en caso de guerra (su famosa frase se refería a una operación que no es la ocupación de España, sino la guerra contra los Borbones y el despojo ulterior), las noticias del motín de Aranjuez le presentan una presa mejor, España y sus Indias, que parece caer providencialmente en sus manos extendidas, con lo que se alcanza el último momento de la evolución del pensamiento imperial: *sustitución*. Su decisión, apenas pasadas unas horas, es llamar a su hermano Luis al trono que ha decidido dejar vacante.

En el proceso hay un encadenamiento lógico, favorecido por los errores españoles. De la conjunción de la ambición napoleónica con la calamitosa política nacional ha brotado la idea de la sustitución.

Los proyectos de boda y la idea de la desmembración

El partido fernandino, apoyado por el embajador francés, deseaba la boda del príncipe de Asturias con una princesa de la familia imperial para granjearse de este modo un apoyo decisivo frente al valimiento omnipotente de Godoy. Ya en el mes de marzo de 1807, Escóiquiz aconsejaba a Fernando una más íntima unión con el emperador[37].

A primeros de junio, Escóiquiz se entrevistó con Beauharnais, iniciándose las negociaciones, sin que éste diese cuenta de la gestión a su ministro, en esta época el príncipe de Benevento. Se multiplicaron las entrevistas, hasta que el embajador se decidió a presentar su candidatura: María Estefanía Tascher de la Pagerie, sobrina suya y de la emperatriz Josefina, revelándose como negociador e intrigante aprovechado.

El 11 de octubre, a instancias de Champagny –que había sustituido a Talleyrand en el ministerio de Asuntos Exteriores y no quería sostener negociaciones tan decisivas sin una prenda material de la posición del heredero del trono español–, Fernando redactó una carta en la que exponía por escrito sus deseos.

Simultáneamente a estas negociaciones, llevadas con tanta atención por el emperador, que se dispone a dominar el gobierno español a través de la esposa que piensa dar a Fernando, se desarrolla otro aspecto del asunto. Se trata de la intervención de Champagny, y especialmente de Talleyrand, caído en desgracia, y deseoso de recuperar su antiguo favor[38].

La intervención del príncipe de Benevento, por lo mismo de haber sido muy discutida, merece ser especialmente destacada al estudiar el desarrollo del pensamiento imperial. Se ha hablado mucho de la mediación de Talleyrand en la política peninsular de Napoleón, pero está por determinar hasta qué punto es cierto que la idea primitiva le pertenece. En sus *Memorias,* el propio acusado se inhibe, diciendo:

> El Emperador trató conmigo en diversas ocasiones de sus proyectos de apoderarse de España. Combatí este plan con todas mis fuerzas, exponiendo la inmoralidad y los peligros de tamaña empresa... Cansado por los argumentos artificiosos de su ambición –añade–, le aconsejé ocupase Cataluña hasta que obtuviese la paz marítima con Inglaterra[39].

Estas declaraciones, escritas con claro sentido justificativo, han de tomarse con grandes reservas, aunque hay que resaltar que en ellas aparece con un máximo de evidencia la idea de despojar a España de sus provincias del Norte. Desde este mínimo, reconocido y admitido, hasta el máximo de la sustitución de la dinastía, hay un camino a cuyo borde se han ido estableciendo con sus hipótesis diversos historiadores. Para Madelin no hay duda de que las afirmaciones del príncipe de Benevento no pasan de la categoría de medias verdades, ya que «todos los que conocieron las conversaciones del príncipe con Napoleón, en octubre de 1807, están de acuerdo en afirmar que Talleyrand fue mucho más audaz en sus gestiones»[40].

Meneval[41], Roederer, Pasquier, Savary[42], Fouché, entre los contemporáneos, no pusieron en duda que el exministro proporcionó al emperador el plan de sustituir a la casa de Borbón por la casa de Bonaparte.

Napoleón –en sus conversaciones con Montholon– hizo observar que a raíz de la firma del tratado de Fontainebleau, Talleyrand intrigaba, señalando la equívoca conducta del gabinete de Madrid, hasta el extremo de redactar una *Memoria* sobre los agravios de Francia contra Carlos IV y su favorito:

> No hay en el trono –decía la *Memoria,* según dictó Napoleón a Montholon– más que una sola rama de la casa de Borbón, la de España, que, colocada a nuestras espaldas, cuando se trate de hacer frente a las potencias de Alemania, será siempre amenazadora... Ha llegado el momento de declarar que la última casa de Borbón ha cesado de reinar... Un príncipe de la casa imperial ocupando el trono de España completaría el sistema del Imperio... Para todo esto bastaría un ejército de 30.000 hombres[43].

El posterior desarrollo de la política con relación a España ha originado la aparición de un fenómeno, común a todos los testigos de los acontecimientos. Nadie sospecha lo precario y circunstancial de la política sustitucionista. Alucinados por el recuerdo de frases tan significativas como las citadas anteriormente, sugestionados por el ulterior desarrollo de los hechos, se confunde lo que en realidad ha sido una sucesión graduada de pensamientos, una evolución lógica producto de las ideas pensadas en Francia y de los hechos ocurridos en España. Si leemos con atención las declaraciones de los testigos presenciales de los acontecimientos –una vez hecha la corrección necesaria derivada del afán de justificarse, exculpándose de todo cargo–, veremos que la mayoría de las frases que se citan como fundamentales, como hitos que señalan desde antiguo el pensamiento de la sustitución, son tan inconcretas que en realidad igualmente pueden referirse al pensamiento de crear una marca hispánica, como al deseo de establecer a uno de los hermanos del emperador en el trono de Madrid. Savary ha dicho: «Talleyrand fue el primero que pensó en la operación de España». A nuestros ojos esta operación es la sustitución de la dinastía. Pero ¿podemos afirmar que fuese lo mismo a los ojos del emperador a finales de 1807? Y si se tratase de despojar a España de sus provincias norteñas, ¿la frase no continuaría disfrutando de toda su vigencia? Por todo ello resulta extraordinariamente difícil señalar la estricta verdad de la intervención de Talleyrand en los asuntos de España. Lo que sí podemos hacer es encerrar este influjo entre dos límites, entre un máximo –sustitución– y un mínimo –despojo–. La realidad de lo sucedido se encuentra forzosamente entre ambos extremos. Esto por lo que respecta a los consejos del príncipe de Benevento, ya que en cuanto a los propios pensamientos del emperador cabe señalar, sin gran error, que se ha quedado en la fase de expoliación, no de Cataluña –como Talleyrand reconoce haber aconsejado–, sino de un *limes* defensivo que se extiende hasta la línea del Ebro.

Si Talleyrand –como afirman los contemporáneos y el propio emperador– ha aconsejado la sustitución, es cosa imposible de demostrar, aunque lo cierto es que en la política práctica subsiguiente a estas entrevistas no aparece este pensamiento, sino únicamente el de despojar a España de sus provincias de allende el Ebro.

Veamos ahora cómo Napoleón va a perseguir la culminación de esta política en sus dos fases sucesivas: boda y expoliación, y cómo más tarde la noticia de lo ocurrido en Aranjuez va a dar origen al discutido pensamiento sustitucionista[44].

El proceso de El Escorial provoca el recrudecimiento de la enemistad por parte de los elementos hispanófobos de la corte francesa. Era opinión corriente y muy difundida en los medios gubernamentales de Francia que el emperador buscaba intervenir en la Península desde tiempo atrás. Sugestionados por la idea, numerosos de entre los cortesanos eran partidarios de una decidida mediación en los asuntos españoles. Los continuos rumores se sucedían sin intervalo. Se decía que Carlos IV iba a abdicar en Godoy; que el favorito, unido al emperador, pensaba destronar al rey, etc. Y estas ideas eran compartidas por las esferas gubernamentales del vecino país. Montgaillard, encargado de informar a Napoleón sobre la situación política europea, decidido hispanófobo a partir de la proclama de octubre anterior, escribió pocos días antes del proceso de El Escorial exigiendo la sustitución:

> Si el gabinete de Madrid no forma indisolublemente en todas partes causa común con el Imperio francés, la salvación de Europa exigiría que el trono de España fuese ocupado por una nueva raza soberana[45].

Napoleón, influenciado por sus conversaciones de octubre con Talleyrand, por las comunicaciones de Champagny y por la existencia de un fuerte partido intervencionista[46], decide aumentar su seguridad mediante la desmembración de España[47].

Se trata de restablecer la idea carolingia de las marcas. La marca Hispánica se extendería hasta el Ebro, y España recibiría a cambio Portugal, además de una princesa imperial para esposa del heredero del trono, que de esta forma se uniría con nuevos lazos a Francia[48].

Su política posterior así lo demuestra. Y es absurdo remontar a El Escorial la adopción por Napoleón del pensamiento sustitucionista[49], ya que esto nos llevaría a una de estas dos cosas: o bien Napoleón se ha entrevistado con Luciano y busca mujer para Fernando, al tiempo que prepara la expoliación de estos mismos Borbones, o, por el contrario, Napoleón pone en práctica simultáneamente dos o más proyectos antagónicos, lo cual es igual de ilógico, pues las medidas provechosas para uno de ellos forzosamente habían de ser perjudiciales para los demás.

El 13 de noviembre el emperador responde a su aliado el rey de España, negando haber recibido comunicación alguna del príncipe de Asturias, ignorándolo por completo: «Podría decirse que desconozco su existencia»[50].

Cinco días más tarde, Carlos IV –cuando aún no había recibido la carta anterior– escribe al emperador apoyando la petición formulada por su hijo el 11 del mes anterior[51].

El emperador recibe este despacho en Milán, y, según Masson, es en este momento cuando piensa en la posibilidad de atraerse a España mediante un pacto de familia. «A sus ojos había llegado el momento de hacer entrar a España en su sistema, pero aún no había determinado de qué modo»[52]. El proyecto, según hemos visto, se remonta a bastante tiempo atrás, con la diferencia de que el proceso de El Escorial ha llevado a Napoleón a dar un paso más, sustituyendo su aspiración intervencionista por la idea de la desmembración.

En este momento proyecta realizar una doble maniobra que le asegure contra una posible amenaza de la frontera sur del Imperio, casando a Fernando con una princesa de su familia, al tiempo que se prepara para apoderarse de las provincias del Norte (tesis de Champagny y Talleyrand). Napoleón, en Santa Elena, dirá:

> Aquella familia estaba a mis pies para que adoptase una joven cualquiera e hiciese de ella princesa de Asturias, pero me hacía falta alguien que me fuera verdaderamente adicto, una mujer que fuera únicamente francesa, y que tuviese el talento y la cabeza a la altura de tal destino, y yo temía no encontrar todo eso[53].

La noche del 12 de diciembre de 1807, Napoleón tiene una entrevista con su hermano Luciano[54]. «El pretexto era para tratar de su hija Carlota..., que el Emperador pensaba dar por mujer al príncipe de Asturias»[55]. Se ignoran las decisiones adoptadas, pero los acontecimientos posteriores prueban que no se llegó a una solución definitiva, a causa de las dudas del padre de Carlota.

El 17 (?), 20 (?) de diciembre, Napoleón escribe a José desde Milán, y, refiriéndose a Luciano, dice:

> Si quiere enviarme a su hija, es necesario que parta sin tardar, y que en respuesta me envíe una declaración de que marcha a París y que la coloca totalmente a mi disposición, porque no hay un momento que perder, los acontecimientos apremian y es necesario que se cumpla el destino[56].

José, cumpliendo sus instrucciones, envió a Girardin a Roma cerca de Luciano, quien, en el último instante, se negó a entregar a Carlota, lo que José comunicó a su hermano el 31 del mismo mes[57].

Simultáneamente con estos proyectos, el emperador desarrolla la segunda fase de sus planes y lanza sus ejércitos sobre la Península. El 30 de noviembre, Junot entra en Lisboa. Tres semanas después, el 22 de diciembre, cruza la frontera el segundo cuerpo de observación de La Gironda, a las órdenes de Dupont, quien a principios de enero establece en Valladolid su cuartel general. El 9 del mismo mes, Moncey se suma, al mando de un tercer cuerpo de ejército, compuesto por 30.000 hombres, a las fuerzas antedichas. El 10 de febrero, Moncey ha establecido su cuartel general en Valladolid, dejando libre su retaguardia para el paso –el 6 de febrero– del general Duhesme al frente de 12.000 hombres.

El primero de año, en este año fatídico en que se va a iniciar la guerra de España, Napoleón regresa a París de su viaje por Italia.

> Enero y la mitad de febrero se dedicará a la reflexión, a la espera, a la observación, a la preparación. El emperador, conservando su libertad de acción, continuaba difiriendo cualquier decisión grave[58].

La negativa de Luciano a conceder a su hija para esposa de Fernando VII, lleva al emperador, ante la imposibilidad de encontrar mujer al príncipe de Asturias, a renunciar a la boda, aunque no a perder las ventajas derivadas de su intervención[59].

Planea el despojo mediante la intimidación de los reyes españoles, y tal vez la guerra contra ellos. Entonces escribe a Carlos IV (después de dos meses de espera, 18 de noviembre de 1807 a 10 de enero de 1808):

> Consiento voluntariamente a esta alianza –decía–. Pero V. M. debe comprender que no hay ningún *homme d'honneur* que quisiera aliarse con un hijo deshonrado por su declara ción, sin tener la seguridad de que ha readquirido todo su antiguo favor[60].

Con esta respuesta, Napoleón dilata el problema, sin verse abocado a una solución inmediata, que aún no se ha decidido a tomar, y a la que se vería obligado en caso de rechazar la petición de los Borbones, padre e hijo. «En enero, e incluso durante la primera mitad de febrero de 1808, tuvo lugar un *ralentissement* en los asuntos peninsulares»[61].

Señala Conard:

> Durante este período Napoleón está al acecho, espiando la ocasión propicia o la equivocación del enemigo, al tiempo que sus ejércitos continúan afianzándose en la Península. No comunica nada a sus íntimos, porque sus designios no están aún bien determinados, pero se informa...[62].

Ha empezado por Izquierdo, el agente en París del príncipe de la Paz, a quien somete a un verdadero interrogatorio a través de Duroc y Champagny, cuyo fin es conocer la verdadera fuerza del partido fernandino[63].

Continúa enviando oficiales, ayudantes de campo, emisarios, encargados oficialmente de llevar cartas a Madrid, aunque su misión real consiste en informarle acerca de los puntos que le interesan: opinión del pueblo, estado del ejército, de las plazas fuertes, etc. Desde octubre pasa por España un verdadero desfile de franceses en misiones de observación. A finales de este mes llegó a Madrid su ayudante de campo, Turenne, a entregar una carta (de 12 de octubre de 1807) a Carlos IV. Días más tarde es Tournon el que pasa a España. Las instrucciones recibidas directamente del emperador decían:

> Entregaréis la carta adjunta al rey de España; tendréis cuidado de observar el camino desde los Pirineos a Madrid; la opinión del país acerca de lo que acaba de ocurrir en España; si a juicio público se inclina a favor del príncipe de Asturias o del de la Paz; os informaréis también *sans faire semblant de rien* de la situación de Pamplona y de Fuenterrabía. Si notáis que arman alguna plaza, me avisaréis mediante un correo.

> Observaréis Madrid para ver bien el espíritu que anima a aquella ciudad[64].

Para cumplir su misión, Tournon permanecerá en España hasta el 1 de diciembre. A su vuelta (20 de diciembre) redacta un extenso y detallado informe que Napoleón recibe el 1 de enero. En él toca en forma sistemática todos los temas posibles: príncipe de la Paz, el rey, la reina, el príncipe de Asturias, el infante D. Carlos, el infante D. Francisco, el ejército español, plazas fuertes, gobernadores, Aragón, Navarra, Cataluña, Castilla la Nueva, Valencia, residencias reales, conspiración del príncipe de Asturias.

> Todos los ojos están vueltos hacia el Emperador. España, en sus desgracias, mira a S. M. I. como el único apoyo que puede salvarla; se espera que se dignará tomar al príncipe de Asturias bajo su protección, elegirle una mujer y librar a España de la tiranía que la oprime... No puede hacerse idea de la ruina en que se encuentra España[65].

El emperador consideró insuficientes estos informes, y, en consecuencia, «las gentes que se encontraban en contacto con los españoles fueron invitadas a vigilar cuidadosamente»[66]. Bernadotte[67], Moncey[68], Mouton[69], recibieron detalladas instrucciones a fin de que observasen y estudiasen todo lo relacionado con España y los españoles.

El 1 de febrero llega a Madrid Vandeul, *«un specialiste des affaires d'Espagne»*[70]. Además de dos cartas para Carlos IV, lleva instrucciones secretas de observar a lo largo del camino[71].

El 6 de febrero del mismo año, Blondel se dirige a Barcelona en cumplimiento de órdenes secretas.

> Trataréis de conocer cuáles son las disposiciones de los habitantes en relación con los franceses; su opinión acerca de la situación española; sobre su actual Gobierno, y cuáles son sus sentimientos hacia el emperador. Examinaréis bajo todos los aspectos las disposiciones de los oficiales civiles y militares...[72].

Sobre estos datos, Napoleón modela lo que ha de ser su actuación en España. De los informes se queda únicamente con las noticias del desorden político y económico en que vive el país, en tanto empuja sus legiones más y más hacia el sur, con la intención de ocupar Madrid[73].

En este mismo mes de febrero, Izquierdo, que siente la intriga a su alrededor, recorre las embajadas desazonado. A Tolstoy le dirá: «Todo está perdido»[74]. El día 24, el duque de Frioul lo enviará a Madrid en silla de postas[75].

Poco antes de su marcha había celebrado una entrevista con Duroc y Talleyrand, en la que le fue entregada una lista de dieciocho propuestas –que debía leer únicamente a los reyes–, comprendida bajo el título de «Especies y cuestiones proponibles». Comienzan con una convocatoria general a todas las naciones europeas para que colaboren en la empresa de impedir que la paz del continente sea perturbada por Inglaterra (1.ª especie), cuyo proyecto «era extender las luchas de la guerra y abrir el teatro de ella en un país como España y Portugal» (2.ª especie). Para granjearse la buena voluntad de Carlos IV se ofrece a reconocerle como emperador de las dos Américas (3.ª especie), al tiempo que le garantiza la integridad de sus estados (4.ª especie), a cuyo objeto ha decidido «cubrir el reino y aun la corte misma contra cualquier evento peligroso» (7.ª especie).

Después de estos preámbulos entra de lleno en materia, y, tras exigir perentoriamente, por la especie 14, la entrega de las plazas fuertes[76], descubre su juego, y propone el cambio de Portugal por las provincias del norte del Ebro.

> Se limitaba a indicar un cambio favorable a las dos partes, que era ceder Portugal entero contra un equivalente en las provincias fronterizas de Francia. Por medio de él se evitaría la servidumbre de un camino militar de extremo a extremo de las fronteras.

Exigiría que las negociaciones se realizasen de manera rápida,

> pues podía ocurrir que una complicación imprevista de acontecimientos obligase a S. M. el Emperador a cimentar la seguridad de Francia por nuestro lado sobre la posesión de las mismas provincias, sin tener a su mano país alguno que volver a España a cambio de ellas» (especie 15).

Por la especie 16 se muestra opuesto al enlace de Fernando con una princesa de su familia «sin estar seguro de que el príncipe de Asturias hubiese merecido la indulgencia de su padre y soberano.

Para completar este cuadro proponía que

> se llevase a efecto un buen tratado de comercio, en el que todo fuese igual entre las dos potencias en todos los Estados y dominios de aquende y allende de los mares y el restablecimiento de un pacto equivalente al viejo pacto de familia... y aún más perfecto todavía[77].

Esta decisión implica la renuncia al intento que ha mantenido hasta principios de año, de casar a Fernando con una princesa imperial, proyecto que aun entonces le aconsejan Tournon y Beauharnais. El origen de este cambio viene determinado por la imposibilidad, según hemos visto, de encontrar una esposa adecuada para el heredero del trono de España.

Fugier señala:

> En el proyecto de 24 de febrero es fácil de ver la maniobra secreta que Napoleón planeó en octubre del año anterior y que continúa adaptándola a las nuevas circunstancias. Ha conservado la idea de anexionar la orilla izquierda del Ebro, ha añadido la del tratado político y comercial y ha renunciado a hacer de Fernando su virrey en España[78].

La primera quincena de marzo presenta un gran contraste con las anteriores. Napoleón parece desconcertado, duda, espera, e, indeciso, retrocede. Fugier lo atribuye a un súbito temor que invade al emperador ante el movimiento de las tropas españolas y las noticias que recibe referentes a las malas disposiciones del pueblo con los franceses, a consecuencia de la ocupación de las plazas fuertes del norte[79].

Para él, Napoleón regresa al proyecto de despojo, abandonando la idea de la sustitución:

> Hacia el 10 o 12 de marzo, el Emperador suspende su maniobra secreta, la que busca el destronamiento de los Borbones. Súbitamente, la otra maniobra, la que conduce abiertamente... la negociación referente a la orilla izquierda del Ebro, pasa a primer plano[80],

cuando lo cierto es que aún no ha llegado a pensar en la sustitución. No hay avance ni retroceso, y sí únicamente vacilación[81]. Como dirá más tarde –5 de abril–, «es preciso ver claro»[82].

Napoleón busca establecer la marca del Ebro, y con este fin conduce las negociaciones, al tiempo que amenaza, e incluso piensa en la posibilidad de una guerra, aunque ésta sería una guerra dinástica y no una guerra nacional.

> Quiero permanecer amigo de España –comunica a su lugarteniente– y llevar a cabo mis propósitos sin hostilidades; pero he tenido que ponerme en disposición para, en caso necesario, poder dominar la resistencia por la fuerza...[83].

Al príncipe de Neufchatel le ordena: «Haréis conocer (a Bessières) que todo está aún en paz con España y que no se trata más que de medidas de precaución»[84].

La corte española, imposibilitada de hacer ninguna resistencia efectiva, confió a Izquierdo un contraproyecto, en el que se hacían grandes concesiones. El día 19 nuestro enviado estaba de regreso en París y reanudaba sus conversaciones con los ministros franceses. Éstos exigieron: 1.°, igualdad y libertad de comercio de las colonias de ambas potencias; 2.°, cambio de Portugal por las provincias españolas de la frontera sur del Imperio[85]; 3.°, arreglar de una vez la sucesión del trono de España, y 4.°, hacer un tratado ofensivo y defensivo de alianza.

Izquierdo contestó negándose a abrir las Américas al comercio francés, ya que esto, según dijo, era

> partirlas entre España y el Imperio francés... Concerniente a lo de Portugal, he hecho ver –informó a la corte– lo poco que vale Portugal separado de sus colonias, su ninguna utilidad para España, y he hecho una fiel pintura del horror que causaría a los pueblos cercanos al Pirineo la pérdida de sus leyes, libertades, fueros y lengua, y, sobre todo, el pasar a dominio extranjero...
>
> En fin he insinuado que, si no había otro remedio, podía erigirse un nuevo reino de Iberia o virreinato de Iberia, estipulando que este reino o virreinato no recibiese otras leyes, otras reglas de organización que las actuales, y que sus naturales conservasen sus fueros y exenciones. Este reino o virreinato podría darse al rey de Etruria o a otro infante de Castilla.

De igual forma se negó a tomar en consideración los dos puntos últimos de la propuesta francesa, y resumió su labor diciendo: «He pedido que las tropas salgan de Castilla»[86].

El motín de Aranjuez y la idea sustitucionista

En tanto que sus ministros negocian con Izquierdo, Napoleón simultanea la maniobra política con la militar. El 20 de febrero, Murat ha recibido el nombramiento de lugarteniente general del reino.

> Tengo el honor de prevenir a V. A. I. –le comunicó el duque de Feltre– que S. M. el Emperador y Rey os ha nombrado su lugarteniente para mandar todas las tropas que estén en España[87].

La noche del 17 al 18 de marzo, una pendencia entre los partidarios y adversarios de Godoy inicia lo que en la Historia se conoce con el nombre de «motín de Aranjuez». Al día siguiente, Carlos IV, presionado por los acontecimientos, despoja al príncipe de la Paz de sus cargos de generalísimo y almirante. El 19 por la tarde, agotado por la tensión de cuarenta y ocho horas de incesante revuelta, abdica la corona en su hijo Fernando.

El 27 de marzo, la noticia de la abdicación de Carlos IV da un nuevo rumbo a la política imperial. Según Champagny, Aranjuez

> no cambió las miras del Emperador, que eran servirse de España para acrecentar el Poder de Francia, sino el cambio que se proponía seguir para realizarlas. Su primer designio había sido arrojar al príncipe de la Paz, lo que hubiera sido muy agradable al pueblo español, y gobernar en su lugar mediante hombres de su elección. La rebelión de un hijo contra su padre pareció ofrecerle un pretexto y conducirle a mayores resultados[88].

La perspectiva histórica nos permite, sin embargo, afirmar que la noticia del motín de Aranjuez ejerció una influencia decisiva en su política. Deja de conformarse con las provincias del norte y aspira a quedarse con todo el país por medio de la sustitución dinástica. Inmediatamente ordena una campaña de prensa, iniciada con la publicación en el *Moniteur* del día 29 de una carta de Madrid del 19 de marzo, al tiempo que los demás periódicos eran invitados a dirigir la opinión en igual sentido[89].

A las pocas horas de recibir la noticia se dispone a declarar la abdicación nula y a ofrecer la corona a su hermano

Luis. Napoleón decide la sustitución, y la manera inmediata de realizarla será obra de Murat, que en su ambición se esforzará en dejar vacante un trono para el que se considera único candidato, y que, a última hora, le será arrebatado por un gesto de su amo.

El 24 de abril, Napoleón se hace dirigir un informe por Champagny, previamente corregido por él mismo, hasta el punto de pertenecerle tanto a él como a su ministro. En él se enuncia la necesidad de colocar en el trono de España a un príncipe de la familia imperial. Fundándose en consideraciones históricas, especialmente sobre la política de Luis XIV, demostraba cuán necesarias eran para la seguridad del Imperio las buenas relaciones con España, cuyas fuerzas y recursos convenía acrecentar, empero, a fin de obligar a Inglaterra a pedir la paz. «Europa –decía– no ha conocido la paz más que con la alianza de estas dos naciones». El emperador, por su parte –tornado por árbitro–, se consideraba imposibilitado de restablecer a Carlos IV por la fuerza contra la opinión nacional, lo mismo que de reconocer a Fernando VII, sublevado contra su padre y apoyado por los ingleses, y tampoco podía dejar a España sumida en la anarquía y en manos de Inglaterra. La justicia de esta política resultaba además de los tratados secretos de España con Inglaterra, de las vejaciones sufridas por los comerciantes franceses y de la ley del bloqueo, etc. En fin, España se encontraba en plena decadencia, y era necesario regenerarla. Y terminaba diciendo:

> He expuesto a V. M. las circunstancias que le obligan a tomar una gran decisión. La política lo aconseja, la justicia lo

autoriza, los disturbios de España fuerzan la necesidad. V. M. debe, pues, proveer a la seguridad de su Imperio y salvar a España del influjo inglés[90].

Durante los meses de marzo y abril, hasta la llegada de Fernando a Bayona, se desarrolla una política doble y complementaria. El emperador ofrece sucesivamente la corona a sus hermanos, en tanto su lugarteniente, deslumbrado por la posibilidad que ve ante sí, se prepara a dejar vacante el trono español, al que en su ambición se cree destinado. De esta forma se da la paradoja de que ambos, con distintas intenciones, desarrollen una política unísona.

Los ofrecimientos de la corona española

Masson, al intentar reconstruir la trayectoria del pensamiento sustitucionista, ha complicado el problema al afirmar arbitrariamente la realidad de una correspondencia napoleónica inexistente, o, por lo menos, inencontrada, y que, por el desarrollo de la intriga, puede decirse, con grandes posibilidades de certeza, que no ha existido jamás. Una vez descartada la entrevista de diciembre del año anterior, como fecha de un primer ofrecimiento de la corona española a José, mermada o no, queda aún por demostrar la inexistencia de esta última proposición, cuya única base es la hipotética y no encontrada carta del emperador a su hermano. Para el citado Masson y para Fugier[91], Napoleón, el 20 de febrero, al tiempo de nombrar a Murat su lugarteniente en España, ha debido escribir a José para ofrecerle España, pero en las mismas condiciones en que se la habría dejado al príncipe de Asturias, privada de Cataluña, de la mitad de Aragón, Navarra, Guipúzcoa y Vizcaya, y con reservas acerca de las colonias. José rehúsa, y Napoleón recibe la respuesta el 12 de marzo[92].

Hipótesis semejante resulta difícil de admitir. Con muy buen criterio, Conard, aunque sin demostrarlo, rechaza dicha carta, dado que no ha sido hallada. Pero, además, estudiando la correspondencia de ambos hermanos, se encuentran a faltar, no sólo la carta de ofrecimiento, sino también la contestación de José. Por otra parte, las cartas posteriores no transparentan la existencia de tan trascendental ofrecimiento, que forzosamente había de merecer algún comentario en una correspondencia que, por ser privada y secreta, no exigía el silencio. Por si esto fuera poco, vemos al rey de Nápoles, a través de sus cartas, conducirse como un monarca cuyos proyectos políticos son a largo plazo, al tiempo que Napoleón le aconseja empresas de dilatado alcance. Estas órdenes y consejos resultarían absurdos si anteriormente hubiera mediado el ofrecimiento de cambio de coronas.

Esto en lo referente al aspecto lógico de la cuestión. El estudio de las posibilidades materiales corrobora esta opinión, pues rastreando en la correspondencia de ambos hermanos se llega a la misma conclusión. El 26 de febrero, Napoleón escribe a José:

> Me parece entrever en alguna de vuestras cartas anteriores que vuestra confianza por Salicetti[93] disminuye completamente. No puede concebir nada tan desastroso para vos como

enajenaros un hombre tan importante[94]. Comentario inútil de haber mediado la carta de 20 de febrero.

El día 28, José acusa recibo de una carta de fecha 17, en la que su hermano le daba instrucciones para operaciones futuras[95].

El día 1 de marzo, José escribe al emperador: «No tengo noticias de V. M. desde hace tres días»[96]. Al día siguiente, otras dos cartas dan cuenta de los movimientos de la flota. Los días siguientes, 3 y 4, hay nuevas cartas referentes a los movimientos de la Armada. El abastecimiento de Corfú y la expedición de Sicilia absorben toda la atención del rey de Nápoles. En una última carta de esta fecha anuncia: «No he recibido carta de V. M. desde hace seis días»[97]. Teniendo en cuenta que un correo tardaba de nueve a once días en hacer el recorrido de París a Nápoles, José debía haber recibido ya en esta fecha la carta del emperador. Al día siguiente, una nueva carta de Napoleón le anuncia escuetamente: «Es posible que antes de ocho días marche para España»[98].

Los días 6, 7, 8, 9, 10 y 11, las cartas de José continúan tratando de asuntos navales. En esta última comunica su decisión de desterrar de Nápoles a varios cardenales que se niegan a reconocerlo. «No son peligrosos en parte alguna, pero aquí lo serían»[99].

Evidentemente, no hay huella alguna de la famosa carta de que hablan Masson y Fugier. Es más, cabe afirmar que no ha existido jamás tal proposición por parte del emperador. Su existencia estaría en contradicción con la última de las cartas de Napoleón, y además obligaría a pensar que despacho tan trascendental tardó catorce días como mínimo, aunque lo normal era cubrir la distancia entre las dos cortes en un tiempo de ocho a nueve días, siendo excepcional tardar diez o doce.

El 26 de marzo, Napoleón recibe la noticia del desfavor de Godoy, y al día siguiente, la de la abdicación de Carlos IV. El mismo día, renunciando al proyecto de anexión, ofrece la corona a Luis:

> Convencido de que no tendré paz firme con Inglaterra si no es verificando una gran transformación en el continente, he decidido colocar un príncipe francés en el trono de España. El clima de Holanda no os conviene. Por otra parte, Holanda no conseguirá resurgir de sus ruinas... En este estado de cosas, pienso en vos para el trono de España[100].

La respuesta de Luis es clara, y demuestra hasta qué extremo difería el punto de vista del emperador del de sus hermanos los reyes nacionales:

> No soy un gobernador de provincias; para un rey no hay más promoción que el cielo. Todos son iguales. ¿Con qué derecho podría pedir un juramento de fidelidad a otro pueblo si no permanezco fiel al que he dado a Holanda al subir al trono?[101].

Si éste fuese un pensamiento viejo de varios meses –como pretende Fugier–, es de suponer que, desde mucho tiempo atrás, estarían fijadas las relaciones con el que habría de ser rey de España, con lo que no hubiese tenido lugar el primer reinado de Fernando VII y el largo y decisivo interregno que se extiende desde el motín de Aranjuez hasta la aceptación por parte de José de la vacante corona española. Ante la negativa del rey de Holanda, Napoleón se dirige a Jerónimo en fecha aún no determinada, ya que falta el original del ofrecimiento. Conard, mediante un cálculo de fechas, supone que Jerónimo recibió la carta en fecha anterior al 11 de abril; Masson la retrasa hasta el 15, y Fugier la lleva a finales de mes.

Ante la que sabemos fue una negativa, Napoleón se decide a llamar a José. Únicamente el 18 de abril, veinticuatro días después de la carta de Luis, ofrece al rey de Nápoles trocar su corona por la española:

> Las circunstancias quieren que cubra a Europa con mis tropas. No sería imposible que os escribiese dentro de cinco o seis días para que vinieseis a Bayona. Entregaréis el mando de las tropas al mariscal Jourdan, y la regencia de vuestro reino a quien queráis[102].

No vuelve a mencionar estos proyectos hasta el 6 de mayo, en que añade:

> Nos acercamos al desenlace. El rey Carlos me ha cedido sus derechos al trono... Algunos días antes de la firma de este tratado, el príncipe de Asturias se ha desprendido de la corona...[103].

Entretanto, en Bayona tenían lugar los últimos actos de la mascarada. El 6 de mayo, Fernando devolvía la corona a su padre, quien la había cedido, a su vez, a Napoleón por un tratado firmado la víspera: «Artículo 1.º: El rey Carlos... ha resuelto ceder, como cede por el presente, a S. M. el Emperador Napoleón, todos los derechos al trono de España e Indias». Por los artículos siguientes se estipulaba que había de conservarse la integridad del reino, así como la religión católica. Los artículos IV, V, VI, VII, VIII, IX y X trataban de las compensaciones que recibirían los reyes y los príncipes españoles.

El 10 de mayo, un nuevo tratado fijaba la situación en lo relativo al príncipe de Asturias y los demás infantes, quienes, después de ceder sus derechos en un primer artículo, veían determinadas sus compensaciones económicas en los seis siguientes[104].

El mismo día, Napoleón notifica a José su decisión.

> La nación, por medio del Consejo Supremo de Castilla, me pide un rey. Es a vos a quien destino esta corona –y a continuación la más infame y comercial de las propuestas–: España no es lo que el reino de Napoleón; se trata de once millones de habitantes, más de 150 millones de ingresos, sin contar con las inmensas rentas y las posesiones de todas las Américas. Es una corona que, por lo demás, os establece en Madrid a tres días de Francia, que cubre totalmente una de sus fronteras. Estando en Madrid, estáis en Francia: Nápoles es el fin del mundo... –y sin esperar su consentimiento, añade–: Recibiréis esta carta el 19, partiréis el 20 y estaréis aquí el 1 de junio[105].

José recibe esta carta el 21, y contesta a las pocas horas anunciando la partida de M. Tascher y comunicando que le seguirá a las cuarenta y ocho horas[106].

El 4 de junio, Napoleón proclama a José rey de España y de sus Indias:

> La junta de Estado y el Consejo de Castilla, la villa de Madrid, etc., habiéndonos hecho conocer por mensajes que el bien de

España exigía que se pusiese un rápido fin al interregno, hemos decidido proclamar, como proclamamos por la presente, a nuestro bien amado hermano José Napoleón, actualmente rey de Nápoles y de Sicilia, rey de las Españas y de las Indias[107].

La repetición de la Historia

El proceso político de las relaciones de Napoleón con España cumple su evolución: intervención, desmembración y sustitución. En Madrid hay un rey Bonaparte. Y ahora –y aquí el error fundamental del emperador– se reanuda otra vez el ciclo, al identificarse el nuevo rey con aquellos representantes de la nación que no harán la guerra –los afrancesados– para restablecer el poderío y, sobre todo, la independencia e integridad de España frente a las absorbentes tendencias imperiales.

En España el primer error napoleónico es el interregno. La noticia de lo ocurrido en Bayona –difundida a mediados de mayo– provocó la violenta reacción. En este momento, cuando era más necesaria la existencia de un gobierno fuerte, capaz de mantener el orden, la autoridad máxima es el general en jefe de los ejércitos franceses, poder extraño al país, y que, por añadidura, está enfermo y no se ocupa del gobierno. El pueblo –abandonado por sus reyes, que han abdicado, y sin el nuevo monarca que no llegará hasta el 20 de julio– se encuentra, durante casi dos meses, ante un extraño e inesperado interregno, ante un trono vacío[108].

El conde de La Forest, que sentía el peligro de tal situación, envió despacho tras despacho sin lograr que el emperador adelantase los acontecimientos. El 14 de mayo escribía:

> Cuanto antes se anuncie y más pronto llegue el monarca que debe reinar en España, más rápidamente cesarán estas fluctuaciones, fruto acostumbrado de la espera[109].

Sus despachos de los días sucesivos –10, 13, 15, 17, 18, 22, etc.[110]– son cada vez más acuciantes y reclaman la presencia de José. Sin embargo, sus excelentes consejos de gobierno son desoídos, y el interregno se alarga, y con él la extensión e importancia de los levantamientos, al tiempo que disminuyen las posibilidades de realizar el cambio sin violencias.

Cuando llegue José, será demasiado tarde. La nación abandonada ha tenido tiempo de decidir por sí misma acerca de su futuro, y su respuesta es la guerra. El día 22 –cuarenta y ocho horas después de su entrada en Madrid–, el general Dupont rendía en Bailén sus tropas ante Castaños después de tres días de sangrientos combates.

Pero este primer error no es más que el preludio, al que pronto sucederá la realidad hostil de los monarcas y gobiernos nacionales.

> Enajenados por su maravillosa suerte –dice Geoffrey de Grandmaison–, estos reyes contraían, por su parte, deberes con relación a sus pueblos; fatalmente chocaban con los intereses del Emperador de los franceses, y su situación personal se hacía insostenible. Para salir de este atolladero, en Holanda, Luis ha huido; en Westfalia, Jerónimo se ha evadido; en Nápoles, Murat se ha traicionado a sí mismo. En Es-

paña, José ha creído popularizar su causa separándola de la que el emperador mantenía con sus soldados»[111].

Una vez constituida la nueva monarquía, que el gobierno Josefino pretenderá hacer nacional, se replantean idénticos problemas, a los que Napoleón dará la misma solución. Durante los años 1808 y 1809 querrá dirigir la política española en favor de Francia –nueva intervención–, igual que lo hiciera en los años anteriores a 1807.

Masson ha hecho notar la existencia, en su política exterior, de dos épocas separadas por el divorcio. En la primera ha contenido el Imperio en sus límites naturales, y se ha contentado con crear más allá de sus fronteras nuevos centros de acción, vinculados a su persona, pero relativamente independientes de su Imperio. A partir del divorcio, diciembre de 1809,

> no existe ya ninguna garantía ni para los monarcas que ha instituido ni para los Estados que ha creado, ni para los pueblos que ha reunido. Los reyes son revocables *ad mutum...,* los pueblos son divisibles hasta el infinito... No quiere más que ejecutores impasibles, autómatas a los que únicamente él mueva, que obedezcan ciega y militarmente las órdenes dadas[112].

Es el reconocimiento del fallo del sistema familiar. El primer síntoma de este nuevo espíritu es la destitución de Eugenio en Italia. Con relación a España, su pensamiento le llevará de nuevo a la desmembración de las provincias de la orilla izquierda del Ebro –decreto de febrero de 1810, organizando los gobiernos militares–, que desbaratarán las ilusiones que la expedición de Andalucía había hecho concebir a los afrancesados. Las embajadas josefinas y la gestión personal del rey constituyeron pasos inútiles, que jalonan la historia de estos años, señalándolos con los hitos de la buena voluntad de aquellos ministros de utopía que fueron Azanza y Almenara.

Después, nada: una historia mediocre, un gobierno pobre, sin poder y sin dinero, reducido al extremo de carecer de pan y lumbre, dependiente en todo de la suerte de las armas francesas. Cuando ésta se vuelva adversa, Napoleón dará nuevamente el último paso, y decidirá la sustitución de su hermano por Fernando. El antagonismo se resolverá de la única manera posible: la expulsión de José del trono español, sólo que esta separación, más que abdicación, anuncia ya la de su hermano, el antaño todopoderoso emperador de los franceses.

3. El primer reinado de José

José I, rey de España y de las Indias

El nuevo reinado comienza con una mascarada:

> Don José, por la gracia de Dios, rey de Castilla, de Aragón, de las dos Sicilias, de Jerusalén, de Navarra, de Granada, de Toledo, de Valencia, de Galicia, de Mallorca, de Menorca, de Sevilla, de Cerdeña, de Córcega, de Córdoba, de Murcia, de Santiago, de los Algarves, de Algeciras, de Gibraltar, de las Islas Canarias, de las Indias Orientales y Occidentales, de las Islas y Tierra Firme del Océano; archiduque de Austria; duque de Borgoña, de Brabante, de Milán; conde de Habsburgo, Tirol y Barcelona; señor de Vizcaya y de Molina....

El emperador, que conocía muy bien a José y sus fantasías –un día dirá de él: «José se inclina a creer que he usurpado a mi hermano mayor la herencia del rey nuestro padre»–, interviene en forma tajante. La nueva fórmula se redujo a «Don José Napoleón..., rey de España y de las Indias».

El error monárquico del emperador es corto de enunciar, pero largo de seguir en el acaecer diario. Veamos ahora, día a día, cómo se sucedieron las colisiones entre las órdenes emanadas de Francia y los intentos de los afrancesados, que, rodeando a un pretenso rey nacional, intentaban crear una política española basada en tres puntos de gobierno, imposibles de anular: integridad nacional, independencia política y reformas político-sociales. Estas últimas hubieron de ser sucesivamente postergadas al ocurrir que sus años de gobierno fueron un continuo estado de emergencia que imposibilitó toda acción política de dilatado alcance.

El 4 de junio, según vimos, un decreto imperial otorga la corona de España y sus Indias a José Napoleón. Tres días más tarde llega a Bayona el nuevo monarca, siendo recibido por su hermano, que salió a su encuentro, acompañado de seis carrozas, hasta dos leguas de la ciudad. La primera noticia que recibe de su nuevo reino anuncia la insurrección, que el transcurso de los días haría aumentar en extensión y en intensidad. Cartagena, Oviedo, Cádiz, Sevilla, Valencia se resistían a admitir la nueva situación, y para probar su decisión asesinaban a todas las autoridades que se mostraban vacilantes en relación con el partido a seguir. Solano en Cádiz, el conde de Águila en Sevilla, Antonio de Lomas en Jaén, el conde de la Torre del Fresno en Badajoz, el barón de Albalat en Valencia, morían a manos de un populacho enardecido que veía en la prudencia traición. La historia comienza con lo que se conoce con el nombre de «la matanza de los capitanes generales». Asturias, Andalucía, Cádiz, Valencia, Extremadura, Aragón y Cataluña, levantadas en armas, se negaban a reconocer a su nuevo soberano.

La gestión inmediata de los diputados, reunidos en Bayona, es, en verdad, una triste misión, que desautoriza totalmente la legitimidad del sistema representativo, teóricamente seguido en su elección. La situación española les obliga a redactar una proclama destinada a contener la insurrección, que se propaga, con los días, a lo largo de todo el país. En ella exponían la necesidad de someterse a la realidad de los acontecimientos, que, por otra parte, iban a redundar en beneficio de la nación, mejorando la legislación, organizando el Ejército y la Armada,

> dictando una administración sabia, animando la industria nacional, cortando las trabas infinitas que detienen nuestro comercio. Resistir –añadían– sería fatal para España; al fin sucumbiréis y todo estará perdido. Es preciso no disimulároslo: la salvación pública no puede depender en este momento sino de que todos nos unamos de corazón al nuevo Gobierno y le ayudemos en la regeneración que está disponiendo para la felicidad de nuestra patria[1].

Veintiséis firmas de diputados, entre ellas las del conde de Orgaz, Lardizábal, los duques del Infantado, Híjar, Montellano, Parque, Osuna, Amorós, Cevallos y Azanza, sancionaban la validez del intento.

Inmediatamente, el príncipe de Castelfranco, acompañado de dos funcionarios españoles, accidentalmente en

Bayona, marcharon hacia Zaragoza, portadores del original, «para exponer los peligros que les amenazaban y lo insensato de su conducta»[2]. No consiguieron llegar a la ciudad, viéndose obligados, en consecuencia, a regresar al punto de partida.

Dos días más tarde, José notificaba al Consejo de Castilla su advenimiento al trono español con un oficio en que exponía las que habían de ser constantes aspiraciones de su política y de la de sus servidores los afrancesados. Su programa consta de los tres puntos ya señalados: integridad, independencia y reformas políticas y sociales. Como concesión al carácter español se añadía un cuarto término: la conservación de la santa religión[3].

El 15 de junio, los diputados españoles –en número de sesenta y cinco– tuvieron la reunión inaugural de las Cortes. En veintitrés días se celebraron once sesiones, de las que salió la Constitución de Bayona, sobre la base de un proyecto presentado por el emperador, a finales de mayo, a la consideración de los más destacados españoles de la Junta de Gobierno y del Consejo de Castilla[4].

El 7 de julio, José se presentó para dar y recibir los juramentos: «El monarca, el de ser fiel a la Constitución; los diputados, el de ser fieles al rey»[5]. Seguidamente nombró su primer ministerio. Lo formaban Mariano Luis de Urquijo, Pedro de Cevallos, Miguel José de Azanza, Gonzalo O'Farrill, José de Mazarredo, el conde de Cabarrús, Sebastián Piñuela y Gaspar Melchor de Jovellanos, que no aceptó, encargados, respectivamente, de las carteras de Estado, Negocios Extranjeros, Indias, Guerra, Marina, Hacienda, Justicia e Interior.

> La elección era acertada –ha reconocido Gómez de Arteche–, y en ella se descubre el deseo de adherirse las personas de mejor concepto y de mérito distinguido del país. La mayor parte de ellos habían desempeñado, o desempeñaban todavía, ministerios, y llevaban por España la reputación de probos y de entendidos[6].

Una vez constituido el Gobierno, en todos los corazones surge el deseo de regresar a España. «*A Bayonne les esprits se sentaient en lisieres et sous le filet de l'oiseleur*»[7].

El día 12, desde Vitoria y con motivo de su entrada en el país, José difunde una proclama en la que divulga los mismos principios de su comunicación al Consejo, insistiendo especialmente en su programa de reformas: constitución liberal, restablecimiento de las Cortes, libertad de los tribunales, que «serán independientes de todo otro poder», etc.[8].

Ocho días más tarde llega a Madrid el nuevo monarca español. «La acogida fue siniestra»[9]. A partir de este momento se inicia una triste relación, llena de mediocridades y lamentaciones: la historia de los hombres que quisieron salvar a su país usando una doctrina política muerta desde veinte años atrás.

La historia de los años 1808 a 1813 se basa en una doble realidad hostil: un pueblo en armas y una injerencia extranjera. En ambas existe una tripleta de problemas que José y los ministros afrancesados intentarán resolver en la forma más favorable posible para la nación. En relación al pueblo, que no reconoce la sustitución, existen tres dificultades que superar: pacificar el país, reformar la antigua organización, y como base para lograrlas es necesario solucionar un pavoroso problema financiero que amenaza incesantemente con provocar una crisis insuperable, capaz por sí sola de hundir a la dinastía, dificultad esta última que se arrastrará a lo largo de todo el reinado, ahogando en germen cualquier actividad política de los afrancesados.

Mirando al exterior hay, asimismo, una triple dificultad. España y Francia, demasiado unidas entre sí, llegan a constituir una carga insoportable la una para la otra. Ambas, especialmente la primera, buscan la solución de sus dificultades en la corte vecina, con igual éxito. Por parte española se plantearán tres peticiones que el tiempo hará tradicionales: dinero, integridad territorial e independencia política. Obtendrá del lado francés tres negativas rotundas, manifestadas: 1.°, en la casi total suspensión de empréstitos y subvenciones; 2.°, en la anexión a Francia de las provincias del norte del Ebro, y 3.°, en la división del país en feudos militares regidos por los mariscales del Imperio.

Ambas políticas, estudiadas en general, se presentan como antagónicas en sus caracteres esenciales. A la lógica férrea y a la no menos férrea continuidad que anima la gestión de los afrancesados, se opone la actuación oscilante y a veces arbitraria del emperador. Los subsidios, la integridad española, el poder central y nacional, son términos difusos, inconcretos; realidades que Napoleón resuelve día a día, sin plan preconcebido y siempre con gran retraso. Las cartas de los asuntos españoles, según cuentan los que vivieron a su lado, permanecían durante días enteros en su mesa antes de ser abiertas. Era un asunto enojoso del que muy pronto se arrepintió. Este hastío explica sus tajantes y desconsiderados ucases, su técnica violenta, su política absurda. Prefería olvidar la existencia de un problema español clavado en el corazón de su Imperio. Marmont se quejará en sus *Memorias:*

> Después de haber creado como a propósito esta resistencia, que debía serle funesta, Napoleón no ha hecho nada para vencerla. Por el contrario, parece cuidarse de disminuir las posibilidades de triunfar. La excesiva división de los mandos, a la cual no ha querido renunciar jamás; las rivalidades de todas clases que nunca ha querido reprimir; su ausencia de un lugar en el que únicamente él podía hacer el bien; su habitual negativa a conceder la ayuda y los medios más indispensables; su constante obstinación en cerrar los ojos a la luz y los oídos a la verdad; en fin, la manía a la que jamás ha querido renunciar de dirigir desde su país las operaciones en una nación a la que nunca ha querido estudiar ni comprender, ha completado el conjunto de males de que los mejores ejércitos de Europa serían al final las víctimas[10].

Los intentos de atracción

Hay cuatro momentos en la historia del gobierno josefino. El primero se extiende hasta diciembre de 1808, en que le pone fin la intervención personal del emperador. El segundo va hasta febrero de 1810, cuando Napoleón retorna a su antiguo proyecto de desmembrar la Península, empresa que considera factible y que en verdad es más dificultosa de lo que jamás lo fuera. El tercero alcanza hasta el momento en que José regresa de París, después de su frustrada embajada y señala el fin de las posibilidades de una política conciliatoria con Francia. El último lo forman dos años precarios que terminan con la guerra y aun con la existencia de un monarca Bonaparte y de un gobierno afrancesado.

La tónica de los primeros meses del reinado de José viene dada por los intentos de apaciguamiento[11], por los sinceros deseos por parte del monarca de entrar en negociaciones con sus súbditos sublevados, deseos que originaron una primera colisión entre franceses y afrancesados. En tanto aquéllos piden una solución rápida al problema español –«O avance o represión o dispersión de los rebeldes», exigió La Forest en una entrevista con O'Farrill y Mazarredo[12]–, los ministros españoles se inclinan a favor de la política conciliatoria y de atracción, que conciben fácil engañados por el espejismo de la vieja amistad que les unía con las figuras de primera hora de la resistencia, a quienes esperan atraer a su partido.

Esta política tiene doble faz. En primer lugar se busca captar a la masa de la población, dirigiendo su espíritu, haciendo destacar las ventajas de la nueva situación, demostrando la utilidad de unirse a José. Para lograrlo se organizó, aun con anterioridad a la llegada del rey, una intensa y extensa campaña de prensa, que junto con la publicación de folletos y hojas volantes que se esparcían por todo el país y el envío a las provincias de agentes especiales con la misión de activar el conocimiento del nuevo estado de cosas, buscaba convencer y atraer a las poblaciones de las provincias[13].

El 21 de junio el general Lasalle ordenó al corregidor de Valladolid que encargase 2.500 impresos con los nombres de los diputados de Bayona, las proclamas del emperador, etc., y 4.000 ejemplares de una proclama que redactarían la municipalidad, la audiencia y el cabildo de Valladolid, «en la cual declararán a todos que vuelvan de su error, que vean los funestos efectos de los malos consejos y que juren obediencia a su nuevo rey José»[14].

Cuatro días más tarde La Forest informó a la corte imperial acerca de este importante capítulo:

> Los ministros no van mal. Restablecen las relaciones con sus subordinados en las provincias. Aquellos que han sido enviados en busca de informes empiezan a llegar, son recibidos de un modo que impone y se les envía bien aleccionados. Los jefes de las órdenes religiosas que se encuentran en Madrid comienzan a ser útiles por su parte. Muchos eclesiásticos, por ellos escogidos, han partido para las provincias con instrucciones uniformes[15].

Después de Bailén este criterio se modificó un tanto, y en octubre brotó a la luz un nuevo concepto, cuyas extraordinarias consecuencias no se tocarían hasta los años del destierro. Se trata del juramento de fidelidad.

En Vitoria, el 1 de octubre de 1808, José dio un decreto destinado a atraerse a su partido a toda la burocracia del país, amenazándola en caso de resistencia con la pérdida de sus empleos.

> Los empleados de cualquier ramo que sea y todos los que gocen sueldo o pensión de nuestro Tesoro público, que deben prestarnos el juramento de fidelidad que la Constitución pres-

cribe[16], cesarán de percibir este sueldo o pensión, ínterin no exista en la secretaría del ministro a quien corresponda, el acto de este juramento[17].

Desde Madrid lo repitió en fecha 15 de febrero del siguiente año, presentándolo esta vez por duplicado, según se tratase de militares o de empleados civiles[18].

Para apoyar los anteriores decretos ordenó en el mes de mayo el regreso a sus hogares y cargos en el término de veinte días de empleados y funcionarios, amenazándoles, en caso contrario, con la pérdida de empleos y secuestro de bienes[19].

El mismo juramento se exigió a todos los nuevos funcionarios: Todo empleado público, al tomar posesión de su destino, o entrar en la corporación a que pertenece, hará el juramento siguiente, añadiendo a la fórmula su destino: «Juro cumplir las obligaciones de... con el solo objeto de la felicidad de la nación y de la gloria del rey, conforme a las disposiciones de la Constitución»[20].

Todas estas medidas, de ninguna vigencia en los lugares no ocupados por las tropas francesas, causaron graves molestias a aquellos españoles que habitando el país dominado se resistieron a prestar el juramento exigido. No aumentaron el número de los partidarios de José en un solo individuo y, por el contrario, contribuyeron a rodearlo de toda una categoría de gentes –los juramentados– que, carentes de toda conciencia política, le reconocían como rey en tanto se sentase en el trono, contribuyendo a crear un confusionismo político que más tarde purgaron con creces al ser desterrados del país a una con los afrancesados, por íntima convicción.

Para completar esta política de atracción no bastaba con convencer al pueblo, sino que también era preciso atraerse a aquellos españoles que –en opinión de los ministros–, por un sentido exagerado de la fidelidad al rey caído, persistían en no reconocer el cambio dinástico acaecido en España, y por estar situados al frente del levantamiento constituían un peligro para la paz. Junto con la gestión popular destinada a ganarse los votos de todos los españoles, coexiste la acción privada, entablada junto a los jefes de la insurrección, usando de cartas en las que en nombre de la amistad y del común deseo de reformas y de enviados que exponían las mismas consideraciones de viva voz, los ministros josefinos intentan captar para su partido la actividad de sus antiguos compañeros en las tareas de gobernar, al tiempo que indirectamente buscan dejar a la oposición privada de su cabeza.

A Cuesta le fueron enviados dos coroneles españoles, portadores de sendas cartas de los ministros Cevallos, Urquijo y Azanza[21]. A Castaños, lo mismo que a los jefes de los restantes cuerpos de ejército, les había escrito O'Farrill a principios de julio, en nombre del lugarteniente general del reino, «llamándole a sus deberes». Por su parte, Dupont había entablado conversaciones con el que poco después sería su vencedor en Bailén, hablándole del invencible poder del emperador, «que cifraba su gloria no en conquistar el reino, sino en devolverle su antiguo esplendor» (21 de junio), y proponiéndole se uniese a sus ejércitos. «Podemos entendernos para pacificar Andalucía» (3 de julio). Savary, a su vez, «apoyaba esta tentativa con cartas de tono más conminatorio»[22].

El almirante Mazarredo fue enviado a presidir las Juntas Generales del Señorío de Vizcaya. Pronunció un discurso en el que expuso con gran claridad todos los puntos básicos del pensamiento afrancesado:

Conveniencia nacional. «No se os oculta, pueblo de Vizcaya –dijo–, que estos males de aquí y los incalculables que ha padecido y padece el reino vienen mucho del error en que se ha hecho caer a la opinión pública excitándola a que prevalezcan ciertos sentimientos, ya inútiles, del corazón sobre la razón y la conveniencia».

Integridad nacional, amenazada por el emperador, que está dispuesto a llevar la guerra hasta el final. «Y si la desgracia –añadió– hiciese que, llevada la resistencia a una devastación, repugnase al corazón de nuestro soberano reinar sobre cenizas y escombros, los ejércitos franceses pasarían el Ebro y toda su izquierda, esto es, toda la Cataluña, casi todo Aragón, Navarra entera, Álava, Guipúzcoa, Vizcaya y la tierra comprendida más acá de la línea desde el nacimiento del Ebro hasta Santoña sería parte integrante de la Francia».

Administración nacional. Para atender a suministros de los franceses se nombró una comisión para que «bajo las órdenes de la diputación entiendan en todo lo correspondiente a este ramo».

Reformas. El presidente manifestó a la junta, de orden de S. M. los siguientes ofrecimientos: 1.°, libertad de la industria marítima, estableciendo medidas proteccionistas contra los productos extranjeros de salazones, etc.; 2.°, extinción de la deuda nacional; 3.°, supresión del régimen fiscal. «No habrá visitas de casas, libros y papeles de comercio..., ni habrá interceptación de cartas ni otra violencia alguna de las usadas hasta aquí por el régimen fiscal»[23].

Los afrancesados, desde Vitoria, donde se vieron reducidos después de la batalla de Bailén, olvidando las medidas represivas adoptadas contra ellos por el Consejo de Castilla, desplegaron nuevamente su actividad en un renovado intento de captación. El 8 de septiembre

> Cabarrús estaba ocupado en escribir largas cartas a Saavedra, al decano del Consejo de Castilla, D. Arias Mon y al obispo de Orense. En ellas –informó La Forest– demuestra los inminentes peligros de la resistencia, la utilidad de la sumisión, las ventajas que conseguiría España de la monarquía constitucional y la absoluta necesidad de aceptar al príncipe que el emperador ha colocado en el trono español, aunque no fuese más que por salvar a la patria de una ruina inevitable[24].

> Las correspondencias de los ministros con las personas en evidencia en el partido de la insurrección –escribió una semana más tarde– continúan con perseverancia, es decir, que los ministros escriben, aunque no descubro que llegue respuesta alguna[25].

Estas cartas, al igual que los papeles impresos, a pesar de las facilidades con que franqueaban las líneas francesas, no produjeron ningún efecto, pues «la barrera estaba rigurosamente cerrada del lado de los insurrectos»[26].

Urquijo, en septiembre, comenzó desde París –en vista de los preparativos de Napoleón para su campaña española– una intensa actividad para atraer al partido de la pacificación a aquellas personas que por sus ideas y cargos creía simpatizarían con la ideología conservadora.

El día 8 dirigió dos extensas cartas, una al gobernador del Consejo de Castilla y otra al obispo de Orense, anunciándoles la catástrofe que amenazaba al país:

> Antes de la mitad de octubre se encontrarán en España 300.000 hombres que la arrasarán y someterán a la fuerza. Hoy se trata de escoger entre la guerra y la paz (motivo de conveniencia nacional), entre la conquista y la Constitución (motivo político), entre las Indias y España (motivo histórico), pues hay que suponer que las perderemos, y, por fin, un motivo personal al tiempo que político: entre un rey justo y bueno y la anarquía[27].

En octubre escribió a Campo Alange comunicándole sus aprensiones:

> Tendremos en todo el mes próximo –decía– más tropas ahí que las que guerrearon contra Rusia, Austria y Prusia. Dios abra los ojos de los fanáticos y ciegos y liberte pronto a nuestra amada patria de los horrores de una guerra tamaña[28].

En noviembre, cuando ya los ejércitos franceses se agrupaban para el ataque, Azanza, O'Farrill, Romero, Urquijo, Arribas y Cabarrús firmaron tres cartas dirigidas, respectivamente, al conde de Floridablanca, al decano del Consejo Real y al corregidor de Madrid, y a las que Mazarredo, que se encontraba enfermo en Vitoria, presto un asentimiento tácito. En ellas exponían la necesidad que motivó el cambio de dinastía: «Seguimos al rey –decían– por obligación, por el amor personal que le profesamos y también por la consoladora idea de evitar o disminuir desgracias», y terminaban pidiendo de la junta que enviase una diputación con objeto de poner fin a una guerra sin esperanzas[29]. El emisario que las llevaba fue sorprendido en Somosierra, y las cartas, quemadas a manos del verdugo[30].

El ministro de Policía General dirigió una circular, en el mismo sentido, a los corregidores, alcaldes mayores, alcaldes ordinarios y demás justicias de todos los pueblos de Castilla la Vieja y provincias comarcanas. En ellas expuso lo inútil de una resistencia armada, que no llevaría más que al desastre. «El Emperador –decía– no pretende subyugaros ni engrandecer su Imperio con ninguna de nuestras provincias»[31].

La segunda invasión de los ejércitos franceses suspendió durante dos meses la existencia de un gobierno nacional, que desapareció cubierto por la ola de la gestión personal del emperador. No se volverá a hablar de pacificación hasta el siguiente año, cuando los mismos ministros, después que Napoleón se haya retirado de Madrid, recobren algo de su antiguo poder.

El problema financiero

Durante los cinco años del reinado de José fue este el más acuciante de los problemas. Todos los proyectos, todas las resoluciones se deshacían ante la inmediata realidad cotidiana de unas finanzas totalmente arruinadas, de un país esquilmado, incapaz de soportar la presencia de cuatro ejércitos enemigos en continua lucha.

El problema financiero será el caballo de batalla alrededor del que se librarán los antagonismos primordiales, si no los más aparatosos, de estos años de inquietud. La batalla de Bailén, arrojando al recién llegado monarca de su corte y exponiéndole a los azares de la retirada, le enfrentó con la realidad íntima de la lucha española, mucho más de lo que lo habían hecho todos los acontecimientos precedentes. Brota una imperiosa necesidad: buscar fondos con que continuar la lucha. Para resolverla hay dos sistemas que se simultanearán sin ningún éxito. El primero consistía en obtener recursos del país mediante impuestos, empréstitos o confiscaciones. El 18 de agosto –apenas pasados veinte días de la retirada–, un real decreto, expedido desde Miranda, imponía un servicio extraordinario al que debían concurrir los obispos, cabildos y monasterios suministrando fondos bajo la forma de un préstamo[32]. En octubre, en Vitoria, se intentó hacer contribuir a los habitantes de las provincias sometidas a un nuevo servicio extraordinario, también aquí presentado bajo la forma de un empréstito obligatorio de seis millones de reales, que debían financiar únicamente «las ciento cincuenta personas más acomodadas de la provincia»[33]. El 2 de noviembre se hacía extensiva la medida al reino de Navarra[34].

Ante el fracaso, los afrancesados recurrirán al segundo sistema, intentar levantar el país usando de la ayuda económica de Francia, ayuda esta que, simultaneada con la acción militar de los ejércitos imperiales, bastaría –según opinión múltiples veces manifestada por el soberano– para poner rápido fin a la guerra. Napoleón, por su parte, en este asunto español como en sus demás campañas militares, es partidario de aplicar el principio de que «la guerra ha de alimentar a la guerra», y no entiende en absoluto tener que venir en apoyo de su hermano, reduciendo poco a poco su ayuda, hasta el extremo de que llegará un momento en que será prácticamente inexistente, al sumarse a la parvedad de las concesiones imperiales las deficiencias sufridas en el transporte de los convoyes y los entorpecimientos administrativos.

En este asunto se parte de un error inicial, que se transformará con el tiempo en un antagonismo defraudado y resentido. Napoleón cree entrar a saco en una nueva Italia, aún más opulenta y rica, repleta de los tesoros llegados en los galeones de América. Los afrancesados, los partidarios de la salvación del país con la ayuda de Francia, buscan en el emperador apoyo financiero y militar si fuera preciso, pero sin devolver a cambio otra cosa que el reconocimiento y la fidelidad a un rey de su dinastía. En cuanto a José –el tercer término del problema–, la verdad es que se había creído sencillamente las fantasías que el emperador le contara al ofrecerle la corona española. Todos: emperador, rey, franceses y afrancesados, esperaban aliviar sus males merced a las arcas del vecino. Todos cometieron un error de apreciación. España era un país totalmente arruinado y los recursos de su imperio se dispersaban sin que sirviesen para levantar su economía. Con relación a ella existían dos mitos de los que el emperador no supo liberarse jamás: las rentas de América y las joyas de la Corona, los botines más fabulosos de Europa, en su imaginación, y de los que esperaba obtener los fondos necesarios para llevar a buen fin sus proyectos políticos[35]. Francia, por su parte, se sostenía merced a una ininterrumpida serie de guerras victoriosas y botinescas. La derrota llevaba implícito el fin del Imperio. Y es precisamente en España –donde Napoleón creyera coronar su obra– donde había de sufrir su primera derrota, la que inicio su aniquilamiento.

En los años próximos, los mariscales franceses expoliarán España, en tanto que el gobierno afrancesado se verá forzado a acudir a París en busca de una subvención imperial que le permita sobrevivir en medio de su propio país, entregado a la arbitrariedad de los gobiernos militares franceses. La Historia entera es una paradoja.

La gestión de los afrancesados se remonta muy lejos en el pasado. Durante la sesión de la junta de Gobierno celebrada en Madrid el 11 de junio, O'Farrill y Mazarredo insistieron en la necesidad de que se aceptasen diversos puntos:

> 1.º Proporcionar al rey fondos para que satisfaga a su llegada los atrasos de los salarios y pensiones de los servidores de la corte.
> 2.º Conceder a la Diputación de Vitoria, al intendente de Burgos y al de Valladolid la suma de dos o tres millones de reales a cada uno a cuenta de lo que se debe a estas provincias por el paso y subsistencia de las tropas francesas.
> 3.º Conceder de seis a ocho millones de reales para el mismo objeto y para la Comisión central establecida en Madrid[36].

Del estado en que se encontraba la Hacienda del país –en vísperas de la llegada del nuevo monarca– dan buena cuenta los informes del conde de La Forest. Escribía el 21 de julio:

> La situación del Tesoro español es deplorable hasta el último extremo. No sé lo que ocurrirá al Gobierno si no se consuma rápidamente el empréstito de cien millones de reales ya aprobado. Aún concibo menos dónde se encontrarán los valores destinados a servir de fianza a la Banca[37].

Dos días más tarde escribía a Champagny diciendo:

> No son solamente los diamantes de la corona los que han sido robados, sino también la Caja de Amortización, y me han comunicado que los depósitos de oro y plata de la Casa de la Moneda han sido sustraídos[38].

La penuria era tanta que el propio embajador francés se vio obligado a ser uno de los portavoces de la extrema necesidad en que se iba a encontrar el naciente gobierno:

> Es de la mayor importancia que el rey consiga un empréstito y no venga con las manos vacías; hay grandes y urgentes necesidades. No concibo cómo el rey logrará hacer frente a los múltiples obstáculos de sus comienzos sobre el trono español, si no consigue un considerable empréstito[39].

José, apenas cruzó la frontera, se encontró con un problema español desconocido para él y totalmente distinto a lo que se había figurado hallar. Intentó resolverlo de inmediato, para lo que recurrió a su hermano.

Para lograr su política exige desde el primer momento dinero y poder. Antes de entrar en la capital comienza una serie de peticiones que el tiempo hará largas y a las que Napoleón jamás se dignará contestar. El 11 de julio escribe desde Vergara:

> Lo que sé es la gran necesidad que tengo de dinero; no poseemos más que provincias pobres; no entra nada en el Tesoro. Con dinero se podrían rehacer los cuadros de los regimientos que aún quedan en Madrid[40].

Dos días más tarde sus cartas se han enriquecido con una serie de tópicos, que las harán características por su repetición sin variedad. Serán cinco años de correspondencia sin un solo cambio, ni en las peticiones ni en la manera de exponerlas. Durante ellos, las cartas del monarca español pedirán, en lo fundamental, únicamente dos cosas: dinero y soldados.

El día 13 escribe: «Repito a V. M. que no realizará demasiados sacrificios para pacificar a España: son necesarias tropas y dinero»[41]. El día 18 añade: «Todos los que me rodean, excepción hecha de Azanza y Urquijo, están totalmente descorazonados. Mazarredo, e incluso O'Farrill, no ven más recursos que nuevos refuerzos de 50.000 franceses y muchos millones, ya que no entra nada en las cajas públicas...» –y añade una frase que expresa en forma definitiva la situación real de España en 1808–: *«La besogne taillée est trés grande; pour en sortir avec honneur il faut des moyens inmenses»*[42]. Y así se repiten una y mil veces las mismas peticiones en los días sucesivos[43].

El día 28, en el momento de evacuar Madrid, después de la derrota de Bailén, aumenta el volumen de las demandas: «Hoy son necesarios 100.000 hombres para conquistar España»[44]. Al día siguiente duplica sus necesidades. Manifiesta que para reducir España a la obediencia son necesarios «tres ejércitos de 50.000 hombres y 50.000 más para conservar las comunicaciones»[45].

En tanto José se dirigía a su hermano en busca de auxilio, sus ministros presionaban cerca del embajador francés para que informase a su corte de lo angustioso de la situación española e hiciese de valedor de sus intereses. Cabarrús llegó a exponer la necesidad

> no sólo de que S. M. el Emperador haga desaparecer los obstáculos que han impedido que hasta ahora haya más de seis millones a la disposición del Tesoro español, de los 25 que se han prestado, sino que además ayude rápida y abundantemente al rey con nuevos socorros pecuniarios... Es preciso, asimismo, que se efectúen pagos parciales muy fuertes, al menos en los lugares que han soportado el servicio de aprovisionamiento y de acarreo desde la entrada de las tropas francesas en España, y que mediante destacados actos de justicia, se indemnice a aquellos habitantes que han soportado los excesos militares. Es preciso, en cierto modo abrir al país ante uno con el dinero en la mano, pagando e indemnizando sucesivamente del mismo modo[46].

Durante estos años, los afrancesados insistirán en la necesidad de una eficaz ayuda por parte de Francia, asistencia que, por otra parte, consideran obligada y que no agradecen. En las *Memorias* de José se encuentra un informe del ministro de Finanzas, de fecha de 28 de julio de 1808, en que se manifiesta con toda su fuerza original la realidad de este antagonismo. Después de pasar revista a la situación actual de España, a la que «el ejército francés ha originado un gasto de 50 millones de francos», imposición que ha recaído únicamente «sobre la larga, pero muy estrecha orilla, que forman los dos caminos de Madrid a Bayona y de Perpignan a Barcelona», propone «que V. M. solicite de su augusto hermano el Emperador de los franceses que abone los gastos causados por sus ejércitos hasta ahora, y que provea a su manutención en el futuro»[47].

Y aquí surge la primera de las contradicciones esenciales de la política afrancesada. En tanto la necesidad les obliga a mirar a Francia, su ideología les impide aceptar una intervención decisiva de los franceses en la administración nacional. Su política fracasará, entre otras causas, por querer ser antifrancesa usando de los soldados y del dinero del Imperio. Napoleón, por su parte, comprenderá la situación de manera muy diversa. Para él, si son sus tropas las que sostienen el gobierno, no entiende en ningún caso que ese gobierno sea otro que el de sus propios ejércitos, ejercido por mediación de sus mariscales. De aquí dos posturas claras y antagónicas: la tesis afrancesada, que pide todo el poder para José y sus ministros españoles, y la tesis napoleónica de fragmentarlo entre los jefes de sus tropas, entre los que contará a su hermano como comandante de un cuerpo más[48]. La historia de estos años no es más que la descripción de este antagonismo.

El proyecto de regreso a Nápoles

Bastaron unos días de reinado para que José, vista la verdadera situación del país, perdiese el gusto por su nuevo trono y proyectase renunciar a él. Su orgullo, herido por la actitud de franca rebeldía adoptada por la mayoría de los españoles, concibió un fantástico e ilusorio proyecto, gracias al cual pensaba restablecer su buen nombre y recobrar su anterior fortuna. Para lograrlo existía una doble necesidad: derrotar a los insurrectos y regresar a Nápoles. Para ello precisaba de la ayuda económica y militar de Francia, al tiempo que conseguía que su hermano conservase el reino de Nápoles en reserva, sin tomar con relación a él ninguna decisión definitiva, para, llegado el momento oportuno, una vez derrotados los rebeldes españoles, renunciar, en un gesto efectista, a gobernar un país que se había mostrado manifiestamente indigno de semejante honor y regresar junto a sus amados y amantes súbditos napolitanos.

El 1 de agosto escribe a su hermano insinuando la que ha de ser su posterior actitud. Después de una gran frase: «Prefiero enterrarme aquí antes que arrastrar el fantasma de un rey que habría descendido de dos tronos que no habría sabido defender. Yo mismo quiero conquistar España»; anuncia sus deseos: «En todo arreglo político que cambiase el destino de España, cualquier cosa me conviene»[49].

Una semana más tarde expone, en una extensa carta, las conclusiones de sus meditaciones acerca del problema español. Después de mostrarse partidario de la desmembración del país, se niega a consentir en ella en tanto fuese él quien ocupase el trono de España.

> El honor, la conciencia, o, en fin, ese secreto instinto que es el móvil de todas mis acciones, no me permitirán jamás permanecer en el trono de España si se privase a esta monarquía de la menor de sus partes.

Resuelve la contradicción exponiendo lo que considera un brillante plan: renunciar a la corona española y regresar a Nápoles, cuyo trono piensa vacante[50].

El día 14, en una nueva carta, manifiesta su opinión sobre el problema español con una claridad no muy frecuente en él, y en ningún caso concordante con sus ilusiones y con su actuación política. El hastío le hace trazar un cuadro de gran verismo, cuyo único defecto es que está concebido para impresionar a su hermano y no para su propio gobierno.

> La monarquía española –dice– no puede continuar íntegra bajo un solo príncipe; si lo fuese en Europa, si este príncipe fuese de vuestra casa, no se mantendrá en el trono si no es tratando a los españoles como éstos trataron a los vasallos de Moctezuma *(sic)*. Por lo demás, debo decirlo todo, hoy no interesa a Francia. Si su sangre y oro han de volcarse para esta conquista, es justo que se aproveche y que se indemnice de tantas pérdidas, pues son necesarios 200.000 franceses para conquistar España y 100.000 cadalsos para sostener al príncipe condenado a reinar sobre ellos.

Después de lamentarse por la cesión de Nápoles a Murat, medida esta que le impide una honrosa retirada, máxime cuando él «aún no había descendido del trono ni de hecho ni de derecho», vuelve a su antigua y teatral idea.

> Mi felicidad radica en el deseo expresado en mi carta del 9:
> 1.º Entrar victorioso en Madrid.
> 2.º Renunciar a España.
> 3.º Regresar a Nápoles, lo cual es hoy más difícil, pero que aún no es imposible en un arreglo general[51].

En septiembre dispone un plan de batalla, como todo lo suyo, efectista y brillante, con el que espera deslumbrar a Europa, y en especial a su hermano. Un cuerpo de 50.000 hombres, bajo su mando personal, se dirigiría directamente sobre Madrid. «Avanzaré siempre en bloque adonde quiera que haya un cuerpo de ejército con el que luchar y medios de subsistir; llevaré todo conmigo»[52]. Para él la interrupción de las comunicaciones con Francia carece de valor.

Una semana más tarde, exactamente el 22, Napoleón le responde en términos durísimos, que ponen fin a sus efímeros sueños militares: «El general que emprendiese semejante operación militar sería criminal»[53]. Inquieto por las lucubraciones bélicas de su hermano, las cartas del emperador durante todo el mes siguiente son una exposición detallada de los principios elementales de la guerra. José, desde Vitoria, sigue un curso de táctica militar por correspondencia[54].

Defraudado en su propósito de regresar a su antiguo reino y en su proyectada campaña militar, el disgusto de José fue en aumento a medida que la intervención imperial adquiría mayores caracteres, hasta alcanzar el máximo el 8 de diciembre, en que por primera vez ofreció su abdicación, gesto que había de repetir con frecuencia en los siguientes años. A partir de este momento, aniquilado moralmente, pero deseoso de recobrar alguna migaja de su antiguo poder, marcha a la zaga de su hermano, borrado totalmente de la política española durante los días que faltan hasta que el emperador parta en persecución de los ingleses.

La gestión de los afrancesados

La batalla de Bailén planteó, a la recién advenida dinastía y a sus seguidores, un problema clave cuya resolución les ocuparía el resto de los días de su gobierno. Se trata de la no aceptación de los cambios sucedidos en Bayona por la mayor parte de la población, negativa que no podían aparentar ignorar pese a la mejor voluntad.

En Vitoria, donde se reunieron los restos dispersos del gobierno josefino[55], se llevó a cabo un meticuloso examen de la situación política creada por la derrota del general Dupont. Hemos visto cómo la reacción de José fue preparar el regreso a su antiguo trono, abandonando a su suerte a súbditos tan indisciplinados como los españoles. Los afrancesados, por su parte, expusieron metódicamente el estado de la situación y las posibilidades que se ofrecían al país en un informe que, firmado por sus cinco ministros, fue dirigido al rey desde Buitrago el 2 de agosto. En él exponían la necesidad de elegir entre alguna de las tres siguientes soluciones: «Renunciar, conquistar o negociar». Después de exponer las circunstancias que impedían recurrir a cualquiera de las dos primeras, se mostraban férvidos partidarios de continuar la negociación y los intentos de captación del pueblo y sus jefes. Para facilitarlos era preciso lograr: 1.° La paz con Inglaterra. 2.º El pago de los gastos del ejército francés. 3.º La anexión de Portugal, y 4.º Que los productos de la conclusión del príncipe de la Paz volviesen al Tesoro público. «Creemos imposible –concluían– que la opinión pública se resista a tan grandes adelantos»[56].

Su política, de acuerdo con su ideología, intenta evitar la catástrofe de una guerra, en cuyos preliminares se encuentran, y que, de desencadenarse, se libraría en España. La renuncia, al igual que la conquista, son soluciones inadmisibles por las funestas consecuencias que acarrearían a la nación. El único camino que les queda es la negociación[57].

> Para ampliar y apoyar en conferencias verbales el escrito acordado en el Consejo de Buitrago, de 2 de agosto de 1808, salieron para París al día siguiente Azanza y Urquijo[58].

Su misión no logró ningún éxito. En un despacho de 11 de septiembre, ambos informaron de cómo Napoleón, totalmente entregado a los preparativos militares, consideraba inútiles las tentativas de negociación con los insurrectos, ya que, según él, no existía entre ellos ninguna autoridad central, y el que se atreviese a entablarlas se haría inmediatamente sospechoso y perdería todo su ascendiente. «No deben hacerse proposiciones –resumió–, pues serían rechazadas indefectiblemente»[59].

Lo cierto es que el emperador apenas si discutió con ellos la situación española, dejándoles reducidos al papel de espectadores pasivos de los preliminares de la campaña militar. «He visto a Azanza y Urquijo –comunicó a su hermano–. No me han notificado gran cosa. Permanecerán aquí esperando a ver la dirección que toman los asuntos españoles»[60].

Los ministros josefinos no por eso cejaron en sus continuas e insistentes peticiones. El 18 de octubre dirigieron al emperador una nueva solicitud para que se dignase proporcionar a España «los socorros pecuniarios que son indispensables, ya sea por medio del empréstito (25 millones de francos) convenido con el Banco de Francia, ya sea por otros medios que le sugiera su inmenso poder»[61].

Los restantes ministros, que quedaron en Vitoria junto al monarca, trataron a su vez de influir en el ánimo imperial por mediación de su embajador cerca de José. El más explícito de todos fue Cabarrús, quien manifestó «la necesidad de un gran ejército francés para apoyar las negociaciones, reducir a España a la obediencia o actuar de una manera mixta, según las circunstancias». Asimismo exigió que el ejército mantuviese una disciplina férrea que librase al país de toda clase de excesos.

> Los medios para resolver los asuntos españoles –comentó– son cuatro: renunciar, negociar, conquistar y un sistema mixto de los dos últimos.

De entre ellos destacó las ventajas del segundo, pero siempre que se partiese de la previa separación de los asuntos españoles de los franceses.

> ¿Cómo hacer –exclamó– que Inglaterra desista de las relaciones políticas que ha establecido, reconozca al rey José Napoleón, no busque la separación de las colonias, si no es ofre-

> ciéndole el cebo de la perfecta neutralidad de España y de las Indias? Esta neutralidad conviene al interés de Francia, que conseguiría inmensas ventajas comerciales. Es preciso no engañarse, creyendo que Inglaterra ayudaría a cambios que, haciendo entrar a la monarquía española en la familia del emperador, la obligaría a tomar parte en todas las guerras en que interviniese Francia. Pero en este aspecto no hay un solo español que no piense como los ingleses, y salta a la vista que la condición onerosa de la nueva Constitución de España es la alianza perpetua ofensiva y defensiva para los casos más alejados de los intereses de la Península.

«Hubiese querido probarme –comentó con extrañeza La Forest– que bastaba a Francia con estar segura en unos casos de la neutralidad española, y en otros de su colaboración, sólo por la existencia de un príncipe francés en este reino»[62].

Partiendo de estas premisas, los ministros afrancesados se preparaban para dominar la nada favorable situación. Entre todos destacaba, por su actividad y claridad de ideas, el conde de Cabarrús, que se dedicó, ya desde Vitoria, a trabajar

> como si S. M. estuviese en la plena posesión de su reino, en los reglamentos relativos a una mejor organización de la fortuna pública, y de corregir en su administración los abusos que las numerosas quejas han señalado. Quiere que cada día que aparezca la *Gaceta* de la corte –notificó el embajador–, el pueblo español encuentre un beneficio del rey y note que se le ha librado de una vejación. Espera combatir ventajosamente con estas armas la turbulencia de las pasiones y las frías combinaciones del interés privado[63].

Las violentas medidas adoptadas contra los partidarios de José a raíz de la entrada de las tropas españolas en Madrid (confiscación de bienes de todos los franceses y españoles que le habían seguido en su retirada) enconaron los ánimos, provocando animosidades personales y un resentimiento que llevó la situación a extremismos que impidieron momentáneamente todo intento de conciliación y agriaron todos los que se realizaron en el futuro.

Pese al fracaso de su actitud conciliadora, repudiada por la política adoptada por el Consejo de Castilla, los afrancesados continuaron sin entregarse en manos de los franceses. Rechazados por sus compatriotas, no por ello dejaron de persistir en lo que consideraban su deber con la nación. Continuaron en sus propósitos persuasivos, volviendo nuevamente a los artículos y folletos, que se repartieron por las provincias sometidas, junto con enviados josefinos, para difundir entre el pueblo oportunas consideraciones.

El embajador francés, desde su retiro de Vitoria, informó de cómo los antiguos cinco ministros habían hecho de su informe de Buitrago «la piedra fundamental de la doctrina que todo ministro y consejero de S. M. C. debe profesar»[64].

Cabarrús se distinguió especialmente en esta política oposicionista, hasta llegar al extremo de redactar una *Memoria* que pensaba remitir al rey con destino al emperador, en la que demostraba «que la paz separada de España con Inglaterra no es solamente posible, sino aún provechosa para Francia, cualquiera que fuese la suerte de las proposiciones hechas en Erfurt al Gabinete británico»[65].

Sus ideas serán el compendio de la ideología afrancesada. Veamos ahora el pensamiento imperial, y no será difícil observar los irreductibles antagonismos que separaron ambas posiciones.

La intervención imperial

En tanto los afrancesados subsistían precariamente, refugiados en Vitoria, el emperador preparaba sus legiones para vengar la afrenta de Bailén. La *Grande Armée* recorría los caminos de Prusia, Alemania, Holanda y Francia, concentrándose y disponiéndose a caer sobre los escasos, y aún no bien constituidos, cuerpos españoles.

Napoleón –según ha dicho Grandmaison– marchó hacia el sur para «coronar en Madrid al rey de España»[66].

En Vitoria se encontró con su hermano, rodeado de sus ministros españoles. Irrumpió en su círculo, y les habló «insistiendo principalmente sobre la indispensable necesidad de un sistema político común entre Francia y España»[67]. O'Farrill, Mazarredo, Cabarrús, a quienes parecían dirigirse estas palabras en particular, demostraron, con su silencio, que no participaban de su opinión.

Por una orden del día, de fecha 6 de noviembre, el emperador se hizo cargo del mando del ejército. Napoleón entiende que por el mismo acto ha regresado a sus manos la corona española, que de nuevo considera disponible, lo que provoca la colisión con su hermano y determina la ulterior política. En una conversación que sostuvo con Roederer, dijo: «Le he encontrado mal. Quiere ser militar; se ha vuelto completamente rey». Además, pretende ser rey a la española, absoluto y libre, especialmente con relación a Francia. Napoleón decide todo lo contrario.

> Es preciso que España sea francesa. Es para Francia por lo que hemos conquistado España... Soy francés por todos mis afectos, al igual que lo soy por deber... No busco más que la gloria de Francia... No se trata de volver a empezar aquí (la historia de) Felipe V[68].

El emperador actuará de rey de España hasta que abandone Madrid en diciembre[69]. El 12 de noviembre, desde Burgos, un decreto imperial declaraba a los duques del Infantado, de Híjar, de Medinaceli, de Osuna, al marqués de Santa Cruz, a los condes de Fernán Núñez y de Altamira, al príncipe de Castel-Franco, a D. Pedro Cevallos y al obispo de Santander «enemigos de Francia y España y traidores a ambas coronas...». Sus bienes muebles y raíces eran confiscados para servir a los gastos de la guerra. En nombre propio y en el de su hermano ofrecía una amnistía

> a todos los españoles que, en el espacio de un mes, contado desde que entremos en Madrid, hayan depuesto las armas, renunciando a toda alianza, adhesión o comunicación con Inglaterra[70].

De Burgos a Madrid, Napoleón se ocupó únicamente de la guerra. Hasta el 4 de diciembre, en que intentará reformar de un solo golpe, radicalmente, la administración española, a fuerza de decretos expedidos en abrumadora abundancia[71], no volverá a pensar en su hermano y en el gobierno español que le rodea. El día 7 una proclama manifiesta por primera vez su propósito de devolver la corona a José, siempre que los españoles se mostrasen dispuestos a agruparse a su alrededor. Y para apresurar la unión puso en circulación la idea de una posible división de España en virreinatos militares, con lo que esperaba precipitar la solución de sus planes españoles[72].

José, entretanto, después de haber pedido insistentemente un puesto en el ejército[73], y ante el silencio de su hermano, a cuya zaga marcha, mezclado con los furgones de las tropas, decide renunciar a la corona española. Escribe a Napoleón el 8 de diciembre:

> La vergüenza cubre mi frente ante mis pretendidos súbditos. Suplico a V. M. que acepte mi renuncia a todos los derechos que me había dado al trono de España[74].

Al día siguiente, ante una comisión de diputados, encabezados por el corregidor de Madrid, que, aterrorizada, pedía el regreso del monarca, el emperador pronuncia una larga alocución, que –según ha señalado Grandmaison– constituye «una verdadera declaración de principios». Después de amenazar con gobernar el país mediante virreyes, se muestra dispuesto a restablecer a José en sus derechos, «una vez que los 30.000 ciudadanos de la capital hubiesen manifestado sus sentimientos y su fidelidad»[75].

Desde la capitulación de Madrid hasta el 22 de diciembre, en que Napoleón abandonó la población, España se encontró regida políticamente por un poder extraño, cuya única base era la fuerza de las bayonetas francesas, una vez desaparecida aún nominalmente toda administración nacional, desde el día en que José devolviera la corona a su hermano mayor, prácticamente desde el día en que Napoleón traspusiera la frontera. Fueron quince días en que el rey de España, que se consideraba abdicado desde el día 8, no gobernaba, no habiendo revertido a Napoleón los derechos legales, al no aceptar ni acusar recibo de la abdicación de su hermano, que más que abdicación parecía dimisión.

Durante estos días José gozó de la mayor popularidad de su existencia como rey de España, y su presencia fue invocada incesantemente, ante los rumores y amenaza de división del país en feudos militares. La situación en estos días está expuesta de mano maestra en la correspondencia del embajador imperial en Madrid de los días 12, 14, 15 y 20. «Predomina el temor al virrey»[76].

> El miedo de que se una España al Imperio francés –dijo el 15 de diciembre– y sea gobernada por un virrey, produce aquí una profunda impresión sobre la clase ilustrada; el miedo de las armas actúa en particular sobre el pueblo ignorante[77].

«El temor de los virreyes y el deseo de salir de un estado de crisis –añadió el 20–, sin perjuicio de conducirse en otro momento según las circunstancias, acallan las repugnancias que la razón sola no basta para superar»[78].

José, convencido de haber recobrado o logrado al fin el amor de los españoles, que creía le reconocían como intermediario obligado entre el país y el emperador, se decidió a aceptar su nueva posición. El 23 de diciembre escribe a su hermano comunicándole, con carácter de triunfo personal: «Madrid está tranquilo; 20.615 padres de familia han firmado los registros; son todos los jefes de familia. El juramento ha sido otorgado con mucha afluencia»[79].

El fenómeno que José, ingenua y vanamente, atribuía a prestigio personal, el conde de La Forest lo redujo a sus verdaderos términos al decir:

> S. M. el Emperador ha logrado infundir miedo, y el temor que tienen los españoles a ser gobernados por un virrey sirve perfectamente al rey José. Por todas partes se desea su entrada en la capital[80].

Después de su marcha de Madrid, Napoleón intentó resolver el problema español de una vez por todas, y para ello usó de su acostumbrada actividad, precipitada por la necesidad de regresar a París. Su política se orienta en dos direcciones: poner fin a los levantamientos y llevar a Inglaterra a aceptar los cambios ocurridos en España. En respuesta a una nota del gobierno británico, Napoleón dictó a Champagny los términos en que sería posible un acuerdo entre ambas cortes. Se mostraba partidario de celebrar un congreso.

> S. M. propone –decía– admitir a los ministros de las distintas partes interesadas en estos asuntos, a saber: 1.°, los ministros de Carlos IV; 2.°, los del rey José; 3.°, los de los infantes, y 4.°, los de las provincias representadas por las Cortes[81].

El antagonismo que hizo imposible el ulterior desarrollo de la cuestión se planteó alrededor de los ministros de las juntas. En esto, la respuesta del emperador terminó las negociaciones.

«Inglaterra –dijo– quiere que los ministros de las juntas insurrectas intervengan. Las juntas no tienen carácter legal y, por otra parte, ya no existen»[82]. La guerra sería la encargada de decidir para quién sería la corona de España y Napoleón no creía dudoso el resultado.

4. El segundo reinado de José

El problema financiero

El 22 de diciembre, a la salida de Napoleón en persecución de los ingleses en retirada, y ante la unánime y forzada aceptación, por parte del pueblo español, de su hermano como un mal menor, el poder revirtió en forma natural a José, quien de este modo recobraba la corona perdida en Vitoria, iniciando su segundo reinado[1].

Inmediatamente se replantearon en forma agudizada los mismos problemas de la época anterior. A partir de este instante, la historia del gobierno josefino es una lenta degeneración. Su política, tan ambiciosa en Bayona, se irá reduciendo hasta no alcanzar más allá de los muros de Madrid.

> Mi poder real –dirá poco después José– no se extiende más que a Madrid, y aun en Madrid soy desobedecido diariamente

por gentes que se sienten molestas porque su sistema no está ya en boga[2].

Lo anómalo de la situación influye en los ministros y en el rey, los cuales, conscientes de la radical disociación entre las necesidades del país y sus posibilidades, lucharán una y otra vez con fuerzas y esperanzas, progresivamente disminuidas, por conservar los jirones de sus grandes proyectos iniciales.

Como primera necesidad brota otra vez el problema económico, la angustiosa necesidad de dinero que amenaza sin cesar a los afrancesados. El gobierno español, restablecido en su capital, se encontraba amenazado en su existencia por la ruina total de las finanzas. Para aliviarlas intentará una doble gestión, dirigida en direcciones opuestas. En primer lugar recurrirá a la confiscación de los bienes de las familias más destacadas de entre las que se resistían a reconocer al nuevo régimen. Napoleón había confiscado los bienes de diez familias españolas, declarándolas enemigas de las dos coronas y encargando su administración a su embajador y a Freville. Por su parte, José, empujado por sus ministros y ante la urgente necesidad de numerario, reclamó la cesión de los derechos de dichos bienes.

Fue esta una cuestión que dio lugar a un pleito de larga duración, que terminó sin que el emperador cediese en sus derechos. El 25 de enero, José le había escrito:

> Pido a V. M. que renuncie a las casas de los diez condenados. Que V. M. me ceda sus derechos y exija lo que desee y yo le pagaré anualmente[3].

La contestación del emperador fue tajante, en realidad una orden a un subordinado:

> Mi intención es conservar los bienes de los condenados. El medio de asegurarme de las familias españolas es que no esté en vuestro poder el devolvérselos[4].

En marzo todavía continuaba debatiéndose el asunto –escribió José: «Suplico a V. M., que releve de Madrid al Sr. de Freville»[5]– sin que los afrancesados hubiesen logrado avanzar un solo paso, en tanto que las contestaciones de Napoleón iban adquiriendo un carácter agrio que demuestra hasta qué punto le resultaba enojoso tener que volver a diario sobre sus anteriores decisiones. Escribió el día 27:

> No sé qué es lo que queréis decir de las relaciones del Sr. de Freville, me suponéis demasiado ocupado por los detalles. Me he reservado los bienes de las diez familias proscritas y no pretendo otra cosa[6].

José, con anterioridad, había intentado con igual éxito invalidar el decreto imperial mediante un contradecreto suyo, que al englobar el de su hermano, lo anulase al ordenar el secuestro de las propiedades de veinticuatro personas. Este sistema se extendió rápida e infructuosamente. A fines de abril de 1808, el número de personas cuyos bienes habían sido confiscados se elevaba a noventa y siete.

El 24 de diciembre, un oficio del director general de bienes secuestrados ordenaba a los administradores de bienes nacionales que de ninguna manera se mezclasen «en asuntos relativos a las casas de confiscación imperial»[7]. Después de un año de incesante oposición, los afrancesados reconocían el fracaso del intento.

Simultáneamente con esta primera gestión, José reanuda sus tradicionales peticiones financieras junto a la corte imperial. El 20 de enero, cuando no hacía un mes que Napoleón había salido de Madrid, restablece su lastimosa correspondencia anterior: «Si V. M. –expone– quiere venir en nuestro socorro con algún dinero, aunque no fuese más que los dos millones de Bayona, es este el momento en que tengo más necesidad, ya que he de crearlo todo y todo está agotado»[8]. El 27 añade: «Hoy un millón me resulta más preciso que diez en otra ocasión»[9]. El 19 de febrero: «No tengo un céntimo para dar a nadie»[10]. El 16 de marzo: «Las finanzas nos hacen una ruda guerra»[11]. En julio, la situación continúa sin resolverse. Se quejaba José al emperador:

> Los ejércitos consumen todos los recursos del país; no entra un céntimo en el Tesoro; hasta ahora he vivido haciendo fundir toda la plata de los palacios y usando todos los demás recursos que se han podido utilizar. No tenemos ningún crédito[12].

A las demandas de su hermano, Napoleón generalmente no contesta, y cuando lo hace es para reprocharle su política, que considera demasiado débil. El 3 de octubre escribe a Clarke una carta en que ya aparecen las quejas que unos meses después le llevarían a dividir el norte de la Península en feudos militares:

> Haced saber al rey –ordena– que mis tropas carecen de todo en España, porque mis generales no tienen ningún poder en las provincias y porque merced a la debilidad de las autoridades españolas los agentes de las juntas aprovechan para privarles del dinero; que es preciso, pues, que los comandantes de las provincias tengan la administración del país»[13].

Día a día la situación se hacía insostenible. El 28 de enero las cartas de Napoleón adquieren una dureza extraordinaria. A través de sus líneas se presiente ya el desenlace. El decreto de 8 de febrero viene implícito en las quejas de diez días antes en su carta a Berthier, retransmitidas al día siguiente al conde de La Forest a través del duque de Cadore[14]:

> Haréis conocer al rey de España que mis finanzas se desarreglan, que no puedo bastar a los enormes gastos que me cuesta España, que se hace indispensable que los fondos necesarios para los ingenieros, la artillería, la administración, los hospitales, cirujanos y administradores de todas clases sean proporcionados por España, así como la mitad de la paga; *que nul n'est tenu a l'imposible;* que el rey debe alimentar al ejército de España, que todo lo que yo puedo hacer es dar dos millones mensuales como suplemento de la paga; que si esto no ocurre no queda más que un camino, que es hacer administrar las provincias por cuenta de Francia, en vista de que la situación de mis finanzas no permite continuar tan grandes sacrificios[15].

Como es costumbre en el emperador, primero ataca, expone sus quejas, abruma a su hermano con sus lamentaciones, para el día 8 fulminarle con el decreto que divide el norte del país en gobiernos militares. La obra está consumada. Ante el fracaso militar, ante la imposibilidad de acabar rápidamente, Napoleón retorna a su pensamiento anterior, a la sustitución borbónica, a la idea del «*limes* defensivo». Pero esta actitud, practicable en 1808, será inadmisible en 1810. Esclava o libre, España será una unidad. El país acaba de descubrir que constituye una entidad singular e indivisible. La conciencia nacional, dejando el estado de nebulosa, pasa a encarnar en el alma de todos los españoles.

La batalla por el poder

El monarca español –en contraposición al pensamiento de su hermano– creyó recibir junto con la corona de España el poder absoluto, no sólo sobre el país, sino también sobre los ejércitos ocupantes, cualquiera que fuese su nacionalidad.

En la primera etapa de su segundo reinado, José busca concentrar en sus manos la administración y el gobierno efectivo. Su actuación seguirá una doble dirección: intensiva y extensiva. La primera le obliga a galvanizar su mecanismo gubernativo, que durante el primer año de reinado no ha pasado de tener un valor meramente nominal. Su acción vendrá determinada por la necesidad de poner fin a las abusivas injerencias de los organismos imperiales en la administración nacional y por el deseo de crear un gobierno adecuado para llevar a buen fin la tarea que a sus ojos se presenta.

Actuará extensivamente, en sentido geográfico y humano, a consecuencia de la necesidad de que su poder alcance hasta los últimos confines del reino y abarque a todos sus habitantes. Fracasados los intentos epistolares de atracción, se intentarán las negociaciones.

Una necesidad previa es separar a sus partidarios de sus enemigos. Entre los primeros, junto con los afrancesados, hay que contar un pequeño grupo de franceses, como Jourdan y Miot de Mélito, que venían ocupando cargos palatinos a su alrededor desde los tiempos de su reinado en Nápoles.

> Por una extraña ficción José separa a los franceses en dos campos: uno, los que estando bajo sus órdenes han sido bautizados por él como españoles y han recibido la autorización necesaria para combatir a los rebeldes; otro, con el que ni él ni sus amigos tienen nada que tratar, y que permaneciendo bajo el mando directo del Emperador y de sus mariscales logran victorias que finge ignorar, pero de las que se aprovecha[16].

Al frente de estos últimos figura el conde de La Forest, el procónsul de Napoleón en España, según se ha dicho. Sus despachos, la mejor fuente de información para estos años, muestran hasta qué punto eran irreductibles ambas posiciones[17]. Junto con él, Belliard, y más lejos, los mariscales, virreyes napoleónicos de las provincias españolas, no reconocen la autoridad real, ebrios por su maravillosa fortuna que les ha deparado un país que saquear en su exclusivo beneficio.

Ambos partidos rodean al monarca intentando atraerlo a sus ideas. En general, José se inclina al bando de los afrancesados y de aquellos franceses disidentes que él considera como súbditos suyos, ya que en su apoyo encontraba la corte y los ministros necesarios para que su vanidad le permitiese continuar considerándose rey de España[18]. Frente a ellos, los imperiales consideran la Península como país conquistado y al rey como representante napoleónico de superior categoría, pero de su mismo orden, y al que no deben más que una relativa obediencia. Aquellos que por sus cargos recibían instrucciones directas del emperador, tales como los mariscales, el embajador, etc., no sólo no reconocen su autoridad, sino que, por el contrario, representan una efectiva limitación de sus prerrogativas, y en el caso de este último, un control diario de las actividades del gobierno español, que llegaba en ocasiones a ordenar más que aconsejar al propio rey. Su gestión tenderá, a lo largo de estos años, a limitar las facultades del partido afrancesado, para en esta forma dirigir, de acuerdo con las instrucciones imperiales, la persona del rey, y a través de él la realidad política nacional. Encuentran siempre que la política afrancesada es débil, vacilante e interesada, y acusan incesantemente a los ministros españoles de buscar con sus medidas conciliatorias la salvación de los insurrectos, sin tener en cuenta las necesidades del Imperio.

> Una sola cosa es cierta –se quejaba el embajador–, y es que cada personaje en escena en Madrid quiere salvar a sus amigos de Sevilla, que éstos se dejarán salvar en cuanto no quede más recurso que la benevolencia del rey y que el pueblo, del que se ocupan poco ambas partes, no se desengañará más que por la fuerza de las circunstancias[19].

José, molesto por la existencia y prerrogativas de estos mentores de su hermano, intenta librarse de su presencia. En distintas ocasiones insiste, sin ningún éxito, para sustituir al conde de La Forest por su amigo Roederer:

> Hay muchas gentes –escribió a su hermano–, La Forest incluido, que me confunden a menudo con el rey de Prusia y que pretenden tratarme como a un enemigo vencido... Es preciso, para mi tranquilidad, que los oficiales generales con mando en Madrid sean hombres de confianza; no toleraré jamás el insulto dentro de mi capital... El Sr. de La Forest jamás me resultará agradable...[20].

Durante los meses que se extienden hasta la campaña de Andalucía repetirá una y mil veces en sus cartas sus quejas contra los mariscales. «Es imposible conservar el orden si los generales de división hacen lo que yo no me permitiría hacer y S. M. I. y R. es demasiado justa para querer»[21]. El 2 de mayo añadió: «Kellermann, Ney, Thiebeaud son gentes que arruinarán el país que debían administrar»[22].

En su desconocimiento de la esencia del problema planteado en España, confunde las meras contingencias con la íntima realidad. Incesantemente atribuye a la administración francesa la prolongación de la resistencia. De creerle a él, si no es aclamado y reconocido por todos los españoles, se debe a las vejaciones que imponen al país los mariscales imperiales. En una ocasión dice:

> El cielo me ha otorgado todo lo necesario para superar los obstáculos de las cosas y de mis enemigos, pero me ha nega-

do una organización capaz de soportar los insultos de la oposición de aquellos que deberían servirme. No soy rey de España más que por la fuerza de vuestros ejércitos; podría serlo por el amor de los españoles, pero para esto es preciso que gobierne a mi modo. Seré rey como debe serlo el hermano y el amigo de V. M., o regresaré a Mortefontaine, en donde no pediré más que el placer de vivir sin humillación y de morir con tranquilidad de conciencia[23].

El objeto perseguido por esta política es, en primer lugar, conseguir que su hermano le entregue el poder, elevándole efectiva y eficazmente por encima de los mariscales, consiguiendo de éstos una perfecta sumisión, y para ello lograr la total subordinación de todas las administraciones y de todos los mandos con pujos de relativa independencia. Sin embargo, la catastrófica situación española invalidaba por su sola existencia todos estos intentos[24].

El 19 de abril, aprovechando una reclamación del propio emperador, José redactó una respuesta en la que insistía en la necesidad de concentrar el poder en sus manos, exponiendo las ventajas de semejante sistema en contra de la dispersión de mandos existente al presente en el país.

Si en lugar de este sistema el ministro de la Guerra adoptase el de corresponder únicamente con el mariscal Jourdan para los movimientos de tropas, estaríamos seguros en el cuartel general, y todo el ejército sabría también que la acción viene determinada del cuartel general de España, y de este modo está unificada y debe realizarse inmediatamente[25].

Día a día aumenta el antagonismo entre ambos partidos. José, incapaz de poner fin por sus propios medios a semejante situación, recurre a su hermano con insistencia cada vez mayor, al tiempo que concreta sus cargos alrededor de unas cuantas personas. El 23 de junio escribe: «España se someterá igual que Nápoles si V. M. me autoriza a enviar al ejército de Alemania o Francia a todos aquellos que crea no convienen aquí»[26]. El 18 de julio reclama la sustitución de aquellos mariscales, como Ney, Victor y Mortier, cada día más difíciles de controlar, por generales como Suchet y Sebastiani[27]. En agosto se repite en iguales términos:

> Cuando un mariscal no me obedece y V. M. lo sabe y permite que siga al frente de su cuerpo de ejército, no me queda otra solución que atacarle con las tropas que quieran obedecerme o sufrir la ignominia o la desorganización del ejército, o suplicar a V. M. que dé el mando de las tropas a otra persona distinta, y como toda la realeza actual de España está en el mando del ejército francés, suplico a V. M. acepte una renuncia formal al trono de España[28].

Las mismas peticiones se repiten en las cartas de los días 30 y 31 del mismo mes[29].

En noviembre su resistencia disminuye y empieza a ser sustituida por una creciente indignación que le hará pensar nuevamente en retirarse. Envía a Julia una carta impresionante por la dolorosa sinceridad con que está escrita y en la que vuelve sobre la idea de la abdicación:

> Deseo saber qué es lo que se quiere de mí y retirarme si lo que se me pide repugna a mi orgullo. No quiero estar bajo la

> tutela de mis inferiores, no quiero ver mis provincias administradas por hombres que no son de mi confianza, no quiero ser un niño coronado, porque no tengo necesidad de corona para ser hombre y porque me siento bastante grande por mí mismo para no tener necesidad de decir frases retumbantes[30].

Al emperador le dirá el día 19: «Si he perdido vuestra amistad, permitidme que me recluya en el más ignorado retiro»[31]. Sin embargo, en diciembre realiza un último intento: transforma las palabras en actos y sustituye a Belliard por Blaniac. La respuesta imperial resume en sus breves y contundentes líneas toda una política:

> Comunicad al rey de España –ordena a su Mayor general– que habiendo dado el gobierno de Madrid al general Belliard... no tengo intención que se le prive de su mando. Y especialmente que se otorgue a oficiales que no están al servicio de Francia, que si es cierto que el rey ha quitado el gobierno de Madrid al general Belliard, se lo devuelva inmediatamente, que en mi orden formal y que en general quiero que no se pongan fuerzas francesas a las órdenes de oficiales al servicio de España[32].

Simultáneamente a su gestión personal y epistolar, José pone manos al segundo aspecto de su programa político. Desde el mismo día en que recobra la corona emprende la celosa tarea de organizar el gobierno, renovando todos sus organismos, desde los ministerios hasta los ayuntamientos. Como primer paso en la creación de un organismo estatal autónomo nombra comisarios regios para las provincias con la esperanza de poner coto a los desmanes cometidos por los mariscales. Un decreto de 6 de febrero divide el país en varias comisarías, y nombra las personas destinadas a administrarlas[33]. Le acompañaban unas instrucciones referentes al desempeño de sus cargos. En ellas se les prescribía pasasen revista a todos los empleados en las provincias respectivas y comprobasen su fidelidad a la nueva dinastía; sus poderes eran extensísimos, y a no ser por la acción coercitiva de los mariscales franceses, en la práctica hubiesen desempeñado el oficio de virreyes, pues sus atribuciones llegaban hasta poder destituir o suspender a «ayuntamientos, gobernadores, intendentes, jueces, corporaciones y a toda clase de personas que tengan intervención en el gobierno».

También habían de ocuparse de que se recibiese en todos los pueblos la *Gaceta* diaria de la corte, así como de mantener los caminos libres de guerrillas. Tratarían de que todos los habitantes se restituyesen a sus hogares. Celarían por «que no se impriman ni circulen papeles públicos impresos ni manuscritos, con noticias falsas o equivocadas, corrigiendo los que se esparzan de esta naturaleza, prendiendo o castigando a sus autores o propagadores».

Entre las medidas represivas a adoptar figuraba la prohibición de «cualquier conciliábulo o junta que, sin nuestra autorización, se hubiese formado, prendiendo y castigando a sus autores, promovedores o protectores», impidiendo asimismo toda comunicación con las juntas. Su única relación con la corte se establecía a través de cartas, en las que habían de dar cuenta de cuanto practicasen. Para cumplir su misión se les autorizaba a requerir el auxilio de los generales y comandantes de todas las fuerzas francesas[34].

Al mes siguiente, los comisarios regios se encontraban desempeñando sus funciones, aunque en la práctica su gestión tuvo escasa trascendencia, siendo en unos casos adversarios irreconciliables de los jefes franceses, quedando entonces alejados de las tareas del gobierno, permaneciendo en lo demás subordinados a las autoridades militares, como un complemento administrativo[35].

Todos estos enviados, que constituían la administración verdaderamente nacional, cuando regresaban a Madrid se quejaban de la descarada intervención, de los arbitrarios procedimientos por parte de los generales franceses, que les habían impedido llevar a cabo sus respectivas misiones. Amorós, durante su actuación en el Norte, tuvo incesantes tropiezos con el general Thouvenot[36], al igual que le ocurrió a Mazarredo, Montarco y a los restantes comisarios.

> Se asegura ha entrado Montarco bastante incomodado –informó un confidente de las juntas–, ya que se ha quejado, como Mazarredo, de los violentos procedimientos de los generales franceses, a quienes atribuyen todo lo malo que les ha sucedido en Galicia y Asturias[37].

La negociación con los insurrectos

Un decreto fechado en Madrid el 26 de enero de 1809 anulaba «todos los grados militares, empleos o mercedes concedidas por las juntas provinciales y Central Suprema»[38].

Semejante medida parecía señalar el final de una etapa, la terminación de una época en que la política josefina había tendido a hermanar a los españoles y agruparlos en torno al nuevo rey para –una vez lograda la unidad– buscar la independencia política contra la injerencia extraña. Pese a las apariencias, nuevamente se intentó atraer el bando josefino, usando de medios conciliatorios, a los españoles levantados en armas. Una vez más empezaron a menudear las cartas de los ministros a los miembros de las juntas provinciales y, en general, a toda persona significada del partido contrario. Cabarrús escribió al duque de Alburquerque exponiendo los motivos que no sólo justificaban su actitud, sino que aun la hacían necesaria para el bien del país[39]. El general Sebastiani le dirigió otra carta, en la que trataba especialmente de lo desesperado de su situación militar[40].

El 2 de abril, José celebró un Consejo con sus ministros. En él, algunos trataron «de la ventaja que habría en sondear el terreno y tomar la iniciativa de las gestiones». Siguiendo esta opinión, el monarca encargó al ministro de la Guerra para que, de acuerdo con Moria, eligiese las personas adecuadas para semejante misión. Además, invitó a Urquijo para que se pusiese en comunicación con el general Cuesta, con el que ya había correspondido en julio anterior desde Valladolid.

Al siguiente día, O'Farrill presentó cuatro oficiales que, por su situación, podían pasar con facilidad a las provincias insurrectas. La elección de un representante, encargado de abrir las negociaciones cerca de la Junta Suprema, recayó, sin objeción alguna, en Joaquín María Sotelo, de quien el embajador francés dijo: «Tiene tantas faltas que hacerse perdonar, que por ellas mismas encuentra libres todos los accesos junto al enemigo».

Urquijo leyó el borrador de su carta. Pedía en ella a Cuesta que usase de su privilegiada situación para inducir a los jefes de la resistencia a ceder ante la necesidad.

> Es de un tono noble –comentó La Forest–, perfectamente escrita, llena de las consideraciones que el rey hace cuando recibe comisiones, conforme con los sentimientos que S. M. ha manifestado en todas las ocasiones.

La lectura suscitó varios y encontrados comentarios, pues en tanto unos consideraban que era poco cordial y que desvirtuaba la cuestión sin llegar a su fondo –esto es, la apertura de negociaciones–, los restantes, entre ellos el propio Urquijo, temían haber ido demasiado lejos. Obligados a explicar sus motivos, sostuvieron que veían más peligros que ventajas en cualquier clase de preliminares establecidos con autoridades dominadas por el pueblo al que habían engañado, y además, inhábiles para tratar con él[41]. Al final se adoptó la carta de Urquijo, sin modificaciones, y se convino en la marcha de los agentes.

El mismo día, José informó a su hermano de las decisiones adoptadas: «Envío gentes bien intencionadas y gratas a la junta de Sevilla a fin de acabar la guerra mediante la voluntaria sumisión de Andalucía»[42].

El embajador francés, por su parte, no se mostró en sus comunicaciones muy convencido del pensamiento dominante entre los ministros ni de la utilidad de las decisiones adoptadas:

> Me permito decir con antelación –manifestó el día 7, al notificar la marcha de Sotelo– que no saldrá nada útil para los asuntos del rey. O no será escuchado, o, si lo es, desarrollará una doctrina más molesta por sus consecuencias de lo que sería un resto de oposición que tal vez conviniese reducir por las armas[43].

Cinco días más tarde, el enviado josefino se encontraba en Mérida. Desde allí despachó una carta al presidente de la Junta Central, dando cuenta de su misión y haciéndole observar las desgracias sufridas por el país y la necesidad de poner pronto fin a la guerra:

> La mayor parte de las provincias de España han sufrido ya los horribles efectos de una conquista, y las restantes están inminentemente amenazadas por ellos. Los desgraciados sucesos acaecidos los días 27 y 28 de marzo con los ejércitos de los generales Urbina y Cuesta han llenado de consternación y de zozobra a varios españoles honrados que no pueden mirar con indiferencia la absoluta desolación de nuestra amada patria. Éstos han suplicado al rey que se digne remediar los males que ya han experimentado las provincias ocupadas por las tropas francesas, y evitar los de aquellas que no lo están todavía.

Terminaba solicitando una entrevista «con el diputado o diputados que la Suprema Junta Central quiera comisionar al intento», puesto que «sería inoportuno querer tratarlo por escrito, dando motivo a contestaciones, dudas y tergiversaciones tan difíciles de precaver con la pluma, como fáciles de evitar con una conferencia verbal»[44].

Este despacho, remitido a través de las líneas francesas hasta el cuartel general de Monasterio, fue enviado por el general Cuesta a la junta de Sevilla, acompañado de una carta personal que anulaba todo posible efecto.

> La misión y propuesta de Sotelo indican, en mi juicio, la precisión que los franceses tienen de retirarse de España por los apuros con que se ven en Alemania y tratan de sacar el partido posible de su retirada. Los males causados en las provincias invadidas no pueden remediarlos aunque lo ofrezcan. Tampoco pueden esperar refuerzos, y según los que espero de las provincias tomadas por esa Suprema Junta Gubernativa, creo muy asequible el poder arrojarlos de esta provincia dentro de poco tiempo. El patriotismo español decaería mucho con sólo ver que se negociaba, y ningún partido se puede esperar de los enemigos, sino el que su propia situación les obligase a ceder[45].

El día 18, el enviado josefino, ante la falta de noticias, se dirigió al jefe del ejército de Extremadura en términos semejantes a los de su anterior despacho[46].

Tres días más tarde, la Junta Suprema enviaba a Cuesta la respuesta al despacho de Sotelo.

> Si Sotelo trae poderes bastantes para tratar de la restitución de nuestro amado rey y de que las tropas francesas evacuen al instante todo el territorio español, hágalos públicos en forma reconocida por todas las naciones, y se le oirá, con anuencia de nuestros aliados. De no ser así, la Junta no puede faltar a la calidad de los poderes de que está revestida, ni a la voluntad nacional, que es de no escuchar pacto, ni admitir

> tregua ni ajustar transacción que no sea establecida sobre aquellas bases, de eterna necesidad y justicia. Cualquiera otra especie de negociación, sin salvar al Estado, envilecería la junta, la cual se ha obligado solemnemente a sepultarse primero entre las ruinas de la monarquía que a oír proposición alguna en mengua del honor e independencia del pueblo español[47].

El enviado afrancesado no se desanimó ante la negativa, y de nuevo repitió sus intentos en una tercera carta, en la que se mezclan el amor propio ofendido y el deseo de llevar a buen fin sus gestiones.

Después de hacer constar que sus propuestas no son merecedoras del epíteto de insidiosas, pues «se han remitido en derechura al Gobierno por medio de un general que goza de su confianza, y se convida a una conferencia verbal», añade que conoce los deberes que la Junta contrajo al constituirse, y que únicamente propone estos medios por considerarlos adecuados para salvar el país, y compatibles con el honor de sus miembros.

A continuación reproduce el contexto de su anterior oficio, y termina diciendo:

> Si, a pesar de estas reflexiones, V. E. y la Junta no condescienden a la conferencia propuesta, yo tendré eternamente el placer de haber procurado el bien de nuestra amada patria, aunque con la amargura de no haberlo podido lograr, quizá por haberse dado a mis intenciones la interpretación que no merecen[48].

El 3 de mayo, la Junta encargó a Cuesta la ruptura de las relaciones epistolares, advirtiéndosele a Sotelo «que ésta será la última contestación que reciba, mientras los afrancesados no se allanen, lisa y llanamente, a lo que ha manifestado la Junta»[49].

El emisario josefino aún realizó una última y desesperada tentativa para vencer la resistencia de la Junta. El 9 de mayo envió a Cuesta, para que lo trasladase a la Junta, un despacho en que la acusaba de intransigencia por negarse a negociar antes del regreso de Fernando VII:

> Esto, en mi concepto, vale tanto como decir que, si no se curan los males de España con el remedio que la Junta considera radical, no quiere tampoco permitir que se les apliquen los lenitivos compatibles con las circunstancias, ni aun detenerse siquiera a examinar cuáles sean éstos, cuál el fin a que terminan y cuáles los efectos que deberían producir[50].

La Junta «ha resuelto no contestar»[51], comunicaron el 12 de mayo, por toda respuesta, al general Cuesta, para que así se lo hiciese saber al enviado de los afrancesados[52].

Simultáneamente con estas negociaciones llevadas por Sotelo desde Mérida, el duque de Beune y el general Sebastiani escribieron a diversos generales españoles[53]. Este último, con la autorización del rey, envió diversas cartas a Jovellanos, a Saavedra, al general Venegas, jefe del ejército de La Carolina, y al brigadier Francisco Abadía. En todos los despachos trató los mismos puntos: inutilidad de la guerra, necesidad de evitar la influencia inglesa, precisión de reformas, únicamente posibles bajo el ilustrado poder de José, etc. «Prolongar esta lucha es querer aumentar las desgracias de España» (a Jovellanos). «El carácter franco, leal y bienhechor de S. M. el rey José es para vos y vuestros compatriotas el garante más seguro de cuanto debéis prometeros» (a Venegas). «Amáis demasiado a España para querer servir las miras de una potencia extranjera» (a Abadía)[54].

La intención que animaba esta correspondencia –según nos descubre La Forest– tendía, «más que a establecer negociaciones, a dirigir las que se deseasen iniciar en dirección a Sotelo»[55]. La doble maniobra fracasó ante las rotundas negativas de los interpelados y de la Junta Suprema, no sólo a reconocer la nueva dinastía, sino incluso a entablar negociaciones con sus partidarios.

> Estos resultados eran previstos por aquellos ministros opuestos a la misión de Sotelo –informó La Forest–. Es un fracaso más en el plan de los hombres que han intentado incesantemente formar un partido de la insurrección unida con el rey[56].

El fracaso de la gestión conciliatoria hizo nacer en el alma de aquellos ministros partidarios de las negociaciones, un sentimiento que hubo de contribuir a separar aún más a los partidos en que se había dividido el país, separación esta que el fino sentido diplomático del embajador francés captó inmediatamente.

Todos se muestran, al fin, como hombres de partido. Desean que el rey no sufra más las connivencias, los miramientos, las transacciones, de las que la oposición no ha hecho más que abusar; que ya no existe término medio, que cada uno se decida en pro o en contra; que, en fin, la acción constante del gobierno esté dirigida por este principio verdadero de que únicamente la fuerza producirá la sumisión, y que el beneficio de las nuevas instituciones hará el resto poco a poco[57].

Pese a las palabras del conde de La Forest, aún quedaba entre los ministros un grupo de partidarios de las negociaciones. Ante la tajante negativa que habían recogido de los insurrectos, suspendieron momentáneamente su actuación, para hacerla surgir más tarde en diversas coyunturas.

En septiembre, uno de los ministros propuso, sin ningún éxito, la repetición de las negociaciones anteriormente fracasadas.

Dos meses más tarde, Cabarrús confesó al embajador imperial «que buscaba algunas personas, hombres y mujeres, que pudiesen ir a Sevilla, con diferentes pretextos, apara abordar a los personajes más importantes y establecer algunas relaciones con ellos»[58].

El alcance de esta política se fue reduciendo progresivamente, hasta quedar limitada tan sólo a la correspondencia que los afrancesados dirigían sin tregua ni descanso a los juntistas. «El rey –informó La Forest– parece dejar a los ministros en libertad de escribir a sus respectivos amigos, con tal que no se comprometa su nombre»[59].

A finales de 1809 y primeros meses del año siguiente, la división del país se consolida. Ha pasado el tiempo de las dudas y los cambios de partido. Nadie renegará de las filas en que se ha alineado voluntariamente. Los afrancesados seguirán a José hasta Francia, en tanto que absolutistas y liberales, unidos, lucharán incesantemente hasta expulsar a los ejércitos invasores de la Península. En este momento, ambas posturas han cristalizado, adquiriendo una solidez rotunda, y entre ellas está el vacío, un vacío que los intentos afrancesados no conseguirán franquear. Las negociaciones no pueden armonizar los intereses antagónicos. Si los afrancesados las emprenden es porque no poseen un claro sentido de la realidad, creen que existe únicamente «variación sin antagonismo». Será preciso que llegue 1813 para que empiecen a despertar a la realidad política del siglo XIX. Entretanto, si no repiten sus intentos es porque en febrero el decreto de Napoleón va a sumirles en una confusión total, que les obligará a dirigir su atención hacia París.

5. El antagonismo con Francia

El decreto de febrero de 1810

Desde agosto de 1809 corría por España la voz de que Napoleón iba a pasar personalmente a la Península para acabar la obra que un año antes dejara sin rematar. Durante los meses siguientes el rumor fue creciendo, hasta el extremo de que el 15 de octubre «José envíe a la frontera para recibirle al marqués de Monte-Hermoso, al general Strolz y al marqués de Casa Palacio»[1].

A fines de diciembre –aún bajo los efectos de la victoria de Ocaña–, José, seguro de su posición en el país, al tiempo que temeroso de que el proyectado viaje de su hermano le reduzca de nuevo a la desairada situación del año anterior, piensa conquistar personalmente Andalucía, poniéndose al frente de la expedición militar que a este fin preparaba el duque de Dalmacia. De este modo, si Napoleón llegaba a Madrid no encontraría más que algunos ministros interinos, dejados para mantener una apariencia de administración.

El día 8 de enero, José partía, al mando del ejército de Andalucía, acompañado de numeroso séquito, en tanto que el duque de Campo Alange y el marqués de Branciforte eran enviados a Vitoria para recibir al emperador, cuya partida había sido señalada para el día 30.

Ante los requerimientos imperiales, los ministros españoles, a quienes La Forest había enseñado el despacho del duque de Cadore de 28 de enero, se mostraron dispuestos a correr con los gastos del ejército francés en España. El día 15 de febrero, cuando Napoleón ya ha decretado la separación de las provincias del Norte, el embajador francés y el ministro español de Finanzas sostienen una larga conversación, en la que tratan el asunto con detenimiento. Cabarrús admitió que «la cantidad destinada al ejército en los gastos del Estado debe dedicarse a las tropas que lo suplen», y presentó el presupuesto para 1810, del que la casi totalidad se destinaba a sufragar dichos gastos, exigiendo a cambio varias condiciones:

> La primera base a determinar –dijo– es el número de hombres que S. M. el Emperador dejara en España... La segunda, es fijar los haberes, los aprovisionamientos, el número y los gastos de las administraciones militares en la estricta medida de los reglamentos imperiales. El tercer punto es eliminar de este doble cálculo todo lo relativo a las tropas destinadas en Portugal.

Estas conclusiones llevaban como contrapartida una serie de exigencias mínimas, cuyo incumplimiento las anularía:

> S. M. el Emperador –añadió– entiende necesariamente que la administración civil, que debe subvenir a los gastos, tendrá una total independencia y seguridad –es del propio interés de los ejércitos el que sus generales no administren.

Como fecha para comenzar a aplicar el proyecto pedía se fijase el 1 de agosto, a partir de la cual

> el ejército francés en España estaría totalmente a cargo del Tesoro público, siendo preciso que S. M. I. provea aún durante seis meses la suma excedente de los dos millones mensuales a título de anticipo, que será reembolsado en forma que habrá de convenirse[2].

En tanto se discutían estos proyectos, José había reanudado desde Sevilla los intentos para atraerse a los sublevados mediante negociaciones directas. El propio monarca trasladó su cuartel general al Puerto de Santa María, donde permaneció del 14 al 25 de febrero. Los españoles que componían su séquito, especialmente Azanza y Estala, continuaron en su labor de preparar diversas publicaciones destinadas a granjearse la buena voluntad de las poblaciones del Mediodía. En los primeros días de febrero, José envió a O'Farrill a Cádiz[3]. Asimismo se presentaron ante la plaza diputaciones de todas las poblaciones ocupadas «para suplicar a los habitantes no continuasen dejándose engañar por los ingleses, volviesen a ser españoles y evitasen la ruina del país»[4]. El día 21, diputados de Santa María,

Puerto Real y otras poblaciones andaluzas, con el marqués de Armira a la cabeza, intentaron, sin ningún éxito, acercarse a la población sitiada, a bordo de unas chalupas, repitiendo la tentativa al día siguiente con idéntico resultado.

En tanto José juega su gran posibilidad, Napoleón, con una total ausencia de tacto político, elige el momento en que su hermano parece que va a lograr unir en torno suyo a todos los españoles para decretar la separación de las provincias allende el Ebro, bajo el engañoso pretexto de que los excesivos gastos del ejército de España y la debilidad de la administración nacional le obligan a sustituirla por otra militar, restableciendo de este modo el viejo programa de anexiones de 1807.

Establece cuatro gobiernos: Cataluña, Aragón, Navarra y Vizcaya, comprendiendo el conjunto de las provincias españolas más allá del Ebro. En cada una, un gobernador reúne todos los poderes civiles y militares, asume la administración de policía, justicia, finanzas, nombra a todos los empleados y redacta los reglamentos necesarios. Todos los ingresos de cada provincia, al igual que las imposiciones ordinarias y extraordinarias, van a la caja del ejército, a fin de subvenir a los gastos de la paga y manutención de las tropas francesas[5]. Geoffrey de Grandmaison ha dicho de él: «*C'est le demembrement par lettre, l'anexion par geste*»[6].

Junto con el decreto dirige una carta al príncipe de Neufchatel, resumiendo sus motivos.

> No puedo continuar costeando los gastos de mi ejército en España. Deseo que la administración del país conquistado esté en manos de los generales que mandan en la provincia, a fin de

que todos los recursos se apliquen a los gastos del ejército. En lo sucesivo no podré enviar más que dos millones mensuales para pagar las tropas que estén alrededor de Madrid[7].

El natural rigor del decreto se vio aumentado por la forma en que fue comunicado a los mariscales, gobernadores de provincia, que encontraron en él la aprobación oficial de sus sistemas de independencia y rapiña:

> Haced saber al general Suchet –ordenó a Berthier el día 17– que si llegan órdenes de Madrid contrarias a las mías, debe considerarlas como no recibidas, especialmente en lo que se refiere a la administración[8].

El 21 manda a Clarke:

> Enviad un oficial al duque de Castiglione. Hacedle conocer que si las comunicaciones están abiertas, se concierte con Madrid, pero que no forma parte del ejército de España, que el que manda es el ejército de Cataluña, y que no cabe recibir órdenes más que de mí, que debe establecer una administración provisional en el país, izar el pabellón francés y el catalán en lugar del español y no tolerar ninguna clase de comunicación entre los habitantes y el monarca. Ni el rey ni sus ministros tienen nada que ver con Cataluña[9].

Instrucciones semejantes fueron cursadas a los restantes generales[10].

Aparentemente no se trata más que de una medida administrativa, cuyo fin es aprovechar hasta el límite los recursos del país. Ideológicamente, el restablecimiento de la antigua relación francoespañola. Al intervencionismo descarado de los dos primeros años sucede nuevamente el pensamiento de la desmembración de las provincias colindantes con el Imperio:

> Mi intención es unir la orilla izquierda del Ebro a Francia; puede que incluso el país que va hasta el Duero (aquí Napoleón ha borroneado la minuta). Que no me molesten más hablando, como lo hacen, de integridad, pues es desafiarme, arrojarme el guante, y eso es poco hábil[11].

> Bajo otra forma –ha dicho Masson comentando este cambio–, es el sistema aplicado hoy en Brabante y Zelanda, mañana en Hannover; la administración militar preludiando la anexión territorial[12].

El mismo autor ha señalado el viraje de la política imperial. El sistema familiar y federativo ha fallado, y es sustituido por el sistema francés. En 1810, Napoleón

> ha renunciado al sistema familiar, que no le ha proporcionado más que deberes; está decidido a asumir personalmente el gobierno total del gran Imperio; está poco satisfecho de sus hermanos, demasiado naturalizados en los Estados que les ha dado a regir[13].

Para evitarlo, no encontrará mejor sistema que recordárselo con frecuencia: «Cuando olvidan los lazos que les unen a Francia –dijo de ellos a su ministro de Asuntos Exteriores–, tengo derecho a llamarlos y a obligarles a actuar, en primer lugar, por el interés de la patria»[14]. Y salta a la vista que, a sus ojos, los reyes por él creados no han perdido, pese a su consagración y juramento, el carácter de franceses y de súbditos del Imperio.

Para los afrancesados se trata, en primer lugar, de un atentado contra la integridad nacional, seguido de otro a la independencia del gobierno, ya que Napoleón no ha renunciado a mediatizar, e incluso dirigir, la política josefina, pues ha ordenado a su embajador

> mezclarse más en los asuntos, hablar con los ministros del rey, hacer notar... que la guerra de España me cuesta varios cientos de millones, y que en lugar de encontrar una indemnización por los enormes gastos que he tenido, veo con pena cómo se prodigan los recursos de España entre los favoritos[15].

La intervención imperial, una vez iniciada, no se para con facilidad. El 17 de abril, Napoleón organiza el ejército de Portugal, bajo el mando del príncipe de Essling, haciéndolo totalmente independiente del gobierno español[16]. El 29 de mayo, un nuevo decreto añade dos gobiernos a los ya creados[17]:

> A imitación de lo que se había hecho para Cataluña, Aragón, Navarra y Vizcaya, fueron establecidos intendentes, recaudadores generales de finanzas, y se suprimieron totalmente todos los vestigios de la antigua administración[18].

A su vez, Soult es nombrado general en jefe del ejército de Andalucía. Las instrucciones que recibe le erigen prácticamente en virrey del Mediodía:

No tengo necesidad de recomendaros las consideraciones que debéis tener para con el rey. Debéis actuar de acuerdo con sus ministros, aunque en la actual situación sois vos realmente el general en jefe[19].

La nueva organización militar no deja a José más que las tropas españolas y 15.000 franceses encuadrados en dos divisiones, que ocupan únicamente el territorio de Castilla la Nueva, pues los ejércitos de Cataluña, Aragón y Portugal están, respectivamente, a las órdenes absolutas de Macdonald, Suchet y Massena[20].

Según Desdevises du Dezert, Napoleón reparte España en grandes comandancias militares, en pachalicatos, cuyos titulares, independientes unos de otros, no deben a José más que una deferencia de pura fórmula, y están autorizados en secreto a no tener en cuenta ninguna de sus órdenes[21].

La Forest dijo:

La impresión producida al conocerse en Madrid la noticia de los decretos imperiales, ha sido profunda... Se desea ardientemente que el Emperador se considere obligado en la cuestión de la integridad de la monarquía y no pueda apoyarse en la resistencia de la insurrección, que, a la verdad, no ha cedido aún y no cederá en ninguna provincia más que a la fuerza[22].

Y añadió el 29 de junio:

El establecimiento del quinto y sexto gobierno militar en el mismo pie que los anteriores ha producido una profunda impresión. Se teme, apoyándose en un vago rumor, que se piense en un séptimo y octavo gobiernos, que colocarían todo el norte de España, hasta el Duero, en manos del Emperador. Después del decreto de 8 de febrero, las numerosas indiscreciones cometidas por los propios servidores del rey han hecho deducir generalmente que se uniría a Francia toda la orilla izquierda del Ebro.

[...] Me atrevo a pensar que, bajo el punto de vista aislado de los asuntos españoles, ha llegado el momento de las explicaciones. El interés del rey y del Emperador parece deben ganar igualmente[23].

Los afrancesados no tardarían en exigirlas.

La reacción de los afrancesados

Los decretos imperiales contribuyeron indirectamente a unir a todos los afrancesados en torno al trono, poniendo fin a las rencillas partidistas hasta entonces existentes.

> Urquijo y Almenara –comentó La Forest– se muestran en todo el fervor del patriotismo español... La pasión general les ha ganado al entrar en Andalucía. No queda ni el menor rastro del equilibrio de partidos que existía antes de la marcha[24].

La evolución del pensamiento imperial, iniciada a raíz de su entrada en España, culmina en estos decretos de febrero, a todas luces un retroceso ideológico con relación a Bayona. Sobre este sujeto no existirá posibilidad de conciliación. Napoleón llevará a cabo su política apoyándose en la fuerza de sus divisiones, pero sin conseguir que los partidarios de su hermano reconozcan su actuación como válida.

La reacción de los afrancesados seguirá una doble dirección, cuyo fin común será invalidarlos. Buscarán la revocación de la orden imperial recurriendo a las embajadas extraordinarias, apoyadas por la correspondencia de José, muy abundante en esta época, y por la intervención de la reina Julia. Simultáneamente, intentarán anularlos en la práctica mediante una serie de contradecretos que neutralizarán los del emperador, al tenerlos por inexistentes.

Azanza, primero desde Jerez de la Frontera (26 febrero), y más tarde desde Málaga (8 marzo), escribió al embajador francés. Después de exponer los inconvenientes de los gobiernos y la administración militares, que se prestaban a tantos abusos y perjuicios, en extremo dañinos para la nación y los pueblos, pedía se anulasen o, al menos, se suspendiesen las medidas adoptadas[25].

> El rey pide, en resumen –comentó La Forest–, la revocación del decreto de 8 de febrero, y manifiesta claramente que, en caso contrario, no sólo no podrá suministrar fondos, sino que se considerará como inútil[26].

Cabarrús, por su parte, envió al embajador una carta –de la que éste dio cuenta el 10 de marzo– manifestándose «contra las disposiciones tomadas por S. M. el Emperador», a lo que éste respondió diciendo que «las resoluciones consignadas en el decreto imperial eran irrevocables»[27]. El 17 del mismo mes, Azanza, desde Granada, y con motivo de los decretos y proclamas dados por Thouvenot en su gobierno, comunicó al embajador imperial una nueva nota, en la que mostraba lo necesario de un poder central bajo el mando único de S. M. C.[28].

El 12 del siguiente mes, José requirió los servicios de su esposa –como más tarde haría con gran frecuencia– para intervenir cerca del emperador en un primer intento para lograr la anulación de los decretos de febrero.

> Quiero saber cuáles son las verdaderas disposiciones del Emperador a mi respecto, ¿qué quiere de mí y de España?; que me comunique de una vez su voluntad, y no estaré situado por más tiempo entre lo que tengo aspecto de ser y lo que soy realmente, en un país en que se entregan las provincias sometidas a la discreción de los generales, que imponen las contribuciones que quieren y tienen orden de no hacerme caso. Si el Emperador quiere que me canse de España, es preciso renunciar inmediatamente[29].

Días antes –el 3 de abril– había nombrado en Granada (no en Andújar, como ha dicho Miot de Mélito), a Azanza, duque de Santa Fe y caballero del Toisón de Oro, enviándole seguidamente a París[30]. Su misión, aparentemente protocolaria, es el primer paso que se intentará para anular las medidas imperiales.

> Envió a París a Azanza, con el pretexto de felicitar a Napoleón; pero, en realidad, para exponerle las consideraciones más fundadas y eficaces sobre este decreto[31].

En estos momentos los ministros afrancesados, que aún no se han recobrado de su estupor, no se han decidido por una política común. Desconcertados por la sorpresa, abrumados por el estilo en que se manifestaba el emperador, sus opiniones vacilan antes de adoptar un partido definitivo. Campo Alange, molesto por no haber sido elegido para la embajada a París, «ha dicho claramente –informó el embajador– que si el rey le hubiese hecho ese honor, hubiese pensado que no podría servirle mejor que confesando francamente que se habían soñado quimeras». Arribas era partidario de reconocer que se habían equivocado, y de entregarse a la generosidad del emperador, «puesto que sería una locura intentar una lucha sorda o patente». Azanza, cuya calidad de navarro le hacía defender, en cierto modo, una causa personal, dio a entender que prefería «cualquier solución antes que la cesión de algunas provincias españolas», y procuró evitar todo acto o palabra que diese origen a demanda semejante. Este último partido era el más extendido entre las esferas gubernamentales afrancesadas[32].

La política negativa

Junto con las embajadas, que el viaje de Azanza iniciarían, se desarrolló la otra cara de la gestión revisionista. Una serie de decretos reales, dados con gran premura, intentarán parar el golpe, determinando, «por una especie de declaración indirecta, la extensión territorial del reino»[33]. El día 17 de abril, un decreto, calcado, en general, de la organización departamental francesa, dividía a España, para el gobierno civil, en 38 prefecturas (art. 1.º). Cada prefectura era dividida en subprefecturas (art. 3.º), y éstas, en municipalidades (art. 4.º)[34].

> Una vez determinada la división administrativa –comentó el embajador, previniendo futuros decretos–, servirá verosímilmente para componer más tarde las divisiones militares, judiciales y eclesiásticas[35].

Durante la discusión de este proyecto, presentado por Romero en el Consejo privado, y sus diversas lecturas en el Consejo de Estado, surgió un incidente que menciona el embajador francés en su minuciosa correspondencia, que muestra hasta qué punto José y sus ministros afrancesados tenían conciencia de lo nacional y eran irreductiblemente antagónicos, aun en las cosas de mera fórmula, con Francia, de la que únicamente deseaban una alianza que les permitiese gobernar, libre e independientemente, la integridad del país. Según cuenta La Forest,

> el amor propio de la mayor parte de los opinantes y la concentrada aversión de varios de ellos contra todo aquello que tenga carácter francés, habían hecho preferir los nombres de intendentes, subintendentes, etc., a los nombres finalmente adoptados. En una ocasión ha hecho falta que el marqués de Almenara tomase el asunto por el lado gramatical y demostrase que prefecto y prefecturas eran las palabras antiguamente consagradas en la lengua española, antes de que se importasen del extranjero las de intendente e intendencia[36].

En junio, con motivo de un despacho de Azanza, en que informaba de que en París se burlaban de semejantes nombres, «hubo que recurrir a los diccionarios para convencer al rey»[37]. Otro de los afrancesados, Cabarrús, no quería usar la denominación bienes nacionales, por considerarla imitación francesa.

En estos momentos, una actividad febril invade el espíritu de la corte española, en su intento de evitar la desmembración de la Península. El día 18 un decreto lanzaba al tapete de la política nacional un nuevo término, que habría de rodar mucho, antes de que los acontecimientos lo retirasen definitivamente. Se trataba de la convocatoria de las Cortes josefinas.

> Siendo necesario –decía–, para la convocatoria de las Cortes que han de celebrarse el presente año, el conocimiento exacto de la población del reino. Hemos decretado... Art. 1.º. Cada prefecto hará formar... las listas del vecindario de todos los pueblos de su prefectura[38].

El día 23, según había previsto el embajador imperial, una real orden dividía a España «en 15 divisiones militares para el mando de las armas y administración militar»[39].

Los afrancesados continuaron aparentando ignorar la existencia de los decretos imperiales relacionados con España. El gobierno siguió su normal desenvolvimiento, en tanto que rey y ministros evitaban cuidadosamente toda conversación sobre temas políticos con el embajador del emperador. Durante tres meses piensan que para lograr anular la intervención napoleónica en los asuntos españoles les basta con ignorar sus decisiones, decretando, en consecuencia, para la totalidad del país, al tiempo que esperan que Azanza logre, por medios diplomáticos, la revocación en cuanto a la forma del decreto de febrero, que ellos, por su parte, se niegan a admitir de hecho[40].

En el mes de junio, ante la falta de noticias de su embajador extraordinario, y después de dos meses de silencio, los ministros y el propio monarca se volvieron hacia el conde de La Forest, a través de quien esperan, dada su privilegiada situación entre ambas cortes, recibir la información que el duque de Santa Fe no les proporcionaba. El 1 de junio, el embajador dio cuenta a su corte de tres entrevistas que había celebrado con el marqués de Almenara, con Urquijo y con el monarca, conversaciones que se repetirían con frecuencia en las semanas siguientes. El último de ellos trató sucesivamente, a lo largo de la conversación, de todos los asuntos que suscitaban divergencias entre ambos gobiernos. Comenzó quejándose de la independencia de los mariscales, a continuación manifestó su disgusto por los decretos de 8 de febrero, y terminó mostrándose dispuesto a abdicar[41].

Junto a la necesidad de conservar la integridad nacional, aparecía, incluso con mayor fuerza, si hemos de creer las palabras del embajador imperial, el deseo de mantener a cualquier precio una efectiva independencia política.

> El Gobierno real es menos celoso tal vez de conservar la integridad territorial que de su absoluta independencia. Creo percibir que, si hubiese que elegir, algunas provincias españolas serían de menos valor que la libertad de alejarse de los caminos franceses. Hay momentos, incluso, en que no puedo dejar de sospechar que aquí nadie quiere comprender la relación a establecer entre Francia y España. Se concibe la necesidad de determinar una frontera cualquiera, antes que de fijar relaciones familiares. Parece, finalmente, que se cree que la barrera geográfica debe ser al mismo tiempo la política[42].

El espíritu de los miembros del gobierno se inclinaba a fijar, de una vez para siempre, cuál sería el territorio bajo sus órdenes efectivas y a lograr en él una definitiva independencia política. En una entrevista con el embajador francés, Urquijo dijo textualmente: «Que el Emperador determine su parte y deje al rey administrar a su modo lo que le pertenezca»[43]. «El pensamiento del Gabinete –añadió La Forest en otra ocasión– parece ser siempre el de ganar en independencia lo que puede perder en territorio»[44].

En el fondo no existía la resignación que el embajador creía, y nunca los afrancesados consideraron la pérdida de las provincias de allende el Ebro sino como una decisión arbitraria, tomada merced a la fuerza de las armas francesas, y que ellos, ni en su fuero interno ni en su política, estaban dispuestos a ratificar. La necesidad de continuar gobernando, en evitación de mayores males, les hizo soportar la acción napoleónica del hecho consumado, sin que en ningún momento dejasen de pensar en volver sobre ella en la primera coyuntura favorable.

Urquijo escribió a Azanza el 8 de julio una carta representativa del pensamiento común a todos los afrancesados. Decía en ella:

> La urgencia de una decisión sobre todo es tal, que perecemos, nos arruinamos y no somos nación. V. M. sabe que es menester fijar unos límites, en que se sepa que el rey, como tal, debe ejercer la plenitud de sus facultades, vivir y que vivamos[45].

La decisión, que ampliaba el número de gobiernos militares hasta seis, fue el golpe de gracia que puso fin a las ilusiones afrancesadas. Para evitar las consecuencias del nuevo ucase imperial, y ante lo infructuoso de las negociaciones del duque de Santa Fe, es por lo que se pensará en un nuevo negociador, y más tarde se despachará al marqués de Almenara.

Embajada de Azanza

Veamos ahora cuál había sido entre tanto la suerte del embajador josefino, que, apenas llegado a la capital francesa, manifestó al duque de Cadore su impaciencia por conseguir una audiencia, que el emperador tardaría en conceder.

Napoleón, previendo el fin a que se encaminaba su misión, decidió tomarle la delantera, y durante los seis meses que duró su embajada, en lugar de escuchar sus reclamaciones, fue él quien le abismó con sus quejas y críticas de la política afrancesada, desvirtuando el carácter de su gestión. El 10 de junio, el duque de Santa Fe escribió al monarca español una carta, entre cuyas líneas puede leerse algo del frío recibimiento de que había sido objeto y de su sorpresa ante la dirección dada en París a la política:

> Aunque parece indudable el deseo de unir a la Francia las provincias situadas más allá del Ebro, y se prepara todo para ello, no es todavía una cosa resuelta, según el dictamen de algunos, y se deja pendiente de los sucesos venideros. Juzgo, señor, que por ahora nada quiere de nosotros el Emperador con tanto ahínco como el de que no le obliguemos a mandar dinero a España[46].

En la tarde del día 17, Azanza celebró una primera entrevista con el duque de Cadore, quien se manifestó en los términos ya clásicos en la diplomacia imperial, abrumando con sus quejas al embajador josefino. Expuso, en primer lugar, la imposibilidad en que se hallaba S. M. I. de enviar más dinero a España, que había consumido, desde el principio de la guerra, más de 200 millones de francos, y en cuya reducción se veía obligado a emplear más de 400.000 franceses, en tanto que el gobierno español se había mostrado incapaz de allegar los recursos del país, desperdiciando la oportunidad de imponer fuertes contribuciones a Andalucía por el solo deseo de ganar popularidad. Recordó a continuación cómo el emperador defendía el principio de que la guerra alimentase a la guerra, y que, a no haber sido por la resistencia española, habría jubilado muchas de sus fuerzas. Acusó, finalmente, a José de haber dilapidado el producto de las, por su deseo, ya escasas contribuciones, en prodigalidades, gastos de lujo, sostenimiento de numerosos estados mayores y formación de cuerpos españoles,

> los cuales no sólo son inútiles, sino perjudiciales, porque, además de absorber sumas que podrían tener provechosa aplicación, desertan sus individuos y pasan a aumentar la fuerza de los enemigos[47].

Ante tan amplia y grave imputación, el duque de Santa Fe no supo más que disculpar la política afrancesada, negando o desvirtuando uno a uno todos los cargos, y permanecer callado en relación al verdadero motivo de su embajada. Su mejor argumento era «que había sido necesario no vejar ni apurar hasta el extremo las provincias sometidas para conservarlas en su fidelidad, y no dar a las insurrectas una mala idea de la suerte que las esperaba en el caso de su rendición». Terminó su alegato defendiendo la política de benignidad, «pues de esta forma –según dijo– se había ganado Andalucía y se ganaría España entera»[48].

Al día siguiente celebró una nueva entrevista, esta vez con el conde de Cessac, ministro director de la Administración de Guerra, que había sido enviado, de orden del emperador, para insistir sobre los mismos términos:

> Acerca de los recursos de España –informó Azanza–, contribuciones de las provincias y confiscaciones de efectos ingleses, expuso al conde de Cessac lo mismo que había dicho al duque de Cadore[49].

El 19 de julio tuvo lugar una segunda conferencia con el ministro de Asuntos Exteriores de Francia, quien dijo confidencialmente al enviado josefino que deploraba que el rey de España abandonase las directrices de S. M. I., al tiempo que le reprochaba su excesiva indulgencia con relación a los insurrectos, la ilusoria sumisión de las provincias, la poca prisa en concurrir al sostenimiento de las fuerzas francesas y el mal uso de los fondos reunidos:

> El Emperador se ha ofendido por algunas de las expresiones de las cartas del rey, en las que amenaza con abdicar. Le resultaría muy fácil hacer volver a España al príncipe de Asturias, Fernando, que se prestaría a cederle las provincias que le conviniesen en las condiciones que quisiera imponerle[50].

El 7 de agosto, ante el poco fruto logrado por las negociaciones planteadas –«Los despachos más recientes del duque de Santa Fe no dicen nada de lo que el Gobierno desearía saber, y tratan asuntos de detalle»[51]–, José decidió enviar al marqués de Almenara sin título oficial alguno, pues ya tenía dos embajadores en París[52], pero con poderes para realizar cualquier convenio[53] y con abundante información que comunicar al emperador, a quien José continúa creyendo mal informado de los asuntos españoles[54]. El motivo de esta elección radicaba en el parentesco que unía al nuevo embajador con el mariscal de palacio Duroc.

> El rey se decidió a enviar al marqués de Almenara –suegro del mariscal Duroc– junto al Emperador, esperando que esta unión con un hombre que gozaba de la confianza del Emperador podría contribuir al éxito de la nueva negociación[55].

La correspondencia de José

José, en tanto, impaciente por arreglar la situación, además de sus embajadores se valía de los servicios de su esposa para influir en el ánimo del emperador, con la esperanza de lograr un cambio en sus anteriores determinaciones. A partir de 1810, el papel de la reina Julia fue subiendo de forma gradual hasta llegar a ser prácticamente el verdadero embajador español en París. La correspondencia particular de José adquiere carácter diplomático, y es en ella donde puede seguirse la trayectoria de su política y de sus esperanzas.

En el mes de julio, careciendo de noticias, e impaciente por decidir definitivamente acerca de su suerte, incita a su esposa a realizar un postrer intento en favor de la revocación de los edictos imperiales, amenazando con su abdicación y total retiro en caso contrario, amenaza esta que se repetirá cada vez con mayor frecuencia a lo largo de los tres años siguientes, sin que en ningún momento piense ponerla en práctica, y sin que el emperador, que conocía muy bien su fantástica y quimérica imaginación, a tiempo que sus vacilaciones y débil voluntad, considerase seriamente sus amenazas.

El 16 de julio escribe a su esposa:

> No deben esperar de mí que gobierne España únicamente para el bien de Francia. Estoy obligado a acudir en socorro de tantas provincias, donde no se envía ya nada, y donde la miseria es grande, porque en Ávila, y aun en Segovia, generales franceses administran mis provincias, despachan a mis empleados, y Madrid es el lugar de reunión donde llegan todos los desgraciados y donde van a parar todas las necesidades. Todo esto puede arreglarse con una palabra del Emperador, que vea con agrado que despida a los dilapidadores, que me devuelva la administración y crea más en mi probidad que en la de Ney o de Kellermann...

Para terminar expresa, sin embargo, sus mejores esperanzas: «La guerra terminará pronto, y España se pacificará en seguida si se me deja actuar»[56].

El 6 de agosto, el monarca español escribió dos cartas comunicando la marcha de su nuevo comisionado. La dirigida a la reina Julia terminaba diciendo: «... siendo inquebrantable mi resolución de no permanecer aquí en una posición indigna de mí»[57]. La destinada al emperador exponía los motivos que determinaban su decisión, al tiempo que le exigía eligiese entre otorgarle el poder absoluto o aceptar su abdicación.

> Si V. M. me quita el mando del ejército de Andalucía y asigna exclusivamente la renta de estas provincias al ejército, no tengo otro camino que tomar más que abandonar la partida, y esta decisión es de tal modo forzada que no puede imputárseme de ninguna manera. En el actual estado de cosas de España, el general que manda como jefe en una provincia es el rey... ¿qué es lo que yo sería si se me arrebatase el ejército de Andalucía?, ¿el conserje de los hospitales de Madrid, de los depósitos del ejército, el guardián de los prisioneros?

Y añadía,

> Creo que si se pone el ejército francés bajo mis órdenes tengo el derecho de despachar a los oficiales que se conduzcan evidentemente mal, si se me autoriza a tranquilizar a la nación en relación con los cambios de gobierno y las desmembraciones con que la amenazan todos aquellos que llegan de París, y si V. M. tiene en mí la confianza que se me debe, dejándome decir y escribir a los españoles lo que creo conveniente a su situación y a la mía, sin hacer caso de las interpretaciones venenosas de la malevolencia y de la mediocridad fastidiosa, me comprometo: 1.º A que el ejército francés no cueste un céntimo a Francia, aparte de los dos millones que V. M. dedica a este servicio, y aun espero que pronto podrá librarse de esta carga que me será especialmente necesaria en los primeros meses; 2.º A que España se pacifique rápidamen-

te, como lo fue el reino de Nápoles; 3.º A que España sea dentro de poco tiempo tan útil a Francia como hoy le es funesta[58].

Para apoyar esta nueva tentativa, José redobla su correspondencia. Durante los meses que van hasta diciembre sus cartas, en número abrumador, se repiten sin cesar en los mismos términos, con una monotonía que hace pesada su lectura. Una y otra vez insiste en los mismos puntos, que no son otros que los que expusiera en su proclama de 1808, y que son los que animarán la política afrancesada hasta el destierro. Integridad nacional e independencia política es lo que exige. Las reformas pueden esperar, pero para lograr aquéllas es preciso poner fin a los feudos militares, subordinando los mariscales al rey, y concentrar las administraciones independientes en manos de sus ministros, logrando así la revocación formal del decreto de 8 de febrero. Para conseguir estos fines existe únicamente un medio: clamar una y mil veces, intimidando a Napoleón con la idea del retiro total, alternando continua y embrolladamente las quejas con las amenazas. El 17 de octubre resume sus posibilidades en unas pocas líneas:

> Los asuntos de España no pueden terminar para mí más que de estas dos maneras: 1.º Fidelidad absoluta y entera a la promesa de integridad e independencia hecha por mí a la nación y garantía por parte del Emperador; 2.º El mando absoluto y real sobre las tropas francesas, reunidas en mis manos, y no hay momento que perder[59].

Y a los pocos días, sin motivo alguno que lo determine, por uno de esos bruscos cambios que lo caracterizan, se muestra dispuesto a abandonar España sin preocuparse de su destino, con tal de conservar una corona sin más concreta determinación. El 3 de noviembre escribe:

> Si es posible, prefiero el retiro a un nuevo trono; si es imposible, prefiero regresar a Nápoles antes que iniciar una nueva realeza, cualquiera que sea. La situación de los asuntos es horrible y pronto será irremediable[60].

Masson, después de estudiar esta correspondencia, ha juzgado a José con dura, al tiempo que exacta visión.

> Desde el momento que admite la posibilidad de cambiar un trono por otro, desde que él mismo hace espontánea la petición, no es más que un ambicioso al que contenta únicamente la grandeza real, que ante todo pretende conservar los honores que goza al estar por encima de los demás, cualesquiera que sean estos hombres y cualquiera que sea el nombre del país que habitan. Antes que no llevar corona se volverá a hacer napolitano, igual que se ha hecho español o se hubiera hecho francés, no para transformarse en el hombre de un pueblo, para dar a ese pueblo un poco de libertad, de bienestar y de gloria, sino para tener una corte, para recibir reverencias y aclamaciones, para habitar palacios, para escoger amantes, para hacer figura de rey[61].

Embajada de Almenara

En París, con la llegada del nuevo embajador, las negociaciones se precipitaron, y el emperador concretó su pensamiento.

El 3 de septiembre, Champagny presentó a Napoleón un extenso informe sobre el problema español. La integridad del territorio, prometida por el emperador en 1808, no podía mantenerse. «Es preciso –decía– ser dueño de la barrera de los Pirineos»; para ello ofrecía cambiar Portugal –«cuando los ejércitos franceses lo ocupasen»– por las provincias de Cataluña, Aragón, Navarra y Vizcaya. Como aún existía una diferencia entre la ofrecida población de Portugal (3.266.000 habitantes) y la de las provincias españolas (1.974.000 habitantes), el duque de Cadore pedía parte de las provincias del norte del Duero, según el siguiente cuadro:

La mitad de la provincia de Soria	85.500
Ídem, íd. de Burgos	461.000
Ídem, íd. de Valladolid	98.500
Dos tercios de la de Zamora	49.332
Asturias	348.000
Total	1.042.332

que sumados a los anteriores rebasaban la población de Portugal únicamente en 34.000 habitantes. «De este modo –añadía–, el Duero sería el límite de los estados de V. M., hasta el punto en que entra en Portugal»[62].

El mismo día, el ministro francés comunicaba el proyecto a ambos embajadores reunidos, quienes respondieron con una extensa Memoria que la cuestión de principio, ilegitimidad del despojo, aparecía oculta bajo un aspecto de conveniencia política. «La mayor parte de América –decían– permanecerá unida a España si respetando la integridad queda a salvo el honor nacional». Si a pesar de ello España ha de ser desmembrada, consideran no se puede comparar Portugal con el norte de España, y recortan las peticiones de Champagny, reduciéndolas a la línea del Ebro hasta Miranda, con exclusión de Vizcaya y sus minas de hierro.

Hecha esta declaración en pro de la integridad nacional, en la que ya no esperan, dedican todo su esfuerzo a favor de la independencia política de la España restante:

> La administración civil en todas sus ramas... y la provisión de cargos pertenecerá a S. M. con carácter exclusivo...
>
> S. M., como lugarteniente del Emperador, tendrá el mando supremo de los ejércitos de su augusto hermano...
>
> Las contribuciones ordinarias y extraordinarias ingresarán en las cajas del Gobierno español[63].

Champagny, sobre esta base, redactó diversos borradores de tratado, cuya única variante –la línea de demarcación– privaba en cualquier caso a España de los territorios al norte del Ebro. Igual que cualquier tratante, el duque de Cadore pide más de lo que pretende obtener, y reclama Asturias y Galicia, para más tarde mostrarse conciliador, ceder a las demandas de los embajadores españoles y limitarse a los territorios allende el Ebro, según el pensamiento y deseos del emperador.

En respuesta a los distintos borradores de tratados presentados a la consideración de la embajada española, el marqués de Almenara redactó el texto de un posible tratado, por cuyas cláusulas S. M. C. cedía a Francia en indemnización de sus gastos «todo el territorio situado entre la orilla izquierda del Ebro y la actual frontera francoespañola», con exclusión de Vizcaya. Por ende, y a pesar de su situación, se cedía a Francia Zaragoza y el territorio circundante en una legua (arts. 1 y 2). A cambio de ello, S. M. I. y R. compensaría esta cesión bien con Portugal, después de su conquista, bien con otros territorios (art. 4). José reuniría Cortes en Madrid a fin de anular las de Cádiz, y si esta plaza se rendía en el plazo de un mes, «la desmembración no tendría lugar»[64].

El 12 de septiembre, el ministro de Estado español envió al duque de Santa Fe una nota con datos sobre los que apoyar sus reclamaciones. Después de justificar la política seguida por José y sus ministros, ataca violentamente al gobierno de los mariscales, que anulan al monarca y su gobierno: «España se encuentra dividida en gobiernos militares, de suerte que S. M. apenas es dueño de la capital y sus alrededores», y crean una resistencia que es causa de la continuación de la guerra:

> Los gobernadores franceses imponen contribuciones extraordinarias sobre las provincias, pero las vejan y arruinan y, ciertamente, no es este el medio de mantenerlas en la obediencia, ni un ejemplo atrayente para las provincias sublevadas... S. M. podría quejarse de multitud de actos que han exasperado los espíritus, proporcionado armas a la insurrección y dado a los ingleses pretextos para suponer proyectos que no existen y hacer la guerra interminable[65].

El duque de Santa Fe cometió el error de entregar el original al ministro francés, quien se lo devolvió por orden expresa del emperador, que dijo de él que era «más propio para figurar en un libelo inglés que en los archivos»[66].

A partir de este incidente, el duque de Santa Fe celebró sus entrevistas con el príncipe de Benevento, quien le manifestó cómo «el Emperador se había decidido a confiar totalmente los ejércitos activos de la Península a los mariscales Soult y Macdonald, y a organizar gobiernos militares independientes unos de otros».

Azanza respondió proponiendo la eterna fórmula afrancesada:

> Con tal de que el Emperador se adhiera a nuestros planes durante un año, sostenga con energía y abundancia la causa del rey de España, con tal que asegure que continúa siendo una monarquía y que renuncia a la idea de separar la izquierda del Ebro, será fácil pacificarla y aun conservar algunas islas y provincias de América.

Talleyrand resumió el pensamiento napoleónico diciendo:

> La cosa está decidida, Francia ha hecho grandes sacrificios por España y debe ser compensada. El Emperador, siempre justo y grande, viéndose contrariado por sus hermanos, no quiere sacrificar la suerte del Imperio a los intereses de sus parientes; por lo demás, si se ha agregado Holanda a Francia porque es su aluvión, con mayor razón deben serlo España e Italia, la primera de las cuales es su azote y la última su prolongación[67].

A consecuencia de la desgraciada gestión de Azanza, al no cifrar las cartas en que daba cuenta de la más espinosa gestión diplomática que tuvo en su historia el gobierno afrancesado –causa esta de la posterior y extensa difusión de esta correspondencia por toda Europa–, y con el fin de evitarle cualquier situación violenta en París, José le escribió ordenándole que regresase de inmediato para ocupar su puesto en el ministerio. El 21 de octubre el duque de Santa Fe tuvo su audiencia de despedida, pasando a Almenara todos los poderes para llevar a buen fin la negociación planteada[68].

A partir de octubre las conversaciones languidecen, cristalizadas ambas posiciones en formas definitivas, irreconciliables; Napoleón propugna el derecho de conquista, en tanto que José se aferra a la Constitución jurada en Bayona como fuente de sus derechos.

El irreductible antagonismo obliga al emperador, cansado ya de tan tenaz resistencia, a proponer un nuevo plan, cuya gran ventaja a los ojos de los afrancesados es que aplaza la solución del problema español. Por orden suya, Champagny escribe el 17 de noviembre un largo despacho a La Forest, en el que después de enumerar las causas que a su juicio invalidaban los tratados de Bayona, establece con toda claridad el principio que constituye su norte político desde el día en que tuvo que pasar personalmente a España –«España pertenece al Emperador por derecho de conquista»–; a pesar de ello, manifiesta que se encuentra dispuesto a reconocer sus anteriores compromisos y a conservar la integridad de la Península, siempre que José llegase a un acuerdo con las Cortes reunidas en Cádiz y se reconociese la Constitución de Bayona «como base de la Constitución de España»[69].

En esta nueva dirección se continuaron y terminaron las negociaciones de Fontainebleau. Si se lograba el acuerdo, el emperador ratificaría el tratado de Bayona, aunque insistiendo en una rectificación de fronteras que le diese algunas posiciones indispensables «para la seguridad del Imperio».

El día 8 se recibieron en Madrid despachos de Azanza y Almenara. Los de este último exponían con toda claridad la situación creada:

> Presentan el Ebro como definitivamente perdido y la compensación como infinitamente dudosa. Indican, sin embargo, una negociación que emprender. Se trata de escribir a las autoridades de Cádiz y de la isla de León que la integridad de España puede conseguirse aún si en el plazo de un mes entregan las puertas en manos del rey[70].

Los afrancesados redactaron inmediatamente el borrador de una carta destinada a las autoridades refugiadas en Cádiz: «Una composición –dijo La Forest, que leyó el borrador– tan débil y tan carente de dignidad como las anteriores»[71]. La actitud de José, que, desmoralizado, se negaba a iniciar gestión alguna sin antes contar con el asentimiento expreso del emperador, impidió darle curso.

> Por qué aventurarse –decía– en una negociación que no cambiará las resoluciones de París, ni las de los jefes de la insurrección, sin tener la certeza de que entra en las intenciones del Emperador[72].

Queriendo ganar tiempo y agotar las últimas posibilidades, el monarca español buscó nuevos mediadores que defendiesen la causa ante su hermano. Entre ellos el príncipe de Bernadotte y sus sobrinos Tascher y Clary, que fueron a París a felicitar al Emperador por el embarazo de María Luisa y para tratar de la situación del gobierno español.

Lo cierto es que nada quedaba por hacer. El fallo imperial era definitivo. Los afrancesados intentarán nuevamente conciliar las exigencias napoleónicas con la oposición de las Cortes gaditanas. José, desconcertado, vacilará durante meses antes de encontrar el camino de París, donde creerá hallar la panacea que remedie sus males. Y en el intermedio se extiende un largo período de crisis.

La crisis de 1811

El 9 de diciembre, por la noche, llegaba a Madrid el marqués de Almenara, del que se esperaban grandes revelaciones.

> Lo poco que ha escrito acerca de la clase de las declaraciones que tiene que hacer –dijo La Forest– ha hecho considerar todas las hipótesis, excepto la verdadera, y excita vivamente el deseo de oírle[73].

Al día siguiente se reunió el Consejo privado para escuchar su información. Manifestó en él que el tiempo de las negociaciones se había consumido:

> Por su parte, en demandas siempre rechazadas; por parte de los ministros del Emperador, en recriminaciones más o me-

nos fundadas, que servían de pretexto para negar cualquier concesión.

Resumió la presente situación diciendo que no se había obtenido ninguna ayuda financiera, «ningún cambio en el sistema de gobiernos militares, ninguna solución efectiva sobre el justo asunto de las quejas contra la conducta de los generales franceses». Las únicas proposiciones importantes que se le hicieron corrieron a cargo del emperador. Dejaba al rey libre para intentar una negociación con las Cortes, reunidas hacía poco en la isla de León, y determinaba en qué sentido debía hacerse esta gestión.

> Se propondría a las Cortes que reconociesen a José por rey con arreglo a la Constitución de Bayona de 1808, la cual sería aceptada por la Asamblea, y por su parte, el rey reconocería a estas Cortes como a los verdaderos representantes de la nación.

El emperador añadió que consideraba aquella propuesta como oficial y que informaba de ella al embajador.

> Si fracasaba, se consideraba libre de todo compromiso con relación a España, por lo que José podría convocar otras Cortes que oponer a las de la isla de León, pero en este caso no debía llamar a los diputados de allende el Ebro, porque no lo toleraría[74].

Estas noticias provocaron una doble reacción: la nacional, de los ministros españoles, que intentarán salvar la integridad de España mediando entre los términos antagónicos del problema: exigencias imperiales y negativas de los insurrectos; y la personal del rey, que cansado de la política de atracción, desconfiando de su hermano, intentará ganarlo todo mediante una acción directa. Ambas tienen de común la aspiración a limitar el alcance de la decisión imperial y, si fuera posible, anularla totalmente.

Los días inmediatamente posteriores al regreso de Almenara, La Forest celebra diversas entrevistas con los ministros josefinos. Los afrancesados no creían factible el acuerdo con los liberales gaditanos: «Todos los ministros –comunicó el embajador– han dudado de que las negociaciones insinuadas tengan ninguna posibilidad de éxito». Notan que se trata de una doctrina y de gente nueva con los que ellos jamás han tenido relación, y proponen un nuevo partido.

> Han preguntado –añadió– si en lugar de dirigirse a las *sois-disant,* Cortes de la Insurrección, no se conseguirá mejor el fin propuesto convocando unas verdaderas Cortes.

La tesis francesa, sin ir más allá en sus consideraciones, busca, por el contrario, la negociación con cualquier partido con tal de que posea un poder efectivo.

> Desde el momento en que se quieren amortizar todas las resistencias insurrectas, la Asamblea con la que hay que negociar es aquella que tiene cualquier clase de influencia moral[75].

Los afrancesados siguieron al embajador en sus razonamientos, y una vez que hubo terminado le pidieron un escrito que sirviese de testimonio de su posición, al tiempo que de prueba irrefutable del apoyo del emperador, ya que «los insurrectos sabían hacer patente que no desconocían que las promesas del gobierno real no tenían ningún valor sin la ratificación imperial»[76]. La Forest, de acuerdo con las instrucciones recibidas, se negó, manteniendo siempre la necesidad de iniciar las negociaciones y manifestando que tenía orden de apoyarlas, y que tan pronto se iniciasen haría una declaración verbal aprobándolas. A su vez, los ministros españoles se repitieron en su anterior exigencia.

Pese a todo, los afrancesados intentarán negociar con Cádiz, pero se encontrarán con que las gentes de que ellos se consideraban amigos, los jefes de primera hora del levantamiento, han sido sustituidos por un organismo más radical y completo, con el que nada tienen en común. Su gestión está condenada al fracaso antes de nacer. Si la llevan a efecto es únicamente por no dejar ningún cabo suelto, por recurrir a todos los medios posibles para pacificar el país, pero no puede decirse que se entreguen a ella con la ilusión de primera hora, cuando creyeron que la pacificación del reino dependía tan sólo de hacer llegar a los jefes de la resistencia una buena información acerca de la realidad de la situación. Los afrancesados, en este momento, comienzan a sentirse desbordados por la realidad política española, que no sólo no son capaces de dominar, sino que incluso empiezan a no comprender.

Las cartas de José

El rey reanudará sus acostumbradas reclamaciones epistolares sin añadir nada nuevo. Cuando se dé cuenta de la esterilidad de sus esfuerzos, decidirá completar el ciclo de embajadas extraordinarias, presentándose personalmente ante su hermano como portavoz de sus propias demandas. Tampoco logrará nada, y su regreso señalará el fin de un gobierno afrancesado actuante. A partir de ese día la gestión del monarca se limitará a subsistir, encerrado en las provincias centrales, esperando un milagro que no ha de llegar y mendigando a los pies del trono imperial un subsidio, una provincia o cierta autoridad, cualquier migaja que le permita seguir haciéndose la ilusión de que todavía es rey. Será la desintegración política de un gobierno agotado, incapaz de superar y controlar la realidad en que se hallará inmerso.

Tres días después de la llegada a Madrid del marqués de Almenara, José inicia una serie de despachos, a los que no pondrá fin más que su expulsión del trono español en 1813. En ellos se repiten hasta la saciedad como motivos centrales: rey de España dignamente o príncipe francés con honor. Y para lograrlo, el último argumento que presenta es su dimisión.

Impulsado por sus ministros, que creen que sus cartas influyen en el ánimo de su hermano, escribe sin descanso día tras día[77].

En noviembre había pasado a Francia el coronel Marius Clary para negociar la adquisición de tierras en Turena, a cincuenta leguas de París. El monarca había dicho: «Nada puedo por el bien de España y de Francia, aquí me envilezco como un idiota, o como un ambicioso intrigante y disimulado»[78]. El 10 de enero envía junto a la reina Julia al coronel De Choiseul y, más tarde, al comandante Clouet. Cualquier ocasión le parece buena para hacer llegar a París sus peticiones. El 26 de enero su propio ayudante de campo, Clermont Tonerre, es el delegado.

Las cartas menudean en esta época. El día 2 de diciembre escribe a Julia: «Abandonaré España en cuanto pueda hacerlo con honor»[79]. El 24 del mismo mes se muestra dispuesto a no hacer nada contra lo que cree son sus deberes de rey de España[80]. El 8 de enero de 1811, añade:

> Los funestos decretos de 8 de febrero de 1810 han anulado todos los progresos que había tenido la suerte de hacer en el espíritu de un pueblo valiente y orgulloso y me han colocado en la misma situación en que me encontraba al llegar a Madrid hace tres años[81].

El 26 del mismo mes escribe a su hermano: «Únicamente la fuerza moral pondrá fin a los asuntos de España»[82]. Con Clermont-Tonerre comunica a Julia: «Estaría hoy en Valencia a no ser por la incertidumbre en que vivo acerca de las disposiciones y de la voluntad del Emperador»[83]. El 6 de febrero escribe: «Las cosas han empeorado de tal forma, por las noticias de Francia, que es preciso avanzar o retroceder. Desde el momento en que se compruebe que no puedo permanecer aquí por más tiempo, partiré»[84]. El día 10:

> En dos palabras: si el Emperador quiere, me retiro a Mortefontaine, me presentaré en París y le entregaré mi firma en blanco... Si, por el contrario, desea que permanezca, es preciso que me ayude por todos los medios... En este caso son necesarios algunos anticipos de fondos... Cualquiera que sea su voluntad es preciso que se lleve a cabo, que adopte un par-

tido u otro, pero pronto, pronto [...] «*Le feu est aux etoupes, et je n'ai pas un moment a perdre*»[85].

Cuatro días después anuncia el envío de un acta de abdicación y dice:

> Si se desea que continúe aquí, estoy dispuesto; si lo que se quiere es que me vaya, también lo estoy. En este último caso no existe ninguna condición; lo mejor es el retiro total[86].

Napoleón, alarmado por la insistencia que pone su hermano en solicitar su regreso a Francia, encarga a su embajador en Madrid de la tarea de sostener la vacilante conciencia de José, obligándole a continuar en el trono español pese a todos los motivos de cansancio o imposibilidad que pudiese alegar. El duque de Cadore informó a La Forest:

> He aquí las intenciones secretas del Emperador: tomará de España lo que le convenga, bien sea todo el curso del Ebro o el puente de El Ferrol. El pueblo español, por su conducta, no merece ninguna consideración. La amistad no servirá de nada al rey y no contará absolutamente nada en lo que decida el Emperador. Pero Andalucía, la provincia de Valencia, La Mancha y Extremadura, están muy alejadas de Francia para convenir al Emperador. Existe, por tanto, una población de cinco o seis millones de habitantes con los que el Emperador quiere constituir una provincia de segundo orden... No os recomendaré demasiado no olvidar el fin que el Emperador se propone: sacar al rey de esta situación, amenazadle, consoladle, al tiempo que se le hace comprender el deseo de que permanezca en Madrid... El Emperador desea

que su hermano reine, pero en beneficio y en el sistema francés y según lo exijan este interés y las circunstancias.

Terminaba comparando la situación de José con la de sus hermanos, los reyes de Westfalia y Holanda, que tras haber amenazado e impuesto condiciones, habían sido castigados tomándoseles la palabra[87].

La intervención del conde de La Forest

A partir de la segunda decena de diciembre, el papel del conde de La Forest asciende hasta transformarse en uno de los elementos determinantes de la política española. Es el representante eficaz del emperador, recibe instrucciones directas de París y está encargado de asesorar al rey en las negociaciones que se han de iniciar. En los meses próximos, todos los que componen la corte le visitarán y agasajarán, empezando por el monarca, que sostendrá con él una serie de entrevistas de gran duración, donde planteará todas las diferencias que separan a ambas cortes.

Por su parte, el embajador aprovechará ocasiones tan magníficas para cumplir las instrucciones recibidas que, en esencia, se reducen a conservar a José en el trono. Discutirá incesantemente, presentará argumentos políticos y familiares, halagará a José haciéndole destacar la importancia de su misión para el bien del Imperio. El monarca, que en el fondo no desea otra cosa, discute, se resiste, se muestra generoso, se torna maquiavélico a ratos para terminar repitiendo su viejo ruego: dinero y consideración.

El 16 de diciembre el rey invitó a cenar al embajador, con quien sostuvo, «en el fondo del salón», una larga conversación. La indeterminación de la nota imperial, en relación con la fecha apropiada para iniciar las negociaciones, le hizo insistir en busca de una más exacta fijación. «El rey me ha hecho volver en diversas ocasiones –informó La Forest–: 1.º, sobre el sentido literal del informe del conde *(sic)* de Almenara; 2.º, sobre la época elegida»[88].

Repentinamente, cuando ya parecía convencido, José se vuelve atrás, retrocede hasta febrero, amontona reclamaciones sobre quejas y resume su posición negándose a cumplir las órdenes imperiales. En una nueva entrevista con el embajador manifestó:

> 1.º Que no cedería jamás el Ebro. 2.º Que había desbaratado con sus cartas particulares a la reina las gestiones de sus negociaciones. 3.º Que había estado a punto de partir en secreto para Francia, aún no hacía muchos días. 4.º Que, finalmente, persistía en el deseo de retornar a la vida privada[89].

El día 16 de enero el embajador dio cuenta de una entrevista con José que había durado tres horas. En ella, José se mostró, en apariencia, totalmente cambiado. Con gran secreto expuso cómo su política, aun en las cosas que habían parecido más divergentes de la de su hermano, estaba enderezada a servir los intereses de Francia y del Imperio. Considera –manifestó el embajador– que estos intereses exigen su permanencia en el trono español para el bien de Francia. Después de mostrarse dispuesto a cumplir sin resistencia los designios de su hermano, cuando parece convencido de la inutilidad de su política antifrancesa, deja deslizar en forma de súplica sus peticiones, con esperanza de conseguir en esta forma lo que jamás había logrado usando las amenazas.

> No basta que los *imperiales (sic)* triunfen, es preciso, para que el Emperador pueda contar con la sumisión de España, que resulte de la convicción y que el gobierno esté rodeado del prestigio que crea el apoyo de un gran hombre. Dos cosas son, pues, absolutamente necesarias: dinero y consideración[90].

Durante los meses siguientes continuó la serie de conversaciones, en las que el rey simultanea ambos sistemas, y tan pronto expone sus quejas y exigencias, como cede abrumado a las argumentaciones del embajador. El 8 de febrero retiene al embajador de su hermano durante dos horas largas. De ellas dijo este último:

> La primera hora ha sido verdaderamente cruel para mí. He visto con extremo dolor que el rey no era dueño de lo que decía. Su imaginación se ha explayado en todos los agravios de los que cree tener motivos de queja. Ha enumerado con indignación las humillaciones que sufría por parte de los generales. Ha pretendido que se le había reducido a rendirse por hambre. Ha referido los hechos a la política imperial que ha querido obligarle a abandonar España y que actualmente le dicta el trámite[91].

Paulatinamente el embajador, en una gran labor persuasiva, consiguió hacer que se serenase, llevándole de nuevo a hacer las mismas consideraciones que el 16 de enero.

Dos días más tarde, en otra entrevista, se tocaron los mismos temas[92], seguida de una tercera el día 12, en la que José se manifestó de acuerdo con la idea de su hermano y dispuesto a reinar en España siempre que conviniese al emperador y que se le diese la posibilidad de hacerlo[93], y de otras dos los días 25 y 26, en las que se quejó, con motivo de la reposición de Belliard en el gobierno militar de la corte, «de no tener más que la apariencia y no la realidad del mando en jefe del ejército del Centro». A continuación manifestó «que se seguirían muchas ventajas de devolverle las funciones del mando supremo de los ejércitos imperiales en España y de transmitir todas las órdenes por su mediación...». Comunicó La Forest:

> Considera que las cosas están lo suficientemente adelantadas para que al menos se le otorgue la libre administración de las provincias del Centro y del Mediodía, en el caso de que las erigidas en gobiernos militares fuesen exceptuadas con ulteriores fines[94].

En marzo aún continuaron las conversaciones los días 3, 7 y 29, aparte de las veces en que ambos se vieron públicamente, sin que, a pesar de todo, llegase a cristalizar la unidad que sintetizase ambas políticas. El embajador francés consiguió superar la crisis, imponiéndose al soberano mediante súplicas y amenazas, discutiendo con él todos los días, conservándole una corona que, pese a su vanidad, debía resultarle imposible de soportar. Vencida la tentación abdicacionista en ese momento, el único cierto entre todos, José retorna a sus exigencias, que, en realidad, no ha olvidado en ningún momento, y para conseguirlas se dispone a enviar a un embajador verdaderamente extraordinario, que mantenga ante el emperador las necesidades de la política española. Para esta misión se presentará él mismo. Miot de Mélito dijo en sus *Memorias,* refiriéndose a este momento:

> Vi claramente que este título de rey conservaba aún una poderosa seducción, de la que José no se había librado, y admiré todo lo que hay aparentemente de maravilloso en el poder supremo, pues basta su imagen para superar tantos disgustos y penas[95].

El viaje de José a París

A mediados de marzo, la situación española, empeorando constantemente, había alcanzado un estado difícil de soportar e imposible de continuar. José exponía la situación al príncipe de Neufchatel:

> Ávila está agotada por los depósitos del ejército de Portugal; Extremadura, por el quinto cuerpo y las guerrillas; Cuenca está arruinada...; Segovia, exhausta por el ejército de Portugal, no proporciona al Tesoro 200.000 reales mensuales; Guadalajara alimenta y paga, bien o mal, a los dos regimientos Real-Extranjero e Irlandés; Toledo, velada por las guerrillas y atravesada por los inmensos convoyes de Andalucía, apenas rinde 200.000 reales; La Mancha, teatro continuo de los pequeños combates de los cuerpos avanzados del ejército de Murcia, de las guerrillas de Extremadura y de la misma provincia, no envía a Madrid 600.000 reales; Madrid no tiene otro

> recurso que el de los derechos de entrada de sus puertas. Estos derechos, en otro tiempo, llegaron a ser de 100.000 reales diarios; hoy en día, por el reducido consumo de artículos de lujo, por el contrabando, favorecido por los convoyes que van y vienen de Francia y Andalucía, por la proximidad del Retiro, por la desmoralización general, ocasionada por la falta de pagos de todos los empleados, este recurso se ha reducido a 50.000 y aun a 40.000 reales diarios, lo cual hace un millón y medio, que, unido a otro millón de las provincias de Segovia, La Mancha y Toledo, constituye un ingreso de dos millones y medio... Cualquiera otra partida no eleva los ingresos a cuatro millones mensuales.
>
> Supongo, pues, cuatro millones mensuales fijos. Éstos son todos mis recursos. He aquí mis gastos: doce millones de reales, después de haber reducido lo irreductible y mis propios gastos a la quinta parte de la lista civil... Mazarredo y Campo Alange han llegado al extremo de pedirme raciones (militares) para alimentar a sus familias, y he tenido que negárselas, pues todos los empleados civiles hubiesen hecho la misma petición.

Dejándose llevar por su temperamento efectista, no pudo evitar recaer en sus acostumbradas imágenes retóricas: «Vivo en medio de los escombros de una inmensa monarquía, que no se mueven ni tienen voz sino para pedir por el desgraciado que se dice su rey»[96].

Tal es el lastimoso extremo a que se ha visto reducido el reino después de tres años de gobierno de la dinastía Bonaparte. Las dificultades, especialmente las económicas, lo van empujando con rapidez hacia un callejón sin salida. «Estoy reducido a 10.000 francos que facilitan las puertas de Madrid –escribe José–... Se deben a mi guardia veinte millones de reales»[97].

Su viaje a París será el último intento para evitar la catástrofe, una vez visto que sus repetidas cartas y peticiones no logran proporcionarle mayores recursos. El 19 de mayo, su desazón llega al límite, hasta el extremo de dirigir en el mismo día dos cartas a su esposa, tratando de su abdicación como de cosa ya decidida.

> Partiré de aquí diciendo que voy a ver al Emperador... Sufro las angustias de la muerte política de este país. Sin embargo, no firmo mi abdicación porque no conviene al Emperador que lo haga aquí y porque no puedo declararme a mí mismo muerto y asistir a mis propios funerales antes de abandonar el país[98].

El 24 escribe a Napoleón: «Mi presencia aquí, hoy en día, es totalmente inútil. En París me conformaré con los deseos de V. M.»[99].

Entretanto, los problemas de gobierno crecen, hasta llegar a ser insuperables. José, desmoralizado, vencido, se sostiene en el trono únicamente merced a la energía desplegada por el conde de La Forest en el empeño. A pesar de ello, no logra evitar creerse víctima de un complot, de la conspiración silenciosa cuyos miembros son todos los franceses que le rodean y cuyo fin es mantener al emperador ignorante de los asuntos españoles, al tiempo que se le retiene en Madrid, atado, amordazado, sufriendo las angustias de una situación a la que no puede poner remedio. Para acabar con ella, brota una necesidad perentoria: entrevistarse con Napoleón, y para lograrla, un motivo accidental, que la disculpa: el bautizo del rey de Roma (nacido el 20 de marzo). El 29 de marzo, a la seis de la tarde, la carta de Berthier le anuncia el nacimiento de un hijo de la emperatriz. Inmediatamente convoca al embajador de su hermano a una entrevista, que duró más de tres horas, a lo largo de las cuales desarrolló y resumió los pensamientos que le ocupaban sin descanso. Se mostró resuelto a exponer personalmente sus asuntos al emperador.

> Cree –comentó La Forest– que regresará fortalecido; revestido, a los ojos de los españoles y de las autoridades militares francesas, de la consideración de que carece... Se muestra convencido de que únicamente él puede hacer palpable al Emperador la situación de los asuntos españoles y concertar con él los remedios[100].

Al día siguiente el monarca escribe a Napoleón felicitándole por el acontecimiento y anunciándole su marcha. A partir del momento en que se decide el viaje, José recobra algo de su anterior espíritu optimista. Sus cartas adquieren un tono más esperanzado, y comienza a hablar nuevamente, más de los remedios a aplicar que de la proyectada y mil veces propuesta abdicación. «En París –anuncia a Julia– veré lo que es conveniente hacer, y después de mi salud, es la voluntad imperial lo que consultaré para decidirme»[101].

Junto con las esperanzas recupera su salud. La enfermedad que le ha aquejado –la misma que había padecido Murat en 1808–, ese cansancio de las cosas de gobierno, esa impotencia que sumió a ambos en la mayor postración, agotados, consumidos por un disgusto interior que les obligaba a considerarse enfermos sin presentar síntomas de lesión orgánica, ni de enfermedad conocida alguna, remite. La Forest, que le vio al día siguiente de recibir la carta del príncipe vicecondestable, comentará asombrado: «Le he encontrado alegre, animado, con buena cara, y sin acordarse de que el 29 se creía más enfermo de lo que en realidad lo estaba»[102].

El monarca, durante el resto de los días, hasta el 23, en que emprendió el viaje, obligado –según él– por el bien de España y del Imperio, continuó preocupado por la necesidad de justificarlo a los ojos del emperador. Escribía a Julia el día 16: «El Emperador ignora el verdadero estado de la Península. No creo que pueda saberlo por otra persona más que por mí... Estoy decidido a verle»[103]. El día 21, antevíspera de la marcha, el silencio de Napoleón inquieta a José, que empieza a temer le sea prohibido el viaje. Al faltar la ratificación imperial, intentará animarse usando de una serie de sofismas, con los que, ante todo, busca fortalecer su alma vacilante. «El Emperador autoriza con su silencio este viaje que he anunciado hace tiempo»[104].

Una vez decidida oficialmente la marcha, se apresuran los preparativos. Para sustituirle durante su ausencia, José dejó instituido un Consejo de Ministros presidido por el duque de Santa Fe[105].

Por fin, llega el día fijado. El día 23, a las ocho de la mañana, abandona la corte. Le acompañan el general O'Farrill, el ministro secretario de Estado y el de Asuntos Exteriores. Forman, asimismo, en la expedición los condes de Mélito y San Anastasio.

Pensando en preparar los ánimos para su llegada, escribe profusamente desde las etapas del camino. Presenta la situación española como imposible de prolongar por más tiempo, y se muestra esperanzado de que Napoleón, una vez bien informado de la realidad del problema, acuda a ponerle inmediato remedio. Para el caso contrario afirma estar dispuesto a no regresar a España, aunque en el fondo está convencido que bastará su sola presencia para que su hermano transforme radicalmente su política española[106].

A su llegada a Valladolid recibe en audiencia a los oficiales superiores del ejército francés, y más tarde, a las autoridades españolas, a las que dedica un dilatado discurso, en el que expone la necesidad y ventajas de su viaje. Con sus palabras se preparó en la Cancillería una proclama que se difundió ampliamente por todas las provincias del camino.

> Mi actual viaje a París no tiene otro objeto que conferenciar con el Emperador, mi hermano, acerca de la felicidad de España: Voy a garantizar su integridad e independencia, sin las cuales no quiero reinar... Los gobiernos militares son momentáneos y el resultado de una medida que el Emperador ha considerado necesaria en vista de las circunstancias... A mi regreso convocaré las Cortes generales de la nación en Madrid. Los pueblos las elegirán libremente entre los hombres íntegros en que España abunda... Haremos una nueva Constitución, aboliendo la de Bayona, como provisional. Enviaremos circulares a las provincias no sometidas para convocarlas a Cortes. Si quieren venir a someterse, las tropas imperiales no entrarán en ellas, y evitarán su ruina. Avisaremos igualmente

> a las Cortes insurrectas y al Gobierno de Cádiz para que cooperen a esta gran obra[107].

Exposición tan enérgica y categórica, al tiempo que tan opuesta a la realidad política española, creó una enorme expectación y duda en todo el país, dado lo trascendental de las decisiones anunciadas. «Cuanto más se ha apoyado el rey en las impresiones que quería provocar –informó el embajador francés–, se levantan mayores sospechas sobre la certeza de sus datos»[108].

En Burgos, José se manifestó en iguales términos a los de Valladolid, y al mismo tiempo continuó su correspondencia con París. Escribió a la reina Julia y al emperador cartas redactadas con un pensamiento decididamente optimista.

> Regresaré a España –dijo a este último– disfrutando de la confianza de V. M., y el éxito coronará mis esfuerzos, porque el pueblo y los soldados los secundarán. Tengo la íntima convicción del triunfo, hablándoles en su estilo y reprimiendo los desórdenes de algunos jefes[109].

El día 10 cruzó la frontera, entrando en territorio francés, pasó por Bayona, y siguió sin pararse hasta alcanzar Dax. Antes de terminar la etapa, llegó a sus manos un despacho del príncipe de Neufchatel, el temido y esperado despacho, en el que, por mandato del emperador, se le ordenaba no abandonar España. Lanzado a la aventura, cree el triunfo asegurado, y responde anunciando que no sólo no piensa regresar, sino que aún acelera el viaje. «Estaré en París lo más pronto posible. Quiero ver al Emperador... Le debo la verdad que ignora y no puede adivinar; su espíritu hará lo demás»[110].

El día 15, a las nueve de la noche, llegaba a París, donde esperaba encontrar la solución de sus problemas. Al día siguiente celebraba en Rambouillet una primera entrevista con su hermano, que Masson ha calificado de *«très orageuse»,* y que duró seis horas. Una vez iniciadas, las negociaciones siguieron un rápido curso. El 17 entregó el monarca español una extensa nota, que resumía sus peticiones, dejándolas reducidas, en sustancia, a dos únicos términos: el mando supremo sobre todos los ejércitos peninsulares, exceptuadas las provincias del Norte, y una administración española para todo el territorio nacional, excepto Cataluña, además del título, meramente nominal, de lugarteniente general del emperador[111].

Con esto logra ponerse en contacto con su hermano, y, en su simplicidad, cree tener todo resuelto con su sola presencia y sus informes. La reina Julia, que, por su actuación como mediadora entre ambos hermanos, vivía más dentro de la realidad, encontró a su esposo infatuado, al tiempo que desconocido, viviendo un extraño sueño sin ninguna consistencia. Por esta época dijo de él a uno de sus amigos de Mortefontaine:

> He hablado mucho con él; puedo aseguraros que está desconocido; su ligereza no puede concebirse, y su confianza es igualmente inexplicable. Se sorprende de que no le miremos con admiración, tan convencido está de que ha hecho grandes cosas. Quiere llevar a su mujer y a sus hijos para dar a los españoles garantías de seguridad. Si he de hablaros con claridad, es imposible saber lo que quiere[112].

El emperador, en tanto, sin hacer mayor caso de las conversaciones iniciadas, a las que no concede ningún valor, abandona París en compañía de la emperatriz, dirigiéndose a Cherburgo, sin tan siquiera responder a las peticiones de su hermano y pensando no encontrarlo a su regreso. «El rey puede partir cuando lo considere oportuno, sin esperar mi regreso», comunicó a Berthier desde Caen, al tiempo que le enviaba unas instrucciones, de acuerdo con las cuales quería se resolviesen los asuntos peninsulares[113].

Pone el ejército del Centro bajo las órdenes del rey, al que autoriza para destituir, e incluso procesar, al general Belliard. Para mandar al ejército del Norte se destinará un mariscal del agrado de José, como, por ejemplo, Jourdan. La justicia y la administración se ejercerán en nombre del rey, que asimismo tendrá en dicho ejército un comisario encargado de recoger una cuarta parte de las comisiones para el Tesoro. Se aplicarán las mismas medidas a los ejércitos del Mediodía y Aragón. En el terreno militar, S. M. I. se niega, en cambio, a crear una comandancia general, encargada de dirigir los movimientos de todos los ejércitos de la Península. Lo único que consigue el rey es que todos los mariscales reciban órdenes de comunicarle su gestión militar y política. En lo financiero «se enviará una suma de 500.000 francos a V. M. hasta el 1 de julio, y a partir de esta fecha será de un millón mensual durante el resto del año»[114].

El príncipe de Neufchatel, en cumplimiento de las órdenes imperiales, visitó el 2 de junio al monarca español en su residencia de Mortefontaine para comunicarle la decisión imperial. José se mostró dispuesto a regresar, pero antes hizo algunas observaciones que no tenían «más fin que hacer el bien y satisfacer sus miras». Pidió se prohibiese a los mariscales jefes de cuerpo de ejército el aumento de los impuestos existentes, poner contribuciones extraordinarias sin su autorización o la del emperador, así como vender bienes nacionales. Como prerrogativas propias, se reservaba conservar los administradores españoles en las regiones del Norte, Mediodía y Aragón, cuya misión consistiría en recaudar la cuarta parte de los impuestos destinados al Tesoro real, quedando asimismo a su libre albedrío el «tomar las medidas políticas oportunas que crea convenientes con relación a las Cortes»[115].

Antes de emprender el viaje de regreso, aún celebró el monarca español dos entrevistas con su hermano, los días 5 y 12 de julio, esta vez en el palacio de Saint-Cloud, de las que se ignora lo tratado, a no ser que se acepten por buenas las declaraciones de Du Casse, de cuya imparcialidad existen serios motivos para dudar. Según él, José manifestó la intención de no regresar a un país en el que no podía hacer el bien ni impedir el mal, si no se revocaban las medidas que destruían la unión, sin la cual no había uniformidad en las operaciones militares ni regularidad en la administración.

> El Emperador impulsó a su hermano a regresar a Madrid, merced a las seguridades positivas que le dio de que los gobiernos militares cesarían enseguida. Los diversos mandos militares debían ser puestos bajo las órdenes del rey, debían convocarse las Cortes, y las tropas francesas saldrían de España cuando José creyese que no eran necesarias[116].

Un despacho del emperador, del 11 de junio, lo muestra en la que debió haber sido su verdadera postura ante José. Ordena a Berthier:

> Diréis al rey que no encuentro ningún obstáculo para que regrese; que, en cuanto a mis disposiciones, persisto en las que le habéis hecho conocer, las cuales deben servirle de regla; que el tiempo probará, con su conducta, si el viaje a París le ha resultado útil, y si ha adquirido la prudencia necesaria para manejar sus asuntos[117].

José, después de asistir en Notre-Dame al bautizo del rey de Roma (9 de julio), abandonó París el día 16, llegó a Bayona el 23, donde permaneció hasta tres días más tarde, en que reemprendió su viaje a Madrid. El 15 de julio, con su regreso a Madrid, se cierra la tercera etapa de la historia del gobierno intruso. Se pone fin a los intentos de negociación. La época de las embajadas extraordinarias será sustituida por la inestabilidad de un gobierno efímero, que irá perdiendo paulatinamente su vigor, hasta quedar reducido a una organización municipal, cuyo poder no llegaría más allá de las puertas de Madrid.

6. El gobierno provisional

El Consejo de Ministros

La nueva época nace bajo el mismo signo que las precedentes: la penuria económica derivada de la escasez de recursos y de la insuficiente ayuda financiera proporcionada por Francia. Los mensajes de Marrac son altamente expresivos de esta situación. La bancarrota no podía tardar, pues en tanto los gastos reconocidos del Tesoro se elevaban a doce millones mensuales, los ingresos de José apenas alcanzaban a cubrir la tercera parte de las necesidades.

El gobierno provisional tiene su principio, más que a partir del regreso del rey de su visita a París, en el mismo momento en que inició su viaje, dejando al país huérfano de su presencia, en manos de un Consejo de Ministros, cuya laboriosa gestión no tenía misión más amplia que la de subsistir hasta su regreso. Sus atribuciones eran muy limitadas, y aún lo estaban más a consecuencia de las anormales circunstancias en que tenía que moverse y «por la poca docilidad de las autoridades subordinadas y la quisquillosa independencia de los militares, fuesen imperiales o reales»[1]. El temor a que se les escapasen las riendas del poder, y se implantase un sistema de fuerza, les hizo limitarse al uso de sus propios medios, sin recurrir en ningún caso al envío de columnas móviles, que, en las anteriores experiencias, habían saqueado al país, sin rendir cuentas al Tesoro público.

La Forest nos ha dejado en sus despachos la historia de su precaria existencia durante los meses que duró la ausencia del monarca. Escribió el 3 de mayo: «Doce días han pasado desde la marcha del rey siempre en vísperas de ver faltar el abastecimiento del día siguiente»[2]. El 10 de mayo añadía: «El Consejo continúa sus trabajos. Trata de cosas pequeñas, pero cuya importancia es grande para él»[3]. «Hasta ahora se mantiene –añadió el 18 de junio–; subviene (pronto hará dos meses) a las necesidades más rigurosas del servicio, y aún avanza, con muchos reparos, hacia un orden de cosas menos precario»[4]. En esa época había logrado hacer bajar el precio del pan y de los comestibles, y fijado el abastecimiento de la capital.

Por su parte, José, durante su viaje de regreso, no cejó en sus intentos de forzar decisiones parciales y favorables para el país, de manos de los altos dignatarios del Imperio, especialmente del Mayor General del ejército de España, a quien escribe continuamente, exponiéndole peticiones incesantemente renovadas. El 1 de julio le dirige desde Vitoria una carta en idénticos términos que sus anteriores fechadas en Marrac: «En este estado de cosas –decía–, ¿qué puedo hacer sin la rápida y poderosa intervención del Emperador? Pido a V. A. que solicite que tengan lugar inmediatamente los envíos de fondos»[5]. Al día siguiente escribe al emperador: «Con algunos socorros de dinero de Francia y de las demás provincias renacerá la calma»[6].

El día 8 de julio, desde Burgos, insiste en iguales términos:

> A medida que avanzo en España me convenzo más y más de la necesidad de disminuir las cargas impuestas a las provincias para sostener los estados mayores y la doble administración francesa y española, tanto en lo civil como en lo militar[7].

Tres días más tarde añade desde Valladolid: «Si tuviese a mi disposición, hoy en día, veinte millones de francos y toda la autoridad necesaria sobre los ejércitos del Norte y de Aragón, creo que podría cambiar la faz del país»[8].

A su llegada, el Consejo se preparó a dar cuenta de su gestión durante los tres meses que había durado la ausencia del monarca. Después de la audiencia pública en palacio, en la que José recibió los homenajes del almirante Mazarredo y de Arribas, comisionados por los ministros, tuvo una reunión privada con todos ellos, en la que no pudo evitar hablar de la que consideraba perfecta identidad de puntos de vista con su hermano. No ocultó la imposibilidad de obtener la cuarta parte de las rentas de las provincias del Norte y de Castilla la Vieja, pues los gastos excedían a los ingresos, lo cual ocurría asimismo con el ejército del Mediodía, y afirmó que tenía poder para perdonar a todos los personajes influyentes, aun a los proscritos por el decreto imperial de 12 de noviembre de 1808. Hizo notar que no había llegado el momento de convocar las Cortes generales. Expuso igualmente la necesidad de conservar, por el momento, a las autoridades militares francesas, y terminó afirmando que había recibido los poderes necesarios para reprimir los excesos, y que, asimismo, gozaba del mando supremo en los lugares a que se trasladase[9].

La necesidad de proveer al mantenimiento de las provincias del Centro enfrentó al utópico monarca y a sus ministros con la realidad de una inmediata cosecha, reduciéndoles al papel de encargados de su recolección, base de supervivencia en el país. Su problema se reducirá, perderá amplitud e interés. A partir de este momento, todos los Consejos de Estado y de Ministros, abundantísimos, por otra parte, no se ocupan de otra cosa más que de problemas económicos, especialmente de la posibilidad de asegurarse la próxima recolección. El propio monarca, con este estrecho criterio de valoración a que han quedado limitados los gobernantes afrancesados, se limita a comunicar en sus cartas a su hermano la situación de los campos castellanos. «La cosecha no ha sido buena», le dirá el 20 de julio[10]. La Forest añadirá: «No se la valora más que en la mitad de las buenas cosechas»[11].

Aleccionado por el hambre de la temporada anterior, José decide recurrir a la requisa de la mayor cantidad posible de recursos, granos y especies, mucho más fáciles de obtener que contribuciones en metálico. Para hacer efectiva esta política eran precisas tropas, y para tenerlas se necesitaba pagarlas, con lo que el problema se retorcía en un círculo vicioso sin salida posible, a no ser que Francia decidiese encargarse del pago de las fuerzas necesarias: «No teniendo fondos disponibles – exponía José–, no puedo reclutar tropas del país, y, falto de tropas, no puedo recoger el trigo, que los ingleses compran y que los insurrectos toman por la fuerza»[12].

«He exigido una contribución de cerca de una tercera parte de la cosecha –anuncia el 30 de julio–; pero tengo pocos soldados para recogerla»[13].

A pesar de todo, hubo de intentarlo. El 23 de junio publicó un par de decretos destinados, el primero, «a hacer llegar a Madrid los granos del diezmo real, que se dedicarán exclusivamente al abastecimiento de la capital», en tanto que el segundo «establecía una contribución de un millón de fanegas de trigo»[14].

Pese a tan cuidadosas medidas, nada se consiguió. A principios de agosto, las guerrillas se apoderaron de un convoy de 7.000 quintales de trigo procedente de La Mancha, valorado en un millón de reales[15]. Una semana más tarde, un nuevo convoy, de 3.000 fanegas de trigo, era arrebatado y saqueado, pese a la escolta francesa que lo custodiaba[16].

Los ingleses, por su parte, continuaron en su sistema de guerra a las subsistencias, no sólo pagando altos precios por los cereales que les llevaban los campesinos, sino incluso repartiendo primas por los que destruían[17].

La Forest resumió en un par de líneas de uno de sus despachos las causas del fracaso: «Los decretos del 23 de junio –dijo– partían de la base, que no existe, de tener una fuerza coercitiva suficiente»[18].

Las cartas de José

Enfrentada con la necesidad, lo tradicional, al tiempo que lo fundamental, era solicitar la ayuda de Francia. Nuevamente cartas y peticiones recorrieron los caminos que unían ambas cortes. Apenas llegado a la suya, José reanuda el fuego:

> No veo medio de subsistir –dice el 26 de julio– si V. M. no hace que se cumpla con exactitud la orden del préstamo de un millón mensual, y si no añade otro en lugar del cuarto de las contribuciones que debo recibir del Norte, del Mediodía y de Aragón, que no pueden enviarme nada. Preveo la decadencia, si la ayuda económica tarda en llegar[19].

Dos días más tarde añade:

> Todas las guerrillas quieren entrar a mi servicio; continúa la mudanza en la opinión pública, pero no tengo un céntimo y no puedo pagar a nadie[20].

> Después de mi marcha de París –resume el 17 de agosto– no he recibido ningún socorro en metálico, ninguna instrucción, nada que cumpla las promesas que se me han hecho, ningún informe de ningún general, de modo que estoy peor que antes de mi salida de Madrid[21].

En los mismos términos escribe el príncipe de Neufchatel los días 26, 27 y 30 de julio:

> Si hubiese recibido los socorros que se me prometieron en París –dice el 10 de agosto–, hubiese tenido 10.000 españoles en lugar de 5.000 y hubiese podido bastar a todo, pero sin dinero no puedo vestir, equipar ni pagar nuevas tropas. Aquí ya no se lucha por doctrinas; repito nuevamente que la opinión nos es favorable. Calculo que un millón de francos puede

reemplazar a mil soldados franceses, gracias a la posibilidad que tengo hoy en día de reclutar mil soldados españoles, que serán fieles, puesto que, desde mi regreso, ya no hay deserciones[22].

A finales de mes vuelve sus ojos a su mejor embajador junto al emperador. El 31 escribe a la reina Julia:

> No recibo el préstamo de un millón que el Emperador me había prometido. Si este orden de cosas continúa, no tendré otro remedio que ir con mi guardia al ejército de Suchet o del mariscal Soult, abandonando Madrid[23].

En una carta de 24 de septiembre revela lo angustioso de su posición, ignorado por su hermano y por los mariscales, haciendo el papel de soberano de un imperio y carente de poder incluso en su propia corte.

> Conocerás la proyectada unión de Cataluña; la suerte que amenaza a los franceses que me han seguido; las incursiones forzadas, aunque no por ello menos reales, del ejército de Portugal en las provincias del Centro; la imposibilidad de sostenerme aquí sin poder y sin dinero... En este estado de cosas, es preciso obtener del Emperador una explicación decisiva. Si debo continuar, es preciso que se cumplan las promesas que se me han hecho.

En caso contrario, solicita permiso para retirarse a Francia[24].

El 1 de octubre repite: «Sin dinero, sin tropas y sin verdadero poder, es imposible que mi situación se prolongue mucho tiempo»[25].

Las Cortes

El pensamiento imperial, en tanto, se orienta en busca de la definitiva fijación de la situación política española. Ordena le sea comunicado a La Forest su deseo de que José reúna las Cortes y se aplacen hasta entonces «todas las cuestiones relacionadas con la integridad del territorio y las indemnizaciones a tomar en compensación de los sacrificios que Francia ha hecho». Como última recomendación, manifiesta que el embajador «debe sostener y favorecer al rey tanto como le sea posible»[26].

José, por su parte, se encuentra en el disparadero de la elección de un partido, oscilando nuevamente entre ser rey de España y defender los intereses nacionales, o inclinarse a ser príncipe francés. Su situación, de acuerdo con el pensamiento imperial, y fracasados los intentos conciliatorios, tenderá a la reunión de las tantas veces anunciadas y aplazadas Cortes. El 26 de julio convoca al Consejo de Estado, al que dirige un largo discurso, comenzado en español y terminado en francés. A lo largo de él censuró la actitud adoptada por los españoles en general, y por sus ministros y consejeros en particular, al tratar de las relaciones con Francia. Sostuvo que su destino era reinar en España, y que, en consecuencia, era preciso que los españoles dejasen de pensar en una posible abdicación o sustitución. «Se quejó –informó el embajador– de la poca energía de aquellos que han abrazado su causa, como si se pudiese desear el fin sin querer los medios». Y terminó señalando el importe de los impuestos que había que imponer a las provincias centrales. «Justificó su necesidad, y probó que no eran superiores a los de otras provincias europeas»[27].

El 2 de agosto reúne por segunda vez, desde su regreso, al Consejo de Estado[28]. Después de tratar de varios asuntos contenciosos y hablar acerca de la próxima paz, expone el verdadero motivo de la reunión, diciendo que «era necesario pensar desde este momento en preparar un trabajo para la convocatoria de las Cortes, no como las existentes en otro tiempo, ni aun tal como las organizó la Constitución de Bayona, sino más numerosas, y compuestas de modo que se pudiese llamar a los hombres más eminentes de la nación, cualesquiera que fuesen sus opiniones y el partido que hubiesen seguido», y cuya misión consistiría en «pronunciarse legalmente sobre el destino de España»[29].

Para crear un ambiente político propicio a las Cortes, se insertaron en la *Gaceta* artículos en los que se trataba de su convocatoria y constitución. Dijo La Forest:

> El rey había deseado que se dedicasen totalmente a comparar la ridícula composición y las insensatas ocupaciones de las pretendidas Cortes de la insurrección con el carácter nacional que quiere dar a las Cortes por él anunciadas[30].

El intento, artificial e inoportuno, cayó rápidamente en el más absoluto abandono, habiendo de suspenderse una vez más hasta mayo del siguiente año, en que reapareció con mayor vigor, sin que tampoco entonces se lograse ir más allá de los preliminares.

Situación española

La opinión favorable a José, muy difundida en los tiempos inmediatos a su regreso de París, no tardó en amortiguarse. A finales de agosto, el embajador francés señalaba un principio de enfriamiento en la opinión pública:

> Las antiguas dudas renacen –dijo–. Se duda de que se haya decidido la suerte de la corona. Se señala que no ha cambiado nada del modo en que se ejercía la autoridad extranjera en el Norte y en el Mediodía[31].

Los días 22, 25 y 28 de agosto, 5, 8 y 15 de septiembre, el rey invitó a su mesa al embajador francés, con el que sostuvo extensas conversaciones, que el tiempo transformaría en disputas de cierta violencia. En ellas surgían todos los motivos de queja que animaban al rey contra los franceses que le rodeaban: contra el duque de Ragusa, por sus decretos imponiendo contribuciones; contra el intendente Dudon, contra el emperador, por la insuficiente ayuda financiera reducida a 500.000 francos, pese a todas las promesas en contra.

La trágica verdad de la situación del gobierno afrancesado obligó al embajador a exponer en sus despachos los errores y defectos de la administración y aun lo disparatado de toda la situación política.

> No sería nada –añadió el 7 de septiembre– si no hubiésemos hecho más que consumir y gastar. El país sin duda estaba agotado y tal vez resultase que los habitantes sintiesen más la necesidad de unirse decididamente a la causa del rey, pero

> las fuentes en que es preciso beber para sostenerse se agotan rápidamente, consecuencia inevitable de medidas incoherentes, imprevisoras o disipadoras[32].

De las comarcas situadas más allá del Centro no llegaba ningún recurso, y a veces ni siquiera noticias. En Andalucía, Soult regía el país en forma dictatorial[33]. En el Norte, el duque de Elchingen ordenaba impuestos extraordinarios y los recaudaba en nombre del emperador, sin tolerar ninguna intervención española[34]. La intromisión del duque de Ragusa, cada día más acentuada, terminó por arrancar de manos del gobierno central casi toda la provincia de Toledo. El día 29 de septiembre un decreto real reconocía de derecho un estado planteado de hecho desde julio anterior. Esta aparente aceptación de la situación creada no impidió que José enviase a París sus quejas por mediación de Azanza, que con tal motivo celebró diversas entrevistas con el embajador francés. El 10 de agosto del mismo año Massena escribió a José acusando a los restantes mariscales de haberse ocupado más de robar que de hacer la guerra.

> V. M. no deberá admirarse de que el ejército de mi mando haga un movimiento retrógrado. La culpa de todos estos acontecimientos la tiene la impericia, la ignorancia, la codicia y la desolación que por todas partes han extendido, y el saqueo de los ejércitos y la impericia de los ministros españoles. Con esta fecha lo aviso al Emperador y añado que la conquista de España es imposible, porque los mariscales Soult, Victor y demás generales más bien se han ocupado en robar que en hacer la guerra[35].

Las sesiones del Consejo de Estado, en tanto, reducidas a una misión casi municipal, eran una tediosa repetición de temas sin ninguna variedad, tales como autos contenciosos y eclesiásticos, pleitos particulares, conversión de bienes financieros, etc. La Forest dijo una vez: «No todas las sesiones pueden tener interés. Ésta, como otras muchas, no ha tenido ninguno»[36].

Entretanto, la situación española se hundía rápidamente, llegando a extremos lastimosos. En noviembre el pan escaseaba en la capital y su precio era el cuádruple del normal, y con él los demás comestibles habían encarecido en proporción. «El pueblo murmura –comentó el embajador– desde que simultáneamente el pan ha bajado de peso y triplicado su precio»[37].

El 19 de noviembre se celebró un Consejo de Ministros que se ocupó de la creciente miseria de Madrid y de la multitud de mendigos vergonzantes que, después de la puesta del sol, llenaban las calles. Un decreto estableció una comisión encargada de procurar alimentos sanos y abundantes a precio asequible aun a los habitantes menos acomodados.

«En otras palabras –dijo el embajador imperial–, se ha restablecido la distribución de sopas económicas. Se han abierto suscripciones particulares»[38].

El 23 de noviembre, José llamó a su despacho al embajador francés, con quien sostuvo una larga conversación. Después de presentarle la carta que el príncipe de Neufchatel le dirigiera durante su estancia en París, dijo que los mariscales no sólo no obedecían sus órdenes, sino que, por el contrario, en el Mediodía, y aún más en el Norte, se habían multiplicado actos que le quitaban todo poder sobre la nación. Se mostró dispuesto a reinar en España con el único fin de unirla a los intereses del Imperio, pero para ello demostró que era preciso conservar el trono, y para esto recibir pronta y abundante ayuda financiera, por lo que se repitió en los términos de sus anteriores entrevistas y cartas:

> Hace seis meses compartía el entusiasmo y la fe de las gentes de esta capital; ahora estoy tan desanimado como ellos. Mi presencia aquí no sirve de nada; aún digo más, es imposible. Debo desear, pues, abandonar Madrid y España antes que el prolongado espectáculo de la miseria pública y de sus inevitables consecuencias me arroje violentamente[39].

Esta aparente conciliación no impidió que enviase a París sus quejas contra el embajador, al que acusaba de indolente en el cumplimiento de su deber: «Si el embajador –escribió el 10 de diciembre a Berthier– se calla, ¿qué hace entonces en el centro de España?»[40]. El 29 de octubre había dicho a su hermano: «Estoy molesto porque la enfermedad del embajador de V. M. no le permite decir la verdad que debe de ver»[41].

De esta forma se pone fin a este año de 1811, en el que la guerra y la política imperial han reducido al último extremo al gobierno de Madrid. Desde este momento la situación está decidida y determinada. Los meses siguientes constituirán una historia igual, compuesta por los mismos sucesos; de las mismas quejas de José y del mismo imperial silencio, no violado hasta la víspera de la campaña de Rusia, en que Napoleón, previendo los inconvenientes de un mando tan distante del campo de batalla peninsular, remitirá en manos de su hermano el tan solicitado poder central, junto con el mando sobre todos los ejércitos de la Península, mando que no pasará de ser un título nominal que en ningún momento se transforma en efectivo. A cambio de él, Napoleón se quedará con las cuatro provincias catalanas mediante un decreto del 26 de enero.

Sin embargo, esta etapa se prolonga hasta marzo, en que Napoleón encarga a José el mando de todos los ejércitos de España. Enero y febrero son la prolongación angustiosa, al tiempo que admirable, de un gobierno que debía haber desaparecido muchos meses atrás, y que si se sostiene es merced a innumerables sacrificios y a una penuria general, y eso únicamente viéndose reducido a un estado calamitoso, sin dinero, sin tropas, sin territorio que gobernar o del cual obtener recursos, y con una nube de empleados –todo el viejo organismo estatal, que no se ha reducido a pesar de las circunstancias–, que gravitan como una losa sobre sus finanzas. Durante estos dos meses y medio no se aprecia variación alguna; José continúa su doble actuación: por un lado, atraerse al embajador francés, logrando hacer de él un fiel transmisor de las necesidades de su gobierno, expuesta en dos únicas palabras: poder y dinero, sobre todo mucho dinero, varios millones de anticipo, sin los cuales resulta imposible conservar su puesto al frente del país. En segundo término, mantener una correspondencia activísima y lastimosa, en la que se queja de todo y de todos.

La Forest, cumpliendo con las instrucciones recibidas de Francia, razona y discute, se enfrenta con el monarca, rebate sus argumentos y consigue convencerle, o, al menos, conservarlo en su puesto.

Anexión de Cataluña

Napoleón, por su parte, mostraba igual cansancio por los asuntos españoles.

> Está hastiado de España; ni siquiera lee los informes militares que recibe, y se conforma con extractos. Los clamores de miseria de su hermano no le conmueven... No sabe qué hacer con España, y en esta única ocasión no tiene idea clara ni de las fuerzas y medios a emplear, ni de los resultados a conseguir[42].

El 14 de enero ordena a Berthier: «Dividiréis Cataluña en dos territorios»[43]. Diez días más tarde, continuando su arbitraria actuación, da publicidad a sus decisiones, y una serie de decretos dividen Cataluña en cuatro departamentos, a la manera francesa, anexionándolos en la práctica al Imperio[44].

Para adoptar estas medidas, Napoleón no ha necesitado consultar a las Cortes españolas, y le han bastado diez días de meditación para determinarlas. Y ha de pasar el doble de tiempo antes de que el duque de Bassano comunique a su embajador los motivos que las han hecho necesarias. La explicación vendrá redactada en ese estilo cortante y breve, característico del emperador a partir del año 1810:

> Cataluña estaba gobernada desde hace tiempo por la autoridad militar francesa.
>
> S. M. el Emperador ha creído útil para los intereses del país cambiar la forma de su administración; (ahora) es más

sencilla y se concilia mejor con el ejercicio regular de las autoridades[45].

La noticia de esta nueva arbitrariedad provocó el estupor entre los afrancesados:

No me asombra –dijo el embajador– que los ministros no se atrevan a tratarlo; están aún bajo la primera impresión, y ven en estos decretos una fuente de nuevas agitaciones para su nación y enojosos pronósticos acerca de las intenciones del Emperador[46].

Mediado febrero, aún no se habían publicado los decretos en la *Gaceta de Madrid* por expresa prohibición de S. M. C. El día 17, José, desconcertado aún por la nueva intromisión del poder imperial, convocó a su Consejo privado. Al no tener nada nuevo que comunicarles, se encontró incómodo ante el silencio general: «El tiempo se perdió en vagas conversaciones –comentó La Forest–; finalmente, el rey, sin dar explicaciones, no pudo disimular que tenía motivos de descontento de Francia»[47].

La respuesta afrancesada no se hizo patente hasta el 12 de marzo, en que Azanza entregó una representación al embajador en la que se quejaba de la nueva organización de Cataluña. En ella se repetían los mismos argumentos, ya familiares en los escritos de los afrancesados:

Nada podía retardar tanto la pacificación general de España como la idea de la desmembración de la monarquía; el rey había admitido la corona sobre la base de la integridad del país, y creía que ni su honor ni su conciencia le permitían dar su aquiescencia a ninguna desmembración, ni explícita ni implícitamente[48].

> Todas estas notas quedaron sin efecto –comentó Azanza años más tarde, al defender su política–; pero no por eso dejan de probar el celo, que constantemente animó a los ministros del rey José, para oponerse a cuanto podía ofender la integridad e independencia de la monarquía[49].

El poco efecto logrado por sus reclamaciones contribuyó a aumentar el desaliento, cada día más extendido, entre los afrancesados: «Veo con pena –dijo el embajador– disminuir el ardor para encontrar recursos»[50].

José aprovechó el regreso del mariscal Victor a Francia para hacer llegar sus quejas ante las gradas del trono imperial. En la semana que permaneció en Madrid, el monarca tuvo con él frecuentes conversaciones. En ellas

> habló de los asuntos militares, de las dificultades del momento, de la falta de concierto, del agotamiento de los recursos, de la deplorable situación del Mediodía, de la próxima ruina del Norte, de los gastos del ejército de Portugal, de la presunta situación de los asuntos, de la ventaja que se obtendría de un plan que fuese apropiado[51],

presentando un exacto y detenido estudio acerca de cada uno de estos puntos, e insistiendo, finalmente, en la necesidad de ponerle un pronto término.

Azanza y O'Farrill expusieron al embajador francés un nuevo proyecto del gobierno josefino, en el que, mediante la división del mando, esperaban alcanzar una más favorable posición. Veían tres épocas en los asuntos españoles: 1.ª, la conquista; 2.ª, la ocupación, pacificación y organización regular de las provincias sólidamente sometidas; 3.ª, y última,

> aquella en que la acción normal de los cuerpos jurídicos y administrativos y municipales bastan para contener, con pocas fuerzas militares, a las provincias, desde este momento al abrigo de la invasión y habituadas a la obediencia. Una línea desde Galicia a la desembocadura del Guadiana separa dos zonas: la del oeste, en la que la guerra es incesante, y la del este, ocupada totalmente, excepción hecha de Gibraltar, Cádiz, Tarifa, Cartagena y Alicante.

Consecuencia de tan extraña situación, que entremezcla las distintas épocas: era preciso crear una división en el ejército:

> Hará falta un ejército de guerra y otro de ocupación, bajo mandos distintos, diferentemente organizados. El primero lucharía en Portugal; tendría divisiones destacadas en los sitios de Cádiz y Gibraltar. Las tropas de ocupación se repartirían por el resto de España, combatirían a las guerrillas, pacificarían al país y, además, proveerían a las necesidades del de guerra[52].

Las quejas de José, por su parte, contra los decretos de 24 de enero eran muchas y muy variadas. Para tratar de ellas, delegó en Urquijo, quien manifestó al embajador que el fin del rey era demostrar su oposición a las intenciones imperiales «y obligar al Emperador a suspender sus efectos mediante algunas demostraciones»[53].

Según su inveterada costumbre, José escribía sin cesar. Dice a Julia:

> Mi deseo es retirarme de los asuntos si España ha de ser desmembrada y si el estado actual debe durar... Estamos amenazados de todos los males a la vez, la peste y el hambre. El pan vale dos sueldos la libra, la miseria es horrible. Hay desgraciados que mueren de hambre en las calles[54].

El día 23, cuando hacía ya seis días que el emperador se los había concedido, remitió un doble ultimátum, exigiendo el mando militar y administrativo, y amenazando, una vez más, con su abdicación.

> Los acontecimientos han burlado mis esperanzas; no he hecho ningún bien y no tengo esperanzas de hacerlo. Suplico, pues, a V. M. que me permita poner en sus manos los derechos que se dignó transmitirme a la corona de España, hace cuatro años[55].

7. El fin del reinado

José, general en jefe

La primera noticia en que se trasluce la intención de otorgar a José el mando supremo aparece en la carta del príncipe de Neufchatel de fecha 18 de febrero:

> El Emperador desea que el mariscal Jourdan sea vuestro jefe de Estado Mayor, pues si la situación política obliga a S. M. a ir a Polonia, su intención es daros el mando de todos sus ejércitos en España[1].

Napoleón, entregado totalmente a la preparación de la campaña contra Rusia, al tiempo que, cansado por el carácter insoluble del problema español, expresa un doble pensamiento, político y militar, del que su hermano José será el realizador. Quiere que el rey se arregle con las Cortes de Cádiz, que acaban de adoptar una Constitución, «que es la de Bayona»[2], al tiempo que le confía el mando de todos los ejércitos de España, con el mariscal Jourdan como jefe de su Estado Mayor[3].

Completa su actuación esbozando una tercera maniobra, que, en caso de tener éxito, facilitaría extraordinariamente la solución de la pesadilla política española. Se trata de la negociación directa con Inglaterra. El 17 de abril, el duque de Bassano escribió a lord Castelreagh, proponiéndole como base para llegar a un acuerdo los siguientes puntos:

> 1.° La integridad y la independencia de España bajo la dinastía actual.
> 2.° La integridad e independencia de Portugal con la Casa de Braganza.
> 3.° El reino de Nápoles para Murat.
> 4.° Sicilia para los Borbones.
> 5.° Evacuación de España, Portugal y Sicilia por las tropas francesas e inglesas[4].

La rotunda negativa inglesa impidió llevar a buen fin este intento pacifista del emperador, cuya intención era evitar lo que hoy llamaríamos guerra en dos frentes.

José consigue, en este su último año de gobierno, el mando absoluto. Pese a las apariencias, la concesión viene mermada, a consecuencia de los indeterminados y confusos despachos con que se comunicó a los mariscales, jefes de cuerpo de ejército, quienes, más tarde, al recibir las órdenes reales, harán surgir secretas instrucciones que anulan los decretos públicos.

La noticia de la nueva organización de los ejércitos imperiales llevada por un oficial del Estado Mayor del mariscal Berthier, provocó en Madrid extraordinaria sensación, al tiempo que alegría. El mando supremo, durante tanto tiempo esperado, hará surgir la disensión en el seno del gobierno josefino. En 1812 José es un individuo sin voluntad, totalmente agotado, derrumbado más que sentado en el trono, y carente de la fuerza necesaria para empuñar el cetro. Durante los catorce meses que le quedan de reinado no conseguirá reunir la energía suficiente para transformar en efectivo el poder nominal que acaba de recibir.

Junto a él, los afrancesados, después de tan larga crisis, ven una última posibilidad de lograr su política. Intentarán desarrollar una activa gestión encaminada a convocar las Cortes, siguiendo las orientaciones imperiales y sus propios deseos. Toparán con la oposición del monarca; lucharán contra ella durante tres meses sin lograr vencerla. La resistencia de los mariscales franceses a subordinarse a un poder central, y la derrota de Marmont en Arapiles, pondrán fin a esta llamémosla última posibilidad. A partir de entonces, la historia es un viaje, cuyo punto de destino era Francia.

El monarca, después de dos años de aislamiento en su corte, excluido del gobierno de los distritos militares, ha perdido el contacto con los ejércitos de operaciones, y su desconocimiento de la situación le hace mostrarse desconfiado.

> S. M. se muestra reservado –informó el embajador–, esperando a conocer mejor las intenciones de su augusto hermano, y se limita a pedir de todos los lados los informes necesarios para el ejercicio del generalato[5].

El día 9 aún no ha recibido las instrucciones que el príncipe vicecondestable le anunciara. Sin ellas comienzan las dudas, que le impiden adoptar un partido definitivo, y, sobre todo, rápido, como lo requiere la situación del país.

Una vez logrado su deseo, una vez en su poder el mando supremo, cuando, a consecuencia de los acontecimientos políticos europeos, le son satisfechas sus peticiones, José se muestra en su verdadero aspecto, soñador al tiempo que inútil. Sin instrucciones de Francia que le guíen, se muestra perdido, teniendo en sus manos un cargo que no se atreve a ejercer por miedo a malbaratar sus posibilidades. Su primer afán es lograr informes a cualquier precio. Escribe a Berthier el día 17:

> Ignoro totalmente sus intenciones (del emperador) sobre la dirección a dar a la guerra exterior y sobre el camino a seguir con los generales que mandan y administran las provincias reducidas a gobiernos militares. No tengo ninguna idea sobre las fuerzas enemigas, ni sobre las fuerzas del ejército francés, pues cada general se ha aislado totalmente de mí desde el establecimiento de los gobiernos militares».

Esperanzado añade: «Aún pueden restablecerse los asuntos[6].

Siguiendo una costumbre tradicional, al tiempo que inútil, se entrevista con el embajador, al que abruma con sus innumerables reclamaciones. El día 3 le retiene durante tres horas. Se queja de que la autoridad no pase de ser nominal, que son los jefes militares los que ejercen el poder efectivo. Se excita ante la facilidad con que su hermano sacrifica la Constitución de Bayona a la de Cádiz, que califica de «abuso manifiesto de demagogia», atribuye la decisión de su hermano a la crisis que se avecina en el Norte, etc.

Después de numerosas y extensas digresiones, resume su pensamiento. Considera que no son fáciles de convocar las Cortes, debido a que las comunicaciones con Cádiz están en manos de los mariscales Victor y Soult, que no informan al gobierno de Madrid, en tanto que piensa que ni las Cortes ni la Regencia serán fáciles de manejar después de la toma de Ciudad Rodrigo y la posible ocupación de Badajoz.

> Además –añade–, la interceptación de las comunicaciones le impiden reunir 800 diputados en Madrid en un plazo inferior a tres meses, resultando irrealizable la pretensión imperial de tenerlos reunidos para el 5 de mayo.

Como condición previa, anterior a cualquier medida, exige sean reiteradas las órdenes de su hermano a todos los jefes militares, a fin de que no impidiesen la concurrencia de los diputados. Hace notar, finalmente, la conveniencia de que se le permitiese realizar previamente algunos actos populares, tales como levantar las contribuciones extraordinarias, y termina pidiendo que se le provea de dinero[7].

La Forest, siguiendo las detalladas instrucciones de 15 de marzo, trata de influir en el ánimo del rey, por todos los medios a su alcance, para obligarle a adoptar decisiones en consonancia con su nuevo poder, del que depende –al menos en teoría– la continuidad de las operaciones.

> He suplicado al rey –dijo La Forest, refiriéndose a su segunda entrevista, de iguales características a la celebrada el día 26– que considero que había recibido simultáneamente el generalato y la invitación para impelerle toda la energía que las circunstancias exigen. Le he hecho observar que estas vacilaciones, oscilaciones, divergencias y dudas prolongarían la crisis en que había caído, y que debía salir de éstas para poner fin a aquélla[8].

A finales de mes, los ministros comienzan a inquietarse por la actitud de José, que paraliza todas las medidas que es de urgencia tomar. A sus sin cesar renovadas instancias, el monarca responde que aún no ha recibido las anunciadas instrucciones, y que duda de que las intenciones de su hermano estén bien determinadas, «que no quiere avanzar para después verse obligado a retroceder o ser desobedecido»[9].

Cuando llegaron las instrucciones[10] a manos de José, el 3 de mayo, hacía ya varios días que los mariscales se habían negado a obedecerle, e incluso a corresponder con él.

En el Norte, Dorsenne no quiso comunicar con Jourdan ni enviar tropas al jefe del ejército de Portugal, manifestando esperaba instrucciones especiales del príncipe de Neufchatel[11].

En Aragón, Suchet afirmó tener una misión especial que cumplir, lo que le impedía destacar fuerzas en cumplimiento de las órdenes recibidas del cuartel general de José.

En el Sur, Soult permaneció varias semanas sin mantener correspondencia con Madrid, y, cuando la restableció, eludió en casi su totalidad las órdenes centrales, alegando en su favor diversos motivos.

En Portugal, Marmont, al dirigir las comunicaciones a Jourdan, hizo resaltar la inexcusable necesidad de que se continuasen las operaciones emprendidas, siguiendo un plan que era el del emperador[12].

Napoleón, que la había creado con sus decisiones ambiguas, no reconocía, en cambio, la existencia de semejante oposición. El 23 de abril ordenaba al duque de Feltre:

> Contestad al rey de España que le he dado el mando supremo del ejército; que estoy sorprendido, después de esto, de sus perpetuas quejas de no ser obedecido; que esto se deriva de que confunden al rey de España con el comandante en jefe del ejército; que no quiero que mis ejércitos dependan, en ningún caso, de los ministros españoles, de quienes tengo motivos para no fiarme, y a quienes es indiferente el destino de mis soldados[13].

Entretanto, el monarca español no consigue hacer otra cosa que quejarse contra situación tan anómala, enviando a París, bien directamente o bien a través del embajador imperial, reclamaciones inútiles que no recibirán ninguna respuesta.

El antagonismo entre el poder central y los mariscales, pese a todo, no había llegado aún a su último grado; José enviará los despachos a docenas, y en todas direcciones, para reunir bajo su mando efectivo a todas las tropas francesas de la Península. Soult, Massena y Suchet terminaran amenazando con su dimisión para el caso en que se viesen obligados a ceder ante la autoridad real.

> Todo se reunía para hacer ilusorio el mando general que le había sido confiado –dirá más tarde Miot de Mélito–. No le quedaba más que el título, ignorado, y la responsabilidad, sin ningún medio de rehuirla[14].

La situación empeoraba a diario, y a cada momento era mayor el disgusto del monarca. El 12 de junio La Forest confesó haberlo encontrado «nuevamente sumido en reflexiones y entregado al hastío de su generalato»[15]. El fin no se haría esperar.

Nuevo intento de convocatoria de Cortes

Los afrancesados, por su parte, se adaptaron rápidamente a la nueva situación, que les garantizaba, al menos nominalmente, la integridad del país.

> Comprenden –dijo el embajador francés– que el Emperador es el dueño del porvenir, y que no tienen que hacer nada mejor que apoderarse apresuradamente de las posibilidades favorables para la integridad de su país *dut l'eyenement ne point repondre à la tentative ni même au succes*[16].

En la mañana del día 17 de abril, José envía al embajador francés, con uno de sus ayudantes de campo, un memorándum, en el que se ve la mano de sus ministros, con el encargo expreso de añadirlo a sus informes. Expone las necesidades siguientes:

1.ª Un ejército disciplinado y bien dirigido que luche y contenga en Portugal al ejército inglés.

2.ª Tropas auxiliares que obedezcan al monarca como si estuvieran compuestas por sus súbditos.

3.ª Que sea la administración real la única en vigor. Los comandantes militares se encargarán de la policía, bajo las órdenes del rey, transmitidas por los ministros, cualquiera que sea la nacionalidad de estos generales.

4.ª Que se respeten escrupulosamente las relaciones políticas que unen al rey con la nación: «Cuanto más consigan los ingleses la infracción de este pacto por una parte cualquiera de la nación, tanto más deben atenerse el rey y su augusto hermano a la Constitución, que promete libertad, independencia e integridad a la nación. Es el único medio de atraerse la opinión y de frustrar las intrigas de los ingleses».

5.ª Que se le permita elegir el momento oportuno para convocar las Cortes: «Pueden salvar al Estado, únicamente si S. M. I. da órdenes terminantes para que sea el rey quien únicamente disponga en todo, que se le devuelva la administración general y que se respeten los derechos garantizados a la nación por el acta de Bayona».

6.ª Finalmente, manifiesta la necesidad de que el emperador realice aún algunos sacrificios económicos: «El país no puede hacer bajo la autoridad real lo que ha sido imposible bajo el poder militar»[17].

Después de cuatro años de continua crisis, en que el gobierno josefino se ha ido hundiendo lentamente en la nada de una administración inoperante, basta una pequeña esperanza para que resurja en su integridad el viejo programa afrancesado. Al igual que en 1808, en 1812 se pedirá la integridad y la independencia para gobernar. Sin ellas no existiría posibilidad alguna de concierto entre los intereses españoles y franceses. El viejo programa nacional brota un último instante, antes de desaparecer anegado en la derrota.

El 2 de mayo el duque de Santa Fe entrega al embajador francés una carta, de fecha 30 de abril que contiene ocho *Memorias* de los ministros de la Guerra, del Interior, de Justicia, de Asuntos Eclesiásticos, de Marina y de Finanzas. En general, todas ellas habían sido redactadas en el mismo estilo, por lo que se repetían en sus demandas de independencia e integridad nacional, y en las quejas contra los gobernadores y autoridades militares[18].

Durante este mes aumentaron las publicaciones políticas, en forma de artículos y folletos, cuyo fin era probar a la opinión pública la conveniencia de convocar en Madrid las Cortes afrancesadas.

El 7 de mayo el rey recibió a unos trescientos diputados, que representaban a los 64 barrios de Madrid, junto con los miembros del cuerpo municipal, presididos por el corregidor.

> El corregidor se adelantó –informó La Forest– y le entregó una solicitud de la villa de Madrid, en la que, después de exponer las calamidades que pesaban sobre el país, y especialmente sobre su capital, suplicaba a Su Majestad que convocase las Cortes del reino[19].

En su respuesta –más rotunda que su política–, José acusó de la demora en convocar las Cortes al sistema imperial, de que la guerra alimentase a la guerra, lo que no le había permitido gozar de un intervalo de calma «en el cual las pasiones particulares hubiesen permitido oír la voz de la patria»[20].

Después de este acto público se renovó la actividad de los afrancesados. Comentó La Forest:

> Se prepararon varios folletos. Tengo motivos para creer que el consejero de Estado Saoros *(sic,* por Amorós) va a ser enviado en misión. Parece hay prisa por reunir suficientes exposiciones para declarar que las Cortes se abrirán el 1 de agosto.

Algunos ministros pensaron incluso en que José realizase un largo viaje por el país.

> O'Farrill había propuesto que S. M. fuese a Valencia, pasase por Cataluña, recorriese Aragón, Navarra y Vizcaya, visto que en estas provincias es donde la opinión pública está más agitada por dudas que es necesario hacer desaparecer[21].

Otros, aplaudiendo la idea, modificaban el itinerario, haciéndolo pasar por Valencia, Andalucía y Castilla la Vieja, sin acercarse al Ebro.

El día 10 José invitó a la Casa de Campo al embajador francés. Durante la entrevista que siguió a la comida, habló únicamente de asuntos militares y no tocó el extremo de las Cortes hasta el final[22].

En estos momentos, el rey busca engañar al embajador de su hermano, anunciándole una actividad extraordinaria, cuando la verdad es que se encuentra totalmente desalentado y es incapaz de decidir, y mucho menos de empujar, a su Consejo de Ministros en ninguna dirección. El embajador no se dejó engañar por las palabras del rey, y en el mismo despacho en que las comunicaba a su corte, añadió:

> He descubierto, poco a poco, que en lugar de dar un impulso de conjunto a la organización, el rey, hablando siempre maravillosamente pero sin decidirse jamás afirmativamente, deja languidecer todas las medidas[23].

El día 14 el monarca convocó un Consejo privado de ministros, al que asistieron además los consejeros de Estado marqués de Caballero, Cambronero, Llorente, Joven de Salas, Azanza (¿Aranza?), Romero Valdés y Arnao. José, remontándose a los orígenes, trató en forma vacilante, característica de esta época, de las ventajas, inconvenientes y obstáculos de la convocatoria de Cortes.

> La opinión unánime ha sido –comentó La Forest– que era preciso no vacilar y actuar con rapidez. Sin embargo, el lenguaje del rey recobró su tono acostumbrado, ya sea que S. M. crea conseguir de ese modo excitar más el celo de los españoles, sea que sus sospechas lleguen hasta la irresolución[24].

El 22 de mayo José recibió una diputación de la Sociedad de Amigos del País, establecida en Madrid.

> Únicamente la nación, si emplea útilmente sus recursos, puede impedir un gran desastre... Que el deseo general se exprese legal y enérgicamente; entonces la reunión de todos los españoles asegurará la amenazada existencia de la nación, su integridad y su independencia. ¡Las Cortes, Señor; las Cortes generales![25].

Las *Gacetas* del trimestre mayo-julio continuaron publicando artículos en el mismo sentido. Junto con ellos se editaron folletos bajo los títulos: «¿Qué buscan los ingleses en España?», «¿Acerca de qué se discute?», «¿Quiénes son los nuestros?», «¿Quién hace la guerra a España?», «¿Qué harían los españoles si Rusia diese a Inglaterra un rey de su dinastía?», «¿Quiénes son los verdaderos patriotas españoles?», «De nuestra situación, de nuestros sufrimientos y del único remedio», cuyos efectos no correspondieron, en ningún caso, al interés con que fueron redactados.

En junio llegó a Madrid un convoy en el que venía la Diputación de Valencia, compuesta por 24 personas, presididas por los condes de Parcent y Buñol, con la intención de unir sus súplicas a las ya hechas para conseguir del rey la convocatoria de las Cortes generales. Su primera impresión, que no cuidaron de disimular, fue de asombro ante el estado de paralización en que vieron se encontraba una negociación considerada de tanta trascendencia: «Dicen sin disimulo que el espíritu de su provincia y de las que han atravesado es incomparablemente mejor que el de las camarillas de Madrid». Y La Forest, que es quien nos ha dejado la noticia, comentaba en cifra:

> El Gobierno español parece sumergido nuevamente en la más inexplicable irresolución sobre el proyecto de convocar las Cortes. ¿A quién puede imputársele, al rey o a sus ministros?... Finalmente, los ministros han hablado y se han quejado de que S. M. eludía escucharlos y contestarlos, sin que les fuese posible llegar a saber los motivos[26].

Las vacilaciones, cada día mayores, de José llevaron a demorar el momento de recibir a la diputación valenciana, primero hasta el día 21, y más tarde para el día de San Juan, en que tampoco fueron admitidos en audiencia. En julio –a consecuencia de los movimientos de Wellington, que concentraban todo el interés– aún no habían sido recibidos, e incluso habían perdido interés «por el natural efecto de su estancia en una ciudad como Madrid». Únicamente el día 19 de julio, dos días antes de la marcha del rey, lograron ser admitidos ante el monarca. Ni que decir tiene que los efectos posibles de su gestión se habían difuminado después de tan prolongada y estéril estancia. Miot de Mélito, testigo presencial de tan infructuosos intentos, los resume diciendo:

> Era una empresa casi pueril intentar realizar el plan que el Emperador había indicado en la nota entregada por su embajador para la convocatoria de una asamblea de Cortes extraordinarias. Sin embargo, se hicieron algunas tentativas..., pero un paso sugerido, escritos pagados e intrigas cuyos toscos hilos nadie ignoraba no podían producir nada; su efecto falló completamente, y se abandonaron estos medios impotentes[27].

La resistencia de los mariscales, pese a las diversas circulares que recibieron[28], a reconocer la autoridad de José contribuyó extraordinariamente a desprestigiar la acción del Gobierno central, que, carente de un decidido apoyo militar, no pasaba de ser vana palabrería, sin posibilidad alguna de transformarse en una realidad política consistente. De este modo se abandonó la gestión, convencidos los propios interesados de que su realización exigía medios muy superiores a aquellos de que disponían, concurriendo a su fracaso la precaria situación militar del ejército de Portugal y de la capital como consecuencia del avance de Wellington y de la derrota de Arapiles.

La expedición de Valencia y la retirada francesa

El 22 de julio Marmont, que no había cesado de maniobrar durante mes y medio, era derrotado en Arapiles. Los refuerzos llegaron al campo de batalla cuando ésta se había librado ya. José, que durante este tiempo había ordenado –sin ningún éxito– que le fueran enviados refuerzos al duque de Ragusa[29], el día 21 decidió reunirse con el ejército del Centro –13.000 o 14.000 hombres– al de Portugal. La noticia de la derrota le alcanzó en Blascosancho la víspera de la proyectada conjunción de ambos ejércitos. El 2 de agosto regresaba a Madrid, sin haber establecido contacto con el enemigo. Su situación se hizo peligrosa, y hubo de ordenar la evacuación, que se realizó el día 10, en dirección a Valencia.

La marcha hacia Valencia fue una penosa peregrinación, presagio de futuros sucesos, por la que hubieron de pasar los miembros de la corte josefina:

> El viaje había de ser lento y penoso, por la aridez del terreno y el acompañamiento de más de 2.000 carros, en los cuales iban hasta 10.000 españoles del partido afrancesado[30].

Du Casse, en sus *Memorias,* nos ha dejado una narración impresionante de lo que debió de ser aquella huida:

Esta marcha de quince días fue de las más penosas. Los habitantes huían, llevando sus bestias, y destruyendo sus hornos y sus molinos. No se encontraba trigo, ni menos harina. Y el calor era terrible. Los arroyos estaban secos y los pozos de las casas, agotados o cegados. Fue imposible mantener el orden y la disciplina entre las tropas, que no recibían sueldo, y que en días tan abrasadores no encontraban agua que llevarse a la boca. El gran número de hombres aislados y de criados agregados a la expedición ocasionó desórdenes. Todos los que se rezagaban o extraviaban para buscar agua y mantenimiento caían en poder de las guerrillas, que seguían a la columna y marchaban a sus flancos. Muchos españoles que habían abandonado Madrid, no pudiendo resistir las fatigas ni soportar las privaciones, tomaron el partido de volverse o de ocultarse en los pueblos, con peligro de caer en poder de las partidas. Casi la totalidad de los soldados de esta nación al servicio del rey desertó y se fue a incorporar a las guerrillas[31].

El 31 de agosto, los cansados expedicionarios entraban en Valencia, donde fueron recibidos con un calor y entusiasmo al que no estaban acostumbrados en Madrid. A la hora de hacer el recuento se pudo observar que, mientras los miembros de la corte y del gobierno se mantenían en sus puestos a pesar de las privaciones y humillaciones sufridas, el resto de la expedición –empleados y soldados– había quedado muy mermado, a causa de las deserciones. La Forest comentó que el rey y el gobierno afrancesado «deben haberse convencido de que, sin nación, no se tiene jamas un ejército nacional»[32].

El 29 de agosto –en Alcira– el monarca español había recobrado parte de sus habituales e infundadas esperanzas, y se entretenía en preparar proyectos para reconquistar Madrid y arrojar a los ingleses.

> Si el duque de Dalmacia abandona las montañas de Andalucía –escribía al duque de Feltre–, si llegan de Francia 29.000 o 30.000 hombres de refuerzo y algunos millones, tengo la íntima convicción de que los asuntos españoles se restablecerán prontamente[33].

El 9 de septiembre envió al coronel Després, su ayudante de campo, al cuartel general imperial.

> Si puedo juzgar de lo que el rey escribe por lo que me dijo el 8 antes de comer –comunicó La Forest–, el restablecimiento de los asuntos españoles depende de los siguientes puntos: 1.°, dinero para el ejército y socorro momentáneo para el mismo; 2.°, unidad de mando claramente determinada; 3.°, formación de un verdadero ejército del Centro, unidad de esfuerzos entre los otros ejércitos contra el enemigo común; 4.°, envío de tropas veteranas en cantidades suficientes para reparar, al menos, las pérdidas de 22 de junio[34].

El 3 de octubre se realizó en Fuente la Higuera la conjunción de los ejércitos de Aragón y del Centro con el de Andalucía. El rey celebró una primera entrevista con el mariscal Soult, seguida de un Consejo con los jefes de los tres cuerpos de ejército[35], los cuales, pese a lo precario y apurado de la situación militar, se mostraron poco dispuestos a abandonar su espíritu particularista, en pro de una unión más estrecha y de una subordinación más efectiva a las directrices señaladas por el monarca. El rey pidió a cada uno de los mariscales un informe por escrito en el que expusieran sus opiniones sobre las medidas a tomar:

> Soult proponía se formase un único y numeroso ejército que atacaría a los ingleses, lo que obligaría a Wellington a abandonar el norte de la Península y volver al Tajo. Para Jourdan, los tres ejércitos, reunidos bajo el mando personal del rey, debían ir a recuperar Madrid. Suchet quería conservar Valencia y proteger las costas del Mediterráneo y la comunicación con Barcelona, enviar al ejército del Mediodía hacia el Tajo como vanguardia, en tanto que el ejército del Centro servía de lazo de unión[36].

José adoptó un plan intermedio entre los tres propuestos por el Consejo de los mariscales.

> Dio a Drouet d'Erlon el mando del ejército del Centro, reforzado con 6.000 infantes, 1.000 jinetes y cañones tomados del ejército del Mediodía. Combinaba los consejos de los tres mariscales: avanzar personalmente con las fuerzas reunidas hacia el Tajo (mariscal Jourdan), por dos caminos paralelos a través de La Mancha y de Cuenca (mariscal Soult), conservando la seguridad en Valencia mediante el ejército que contendría a los angloespañoles (mariscal Suchet)[37].

El día 2 de noviembre José ocupaba una vez más su corte, donde dejó un numeroso séquito de españoles, y dos días más tarde reemprendió la campaña. A partir de este momento desaparece prácticamente el gobierno afrancesado. Se reanudaron los Consejos privados de ministros los lunes y los viernes, y el rey recibió particularmente a cada ministro todos los martes; pero lo cierto es que ya no se trató más que de mera fórmula, carente de contenido. Todo el interés se concentra en el ejército francés y en las maniobras militares, así como en las noticias de Rusia, que empeoran todos los días. No se celebran Consejos de Estado ni existe política de largo alcance. José Napoleón, general en jefe de los ejércitos imperiales, ocupa el país al mando de 86.000 hombres. El príncipe francés ha suplantado al rey de España en uno de los numerosos avatares a que tan aficionado era el mayor de los Bonaparte.

Los desastres de Rusia hicieron necesario el traslado a Francia de fuerzas francesas. Después de cinco años de peticiones constantes, en lugar de los esperados y siempre demorados refuerzos, José se veía privado de algunos de los mejores regimientos. La situación era insostenible. La idea de dominar al país y de regirlo desde su corte fue abandonada a primeros de 1813. Los días 14 y 16 de febrero se recibieron en Madrid las órdenes de retirada. El rey establecería su cuartel general en Valladolid.

> El Emperador considera conveniente que V. M. se traslade a Valladolid y ocupe Madrid únicamente con uno de los extremos de sus alas[38].

El fin propuesto era doble en su formulación y único en su realización: conservar las comunicaciones, y para ello combatir y hacer desaparecer a las guerrillas, preocupación constante del emperador durante los primeros meses del nuevo año[39], e indirectamente proteger la frontera sur del Imperio, una línea imaginaria que nadie sabía dónde se encontraba.

> De este modo, las comunicaciones del cuartel general con Francia serán las más cortas y seguras, y la parte del norte de España estará mejor protegida contra cualquier acontecimiento[40].

Estas órdenes se repitieron por duplicado y triplicado en los despachos del duque de Feltre de 14 y 29 de enero, 3, 12, 15 y 26 de febrero, y en todos los meses siguientes, al tiempo que eran comunicadas a los mariscales para que se realizasen los movimientos oportunos sin esperar a las órdenes directas del monarca.

> En una palabra –escribía Clarke a Jourdan–, destruir las bandas, restablecer y asegurar las comunicaciones con Francia y estar siempre preparados para tomar la ofensiva contra los ingleses; tal es el triple fin que el rey debe proponerse para toda la duración de la próxima campaña[41].

Antes de cumplir las órdenes imperiales, José intentará resistirse a abandonar la única realidad que le permite seguir considerándose como monarca de España. El 21 de febrero visita al conde de La Forest, y le expone todas sus objeciones contra la orden de evacuación. Se inclinaba a considerar Madrid como el mejor centro de operaciones –comunicó el embajador[42]–. Privado de su corte, de su palacio y de su gobierno, José se encuentra fuera de lugar, y propone en una comunicación –que su secretario privado pasó a manos del embajador imperial, para el caso de que S. M. I. no pudiese enviar refuerzos a Madrid y las dos Castillas hubiesen de ser abandonadas– se entregase el mando de los ejércitos «a un general en jefe, que los haría vivir como en país enemigo, y que no estaría sujeto a los gastos de corte, Gobierno, etcétera»[43].

En marzo, el monarca español no se da cuenta de la realidad de su situación; todavía cree en su misión, y piensa que, de lograr la ayuda y la libertad necesarias, aún le sería posible restaurar la situación, pacificando al país. Sus palabras, que aisladas pueden parecer y se citan con demasiada frecuencia como de una clarividencia extraordinaria, al ser estudiadas en el texto de sus despachos no pasan de ser partes ciertas de generales errores e ilusiones, en los que recaía sin cesar el carácter soñador y quimérico del *solt-disant* rey de España. Según escribía al duque de Feltre:

> La fuerza no apaciguará el Norte en tanto que estos pueblos no estén convencidos de que son y deben seguir siendo españoles, en tanto que no sean gobernados por la autoridad nacional, que el Emperador me ha transmitido por los tratados de Bayona, estas provincias serán siempre focos de disturbios y de guerra. Creo que se pueden arrasar, pero no pacificar... Si se tranquiliza a los principales habitantes acerca de la suerte futura de su país, si se ponen a mi disposición la mitad de las tropas que se van a emplear, si se me da libertad para administrar este país como pienso, si se me permite enviar a Francia a cualquier oficial de que tenga queja y llevar esta guerra como creo, pronto pacificaré este país, como pacifiqué el reino de Nápoles; con los mismos medios obtendré los mismos resultados[44].

El 1.º de mayo, los tres ejércitos, bajo el mando directo de José, se habían reducido a 76.000 hombres de todas las armas, fuerza insuficiente para sostenerse ante Wellington, cuyas tropas habían sido reforzadas hasta llegar a concentrar bajo sus órdenes directas a una masa maniobrera superior a los 90.000 hombres. El 2 de junio empezó la evacuación de Valladolid, comenzando una retirada que ya no terminaría hasta trasponer la frontera francesa. Junto a los ejércitos caminaban enormes convoyes, en los que se apiñaban a millares los españoles afrancesados, temerosos de las represalias de sus compatriotas. El día 9 llegaba José a Burgos, cuyo fuerte, que no se encontraba en estado de defensa, hubo de ser demolido. El día 16 estaba en Miranda, y el 21 por la mañana se iniciaba en Vitoria la última gran batalla de la guerra de la Independencia, en la que se hundió definitivamente lo poco que quedaba del gobierno josefino.

La primera noticia del rey, posterior a la batalla, es una carta a su esposa fechada en Irurzun el 23 de junio, y que prueba hasta el último extremo la irreflexión y la inconsciencia del que fue durante cinco años monarca español, y que, una vez perdido el reino, se deshacía de él con toda tranquilidad.

> Después de disponer en la frontera los ejércitos, y una vez unidos los del Norte y Aragón –dice–, iré a Mortefontaine, adonde debía haberme retirado después de lo de Salamanca[45].

Al día siguiente se trasladó a Pamplona, de donde pasó, a su vez, a San Juan de Luz. El reinado de José había terminado. En España quedaban únicamente las reliquias del que antaño fuera brillante ejército bajo las órdenes del mariscal Soult, llamado precipitadamente para dirigir la resistencia francesa en los Pirineos, con el cargo de lugarteniente general: «Os he nombrado mi lugarteniente general, mandando mis ejércitos en España, y sobre los Pirineos»[46].

La abdicación de José y el regreso de Fernando

El de 27 junio José llegaba a San Juan de Luz, mostrándose favorablemente dispuesto a ceder su cargo y abandonar tan desairado puesto. Envió al conde de Mélito con un despacho para el emperador. El 1 de julio –desde San Juan de Luz– dirigió dos cartas a París, destinadas al ministro del Ejército y a su esposa.

> Creo –decía al primero– que en la actualidad harían falta dos ejércitos, uno apoyándose en el Océano y otro en el Mediterráneo, dos generales en jefe capaces y de gran carácter y con toda la confianza del Emperador[47].

En la dirigida a la reina Julia tocaba diversos puntos; manifestaba su irrevocable decisión de abandonar los asuntos españoles, retirarse a Mortefontaine o a cualquier lugar del Mediodía y vivir con la asignación que le correspondía como príncipe francés. De sus partidarios apenas se preocupaba, y su idea es despachar a todo el mundo con una ligera gratificación.

> El Emperador –decía– puede emplear útilmente a la guardia, las tropas españolas y los militares de ambas naciones que me siguen, y no dudo que servirán bien.

En cuanto a él, confiesa: «Prefiero, y a la verdad siempre he preferido, la vida privada a las grandezas y agitaciones políticas»[48].

Napoleón, para tratar con su hermano, envió junto a él al conde de Roederer, antiguo y gran amigo suyo,

> para hacerle comprender –según dijo a Cambaceres– que, de acuerdo con la opinión que tengo de sus talentos militares, me he visto obligado por las circunstancias a dar el mando del ejército a un general de mi confianza[49].

El día 12, José acusó recibo del decreto imperial, por el que se otorgaba el mando del ejército al mariscal Soult, anunció la llegada de Roederer, y expuso, además, sus deseos de abandonar la política activa. «Pienso establecerme en una casa de campo que hago buscar entre el Adour y el Garona»[50]. El mismo día entregó al duque de Dalmacia el mando de los ejércitos y se retiró al castillo de Poyanne.

Durante los meses de julio a noviembre, en que Napoleón libra la campaña de Alemania, ninguna actividad se relaciona con José, ni con los regios prisioneros de Valençay. El hermano del emperador continuó retirado, disfrutando de la vida familiar.

En noviembre reaparece nuevamente en escena la política española. El lugarteniente del emperador, enfrentado con la realidad insoslayable de la invasión de Francia por el ejército aliado, al que no puede contener, piensa en las ventajas que se seguirían de resolver con carácter definitivo esta lucha española, donde se consumen algunas de las mejores divisiones del Imperio, devolviendo el trono a su legítimo dueño. El 3 de noviembre escribe a Napoleón:

> Me parece que si el príncipe Fernando hubiese contraído una alianza familiar con V. M., y si, después de haberlo reconocido como rey de España, lo presentase a la nación, resultaría un gran cambio que obligaría al ejército inglés a regresar a Portugal... y tal vez a abandonar la Península[51].

El emperador la recibe en París, y el día 12, después de un informe del duque de Bassano[52], ordena al conde de La Forest, que se encontraba retirado en el castillo de Frechines desde su regreso de España, que, guardando el incógnito, con un solo criado y en un vehículo lo más modesto posible, pasase a Valençay con una carta para el príncipe Fernando.

> Lo principal es saber, primeramente, en qué disposiciones están los tres príncipes y asegurarse si, directa o indirectamente, han tenido algunas noticias... En segundo lugar, conocer las personas en que tienen confianza. Les hace falta un consejero; el conde de La Forest les comunicará que el general *(sic)* San Carlos viene a París, y les propondrá el canónigo Escóiquiz o cualquier otro individuo[53].

Los términos concretos alrededor de los cuales debía plantear las negociaciones eran los siguientes:

1.º Se establecerá la paz entre las dos naciones.
2.º S. M. reconocerá al príncipe Fernando como rey de España, siguiendo el orden de sucesión en uso de la monarquía española.
3.º Garantizará la integridad del territorio.
4.º Se comprometerá a devolver las provincias y plazas ocupadas por los ejércitos franceses, tan pronto como los ingleses hubiesen evacuado España.
5.º Se estipularán los intereses, sea de los franceses que estaban establecidos en España, sea de los españoles que hubiesen tomado parte en los sucesos de los seis últimos años.
6.º Tan pronto como el tratado fuese ratificado por la Regencia, el príncipe Fernando y sus hermanos regresarían a España[54].

En los preliminares de la negociación, los príncipes españoles mostraron su desconfianza en relación con los propósitos imperiales, desconfianza bien pronto trocada por la impaciencia de verlos transformados en realidad.

El 20 de noviembre se celebró una entrevista, en la que Fernando se mostró reservado y aludió a la necesidad de consultar a las autoridades españolas. En tanto La Forest trata con el príncipe, Napoleón parlamenta con el duque de San Carlos, que llega a Valençay el 22. Su intervención, junto con la del embajador y la de Macanaz, a quien se había avisado, tuvo por efecto convencer al rey, que se mostró dispuesto a aceptar las condiciones imperiales.

El 11 de diciembre se firmó el tratado de Valençay. Por él, Napoleón reconocía a Fernando VII como rey de España e Indias (art. 3.º). El monarca español se comprometía a reintegrar en sus derechos y honores a aquellos españoles que siguieron el partido de José (art. 9.º), amén de pasar una renta anual de treinta millones a los reyes padres (art. 13), y de concertar con Francia un tratado comercial (art. 14)[55].

El 28 de noviembre, el emperador se había entrevistado en secreto con su hermano. Napoleón le dijo:

> Es preciso renunciar a España. Es preciso que os coloquéis nuevamente en el rango de príncipe francés, o, en el caso de que no queráis descender, que os alejéis totalmente, y adoptéis el partido de una retirada absoluta. Devolveré España a Fernando, la daré a los españoles con la única condición de respetar la frontera de Francia y de colocarse entre los ingleses y nosotros[56].

José tardó dos días en dar su respuesta. El día 30, en una extensa carta, manifiesta su opinión, contraria en todo a la de su hermano, y augura terribles catástrofes: «El restablecimiento de los Borbones en España tendrá las consecuencias más funestas para España y Francia». Al tratar su caso se muestra una vez más en su verdadero aspecto, ilusionado y vano, que le ha caracterizado durante su reinado. Expulsado de su trono, se resiste a admitirlo, y de hacerle caso, su exilio en Francia sería debido a los errores de su hermano o a algún oscuro destino adverso.

> Habiendo sabido conciliarme la estimación de la nación; persuadido, como lo estoy, de que, en tanto que la dinastía de V. M. reine en Francia, España no puede ser feliz más que por mí o por un príncipe de su sangre, no sabría privarme de los únicos bienes que me quedan, los testimonios de una conciencia sin reproche y el sentimiento de mi propia dignidad[57].

Durante el mes de diciembre, Napoleón conduce simultáneamente las dos negociaciones: la destinada a restaurar a Fernando VII, poniendo fin a la guerra peninsular y la que tiene por objeto hacer que José le devuelva la corona. Y es curioso, y al tiempo significativo, del poco respeto que guardaba el emperador por las fórmulas, ver cómo se firmará el tratado de Valençay, devolviendo la corona española a su legítimo poseedor antes de que José se haya resignado a abandonarla.

El 29 de diciembre, José –ignorante de lo sucedido en Valençay– continúa sus pretensiones reales. Al recibir la noticia de la invasión de Suiza por los aliados, escribe a su hermano ofreciéndole sus servicios; pero manteniéndose en los que considera sus derechos al trono español, vuelve de nuevo sobre la idea de las negociaciones a plantear entre un ministro imperial y el duque de Santa Fe[58].

La respuesta del emperador –«No sois más rey de España. No la deseo para mí, ni quiero disponer de ella; pero no quiero mezclarme más en los asuntos de este país, si no es para vivir en paz y disponer de mi ejército»–[59] le despierta a la realidad del momento, abandonando su ya ilusorio sueño de reinar, para transformarse otra vez en el primer príncipe francés. De su pasado regio se ha quedado con la titulatura, que su hermano no muestra inconveniente alguno en conservar:

> En el futuro seréis anunciado bajo el título de rey José, y la reina bajo el de reina Julia, con los honores y del modo usado para los príncipes franceses[60].

El reinado de José Napoleón, rey de España y de sus Indias, había terminado. Con él desapareció el nominal gobierno afrancesado, quedando en su lugar únicamente unos millares de exiliados desperdigados por el sur de Francia, perdida la moral, deseosos, al tiempo que temerosos, de regresar a su patria. Su historia a partir de este momento merece un capítulo aparte.

En un período de tiempo inferior a tres lustros, Napoleón ha seguido por dos veces el mismo camino con igual éxito. Hemos visto cómo su pensamiento siguió tres fases sucesivas en su relación con los Borbones. En junio de 1808 pone fin a este primer ciclo, instaurando a José en el trono español, y a partir del mismo momento en que le corona, se ve obligado a comenzar de nuevo el proceso trifásico: intervención (hasta febrero de 1810), desmembración (hasta 1813) y sustitución (Valençay).

La esterilidad de la acción imperial en España adquiere su mejor símbolo en esta doble sustitución de Fernando por José, y de éste por aquél. Toda su política española no es más que un círculo estéril cuyo fin es el principio. En el fondo y desde el lado francés fue una guerra inútil.

8. La política represiva

Primeras medidas contra los afrancesados

En el mismo año de 1808, apenas pasados unos pocos días del reinado josefino, se inició la represión y castigo de los afrancesados. Las primeras medidas fueron adoptadas a raíz de la entrada del ejército del general Castaños en Madrid, después de la batalla de Bailén. Un proyecto, presentado el 12 de agosto al Consejo, contenía ya todo un programa de castigos. Decía su anónimo autor:

> El regente y su Consejo dispondrán que se secuestren los bienes de todos los que han emigrado a Francia siguiendo los ejércitos franceses, y se les forme su causa, por si pudiesen ser habidos, lo mismo que aquellas personas que han sido infieles a la patria y le han hecho traición, sirviendo a los enemigos de España, teniendo correspondencia con ellos desde los ejércitos españoles, y sobre todo, aquellos que han escri-

> to y publicado los libelos infamatorios en los diarios y demás papeles contra nuestros reyes, los señores Don Carlos y Don Fernando, contra la nación española, y han proferido especies escandalosas contra la buena memoria de estos soberanos y el honor español. No se comprenderá entre los procesados –añade– las personas que han permanecido sirviendo sus plazas o empleos en la corte y demás parajes en que han entrado los franceses, por la falta de libertad, opresión y violencia con que han estado, como es notorio[1].

Los fiscales del Consejo lo aprobaron en su totalidad y pidieron fuese llevada a cabo con el mayor rigor:

> No debe haber ni contemplación ni disimulo –decían–, tanto respecto de las personas sospechosas como respecto de los bienes de las que se han fugado[2].

Al siguiente día, un decreto del Consejo comisionaba a don Ignacio Martínez de Villela y don Benito Arias de Prada para que procediesen inmediatamente al embargo y secuestro de todos los bienes pertenecientes a 28 personas de rango, entre las que figuraban los ministros josefinos, el duque de Frías, el conde de Campo Alange, Amorós, Moratín y «todas las demás personas, sin distinción alguna, que hayan salido de esta capital y pueblos del reino para acompañar a José Napoleón»[3], medida que fue ampliada en días sucesivos[4]. Las juntas provinciales de Granada, Murcia, Jaén y el capitán general de Castilla la Vieja aplicaron, por su parte, idénticas medidas en los territorios bajo su mando, y aun fuera de ellos. El 20 de agosto se mandó que se suspendiese el pago de pensiones, sueldos, etc., devengados por los españoles que se habían unido al ejército francés en su retirada[5].

A primeros de septiembre se recordó a los comisionados su función, al tiempo que se les exigía una mayor actividad[6]. Éstos, en respuesta, prepararon un informe en el que daban razón de las casas secuestradas hasta el 13 de septiembre. El número ascendía a 29, y en ellas figuraban únicamente las de los más destacados de entre los afrancesados[7], lo que no impidió que diez días después les volviesen a apremiar para que procediesen más activamente a la liquidación de los bienes secuestrados, al tiempo que se les acusaba de debilidad en el cumplimiento de su cometido: «Debe procederse, desde ahora, sin guardar distinción, ni el menor respeto con las personas, por distinguidas que sean»[8].

En tanto, el Consejo de Castilla, ayudado por la espontánea colaboración de muchos particulares[9], seguía en su política represiva; los parientes y amigos de los españoles huidos con los ejércitos franceses procuraron ayudarles, presentándose, bien como copartícipes en sus fortunas, bien como acreedores suyos por importantes sumas, de las que pedían ser resarcidos con anterioridad a la venta de sus propiedades, retrasando de este modo la acción judicial emprendida[10].

El 7 de octubre se ordenó a los comisionados que remitiesen «nota de los caudales que hayan producido los efectos vendidos de resultas de sus respectivas comisiones»[11]. Se vio que Benito Arias había liquidado únicamente los bienes y mobiliarios de O'Farrill, Cabarrús y el marqués de Caballero[12].

> Los caudales obtenidos de su venta se guardan a mi disposición hasta que se pueda calcular a cuánto ascienden las deudas a que son responsables las tres almonedas, que temo importen más que el valor de los muebles que han dejado, y sucede lo mismo con los demás prófugos[13].

Martínez de Villela envió una relación no mucho más lisonjera. Exponía lo producido por cada almoneda,

> debiendo advertir –según decía– que contra estas casas han salido muchos acreedores que, según las cantidades que reclaman, supera su total, en las más de ellas, el de las tasaciones de sus bienes[14].

Para evitar estos retrasos, ambos fiscales presentaron, en 22 de noviembre, un informe por el que se pedía ingresasen en la Tesorería mayor todos los bienes confiscados con anterioridad a cualquier pago, pues «las circunstancias del día y la calidad de las personas son susceptibles de artificio, dolo o connivencia»[15].

El 25 de septiembre se constituyó la Junta Suprema del Reino, la cual, mediado octubre, asumió, junto con el gobierno general, la dirección de la política de represión contra franceses y afrancesados[16].

El 26 de octubre, la Junta Suprema procedió a la creación de un «Tribunal extraordinario y temporal de vigilancia y protección», encargado de entender «en las causas de infidencia y adhesión al Gobierno francés y cuanto tenga íntima conexión con estos puntos». Componían el Tribunal: Andrés Lasauca, del Consejo Real; Ramón de Posada y Soto, del Consejo y Cámara de Indias; José Justo Salcedo, del de Marina; Carlos de Simón Pontero, del de Órdenes; Sancho de Llamas, del de Hacienda; Pedro María Rig, de la Real Audiencia de Zaragoza, y Antonio Seoane, que lo fue de la Real Chancillería de Valladolid. Justo María Ybar Navarro fue designado para el cargo de fiscal, y Pascual Genaro Ródenas, para el de secretario.

> Procederá con toda la celeridad que sea compatible con los rigurosos principios de la justicia –se le prescribía en un reglamento que debía de dirigir su actuación–, evitando la inútil multiplicación de testigos en el sumario... cortando estudiadas y maliciosas dilaciones y caminando siempre al fin de su institución por los medios más breves y más conformes a la naturaleza de estas causas y al espíritu de nuestras sabias leyes (X).

Se le prohibía iniciase causa alguna «en virtud de papeles anónimos o seudónimos, ni por delaciones ciegas que no estén firmadas de persona conocida» (XX)[17].

El avance de Napoleón al frente de sus legiones puso rápido fin a toda actividad contra los afrancesados, al concentrarse la atención y el interés nacional en la tarea de resistir a esta segunda invasión de los afrancesados. Los procedimientos judiciales fueron languideciendo hasta los primeros días de diciembre, en que se presentaron ante los comisionados «algunos encargados de los que se habían marchado con el ejército francés, solicitando las llaves de sus habitaciones para disponer de ellas y sus efectos»[18]. El Consejo aceptó la nueva situación y ordenó les fuesen devueltas.

Dos días más tarde, una real orden firmada por José levantaba todos los embargos existentes sobre los bienes de franceses y afrancesados[19].

El restablecimiento de la corte josefina no puso fin a esta primera época de castigos. La Junta Suprema, una vez instalada en Sevilla, reasumió su anterior postura, y nuevamente ordenó el secuestro de «todos los bienes y pertenencias de los franceses, siguiendo en todo las reglas establecidas sobre las represalias»[20], informando a las juntas de Extremadura, León, Galicia, Aragón, Asturias y Córdoba, para que coordinasen su actuación con la de la Suprema.

El 24 de abril, un nuevo decreto calificaba a los afrancesados de «ingratos a su legítimo soberano, traidores a la patria y acreedores a toda la severidad de las leyes», y ordenaba la confiscación de

> todos los bienes, derechos y acciones pertenecientes a todas las personas, de cualquier estado, calidad y condición que fueren, que hayan seguido y sigan el partido francés.

Señalaba con especial rigor a 27 de los ministros y cortesanos de José, contra los que exigía la más pronta y radical justicia[21].

Días más tarde, otra orden ampliaba la anterior, incluyendo los nombres de 26 nuevos individuos, la mayor parte de ellos consejeros de Estado[22].

El posterior desarrollo de la guerra, con la casi total ocupación del país por las tropas francesas, limitó estas actividades, aplazando forzosamente su reanudación hasta la total liberación del territorio español.

La venganza

Hemos visto cómo, después de la batalla de Arapiles, José se vio forzado a abandonar Madrid, retirándose con los ejércitos de Portugal y del Centro de la región de Valencia.

A la entrada de las tropas españolas «las persecuciones contra los que habían servido al hermano de Napoleón se ejercieron ya en sus personas y bienes, ya en sus familias»[23].

En agosto se expidió un decreto que fue considerado como excesivamente blando y tolerante:

> La proclama del general Álava, al entrar con Wellington y su ejército en Madrid, da la medida de lo tolerante y conciliador del decreto de la Regencia y de la suavidad de las medidas tomadas para la purificación de los que a ella debían ser sometidos, produciendo en el Congreso y en el público en general gran disgusto[24].

El 21 de septiembre, una nueva decisión acentuó el rigor contra los empleados josefinos –a los que declaraba incapaces de desempeñar cargos públicos– y los condecorados con la Orden Real de España, y una ley del día 29 ordenó el arresto de todos aquellos individuos cuyas opiniones políticas resultaran sospechosas[25].

La represión tuvo dos aspectos, ambos de extraordinaria dureza: el legal, estatuido por los anteriores decretos, y el popular, movimiento incontrolado de repulsa y castigo, que causó enormes daños, muchas veces sin discriminar la parte de culpa existente en las personas sobre las que se imponía. «Se han secuestrado todas las casas de franceses y españoles que han seguido al rey», comentó La Forest desde Valencia[26]. Y Miot de Mélito añadió:

> Se hicieron violencias inútiles contra las mujeres y los niños de los españoles que, siguiendo al Gobierno al que se habían unido, habían creído poder dejar sus familias seguras en Madrid, o no habían podido llevarlas consigo por falta de medios. Se sometió a depuraciones odiosas, y a menudo ridículas, a individuos desconocidos[27].

El régimen moderado instituido por la Regencia y el generalísimo inglés, durante el mes de agosto, fue rápidamente superado por una ola de odios que amenazaba hacer naufragar la justicia en medio de un rencor contenido durante muchos años. Las mujeres de los empleados en el gobierno real recibieron órdenes de ingresar en conventos o entregar una fianza. Estaba prohibido, bajo pena de muerte, corresponder con los fugitivos. Los empleados que habían permanecido en Madrid tuvieron que entregar una declaración firmada indicando la naturaleza y duración de sus servicios, así como el modo con que habían conseguido sus empleos. Muchos fueron encarcelados después de haber prestado las declaraciones ordenadas. Una serie de agitadores volcaron su odio en la *Gaceta de Madrid:*

> He leído con asombro –comentó admirado el embajador francés– en la del 27 de agosto un artículo incendiario, conjurando la vindicta pública contra todas las familias que se han adherido a la causa del rey, contra los empleados que le han servido, contra las propiedades de los que le han segui-

do, contra los compradores de bienes y mobiliarios nacionales, contra las mujeres que se han hecho sospechosas por su relación con los franceses. La autoridad es muy débil –concluyó– cuando permite semejantes explosiones[28].

A los pocos días se creaba un Tribunal de apelación, vigilancia y depuración. Dos de sus miembros estaban encargados de instruir los procesos de todos los empleados detenidos o que se presentasen voluntariamente, de recoger los testimonios de cargo y descargo y de informar al Tribunal. Diariamente la *Gaceta* publicaba la lista de los individuos encausados, invitando a comparecer a todos los que tuviesen que atestiguar en favor o en contra[29].

A finales de mes, la situación continuaba empeorando en Madrid para los sospechosos de relaciones o simpatías con los afrancesados. Las prisiones estaban llenas de empleados o individuos acusados de relaciones con los franceses o con el gobierno josefino, hasta el extremo de haberse hecho necesario recurrir al Retiro para bastar a la manía de los arrestos. Durante todo este tiempo se siguió un sistema de máximo rigor contra los compradores de bienes nacionales y contra los funcionarios públicos, comprendidos los guardias de Aduanas, los conserjes, los muchachos de las oficinas, que, habiendo servido bajo los Borbones, continuaron prestando servicio con el rey José[30].

El destierro

José, entretanto –según hemos visto–, se entregó más y más a su gestión militar, con abandono creciente de sus deberes políticos. Desde Valencia hizo partir varios convoyes conduciendo a las familias de sus empleados hacia Francia. Al retirarse hacia el Norte, le acompañaron el resto de sus funcionarios, que, después de la batalla de Vitoria, hubieron de trasponer la frontera, iniciando su exilio.

El número de los expatriados que se establecieron en Francia se calcula alrededor de las 12.000 familias, que, carentes de recursos en su mayoría, tuvieron que gravar los presupuestos franceses durante siete largos años, dando en ocasiones origen a violentas interpelaciones en las Cámaras de París.

El gobierno imperial se encontró de este modo enfrentado con el problema del mantenimiento de una masa de población flotante, que, carente de recursos, se había establecido a todo lo largo de la frontera. José –desde San Juan de Luz– escribió a su hermano reclamando su ayuda en favor de los afrancesados que le habían acompañado:

> Tengo que mostrar a V. M. –decía– la horrible situación de los empleados y refugiados españoles que han seguido los movimientos de los ejércitos. Suplico a V. M. que ordene a sus ministros para que autoricen que los prefectos les proporcionen los socorros que V. M. considere convenientes[31].

Delegó al marqués de Almenara, como representante de todos sus compatriotas españoles, encargándole que hiciese llegar ante el emperador

> las reclamaciones de numerosos y notables españoles que han seguido las maniobras de los ejércitos, y que, hoy en Francia,

no pueden regresar a España hasta el momento en que se restablezcan los asuntos[32].

Las primeras órdenes imperiales tendieron más a guardarse de las consecuencias de tan inusitada invasión que a proteger a aquel ejército de derrotados moral y materialmente. Así se lo manifestó Napoleón a Clarke, en una carta de 1 de julio, en la que decía:

> Mi intención es que ningún español, oficial del rey de España, etc., cruce el Garona. Todos los refugiados se reunirán en una ciudad como Agen o Auch, que determinaréis consultando al archicanciller y al ministro de Policía[33].

Una vez los tuvo concentrados en la Gironda, cursó las instrucciones necesarias para garantizar su subsistencia:

> Reconozco la necesidad de socorrer a los refugiados españoles –escribió a Cambaceres–. He encargado al duque de Bassano dedique a ello un millón de los fondos extraordinarios de su presupuesto[34].

Para el reparto de estos recursos se formó una comisión, a cuyo frente figuraba el conde Otto. El 9 de agosto tuvo lugar la primera reunión. El presidente informó de que se habían pedido al duque de Santa Fe, al ministro general de Policía y al comisario general de Burdeos informes «acerca del número, calidad y necesidades de los españoles refugiados».

Como fondo de socorros se había destinado un millón de francos, del ejercicio de 1813, del Ministerio de Asuntos Exteriores, cuya distribución debía hacerse a razón de 200.000 francos mensuales[35]; pero como la comisión no disponía aún de suficiente información, se aprobó, a propuesta de uno de los miembros, entregar 5.000 francos a cada uno de los prefectos de los Pirineos Orientales, Altos Pirineos y del Arïege para que los distribuyesen, a razón de quince sueldos por persona y día, a los refugiados españoles que cruzasen el país, y 25.000 francos a cada uno de los prefectos de las Landas, Gers y Bajos Pirineos con el mismo fin.

Los prefectos, por su proximidad al problema, podrían resolverlo con mayor justicia; pero, a fin de centralizar en el futuro la concesión de socorros, se les pedía: 1.°, una relación general de cuantos españoles se hubiesen refugiado en sus respectivos departamentos, indicando la edad, sexo, calidad y medios de vida; 2.°, un informe acerca de los recursos concedidos, y 3.°, relación de las peticiones recibidas y que provisionalmente hubiesen sido desestimadas[36].

El 26 de octubre, el conde Otto, siguiendo indicaciones del embajador español –duque de Campo Alange[37]–, dio unas instrucciones a los prefectos «relativas a la distribución de los socorros concedidos por S. M. el emperador a los españoles refugiados». En ellas se prescribía la formación de una lista de todos los españoles refugiados en cada departamento, la cual había de confrontarse con la general facilitada por el embajador de S. M. C. en París. Los socorros se proporcionarían, casi en su totalidad, a los que sirvieron al rey. A los artesanos, criados y obreros se les buscaría trabajo. Las personas dependientes de un individuo merecedor de asistencia no la recibirían. Cada diez días los pagadores harían un estado de los españoles que hubiesen recibido ayuda. Para cobrar, los exiliados estaban obligados a vivir en un mismo departamento, no pudiendo cambiar de residencia sin haber informado antes al prefecto de su departamento, que, a su vez, debía comunicarlo a la comisión y al prefecto del departamento donde fuese a establecerse. Las asignaciones señaladas eran proporcionales a los sueldos y a las necesidades[38].

El 5 de abril de 1814 Napoleón abdica la corona de Francia, que pasó a manos de Luis XVIII, restaurándose de esta forma la dinastía borbónica. Consecuencia inmediata, respecto a los afrancesados, fue una disminución de los auxilios.

> La restauración borbónica, menos ligada con los afrancesados, y más con el Gobierno español, si no les negó enteramente auxilio, al menos les restringió de modo considerable, y aún lo acompañó de medidas políticas vejatorias, temerosos de que aquellos españoles fueran secretos conspiradores bonapartistas.

De acuerdo con esta nueva orientación de la política francesa, el duque de Angulema ordenaba el 12 de mayo que se les sometiese «a la más rigurosa vigilancia, y reglamentaba para ellos una corta asignación de víveres»[39].

La represión

Entretanto, continuaba en España la aplicación de medidas, cada vez más severas, contra los afrancesados, tanto los huidos como los que habían permanecido en el país, después de la retirada de las fuerzas francesas.

El 24 de mayo, el ministro de Estado comisionó a don Manuel de Lardizábal y al conde de Torremuzquiz para que, adjuntando las observaciones necesarias, clasificasen a los empleados que habían seguido el partido de José en cuatro clases diferentes:

> La 1.ª, comprensiva de los que no habían querido recibir empleo alguno del usurpador;
> la 2.ª, de los que habían continuado desempeñando durante su gobierno sus antiguos destinos;
> la 3.ª, de los que habían recibido ascensos extraordinarios, que debían reputarse como efecto de su adhesión al intruso,
> y la 4.ª, de aquellos que, no contentos de haber sido, o arrastrado tras sí a sus compatriotas al partido de aquél, habían también perseguido a los fieles y buenos españoles[40].

Para el día de San Fernando los exiliados habían esperado una amnistía general. En su lugar llegó un decreto por el que se condenaba a expatriación perpetua a todos los que hubiesen recibido o conservado cargos políticos, dignidades eclesiásticas o empleos en la policía o en el ejército, desde el grado de capitán, durante el reinado de José (art. 1.1).

La medida se hacía extensiva a las esposas que, por deber conyugal, les habían seguido en el destierro. «Las mujeres casadas que se expatriaron con sus maridos seguirían la suerte de éstos» (art. 6.1). Se exceptuaban de estos castigos únicamente a los que habían desempeñado empleos subalternos o no habían tenido cargo oficial alguno. A éstos «se les permitía entrar en el reino, pero no el venir a la corte, ni establecerse en pueblo que estuviese a menos de veinte leguas de distancia de ella» (art. 2.º). Asimismo, se les privaba de todos sus honores y se les inhabilitaba para ocupar cargos públicos (art. 3.º)[41].

Los afrancesados respondieron al decreto con una serie de «Reflexiones» y «Reclamaciones». En ellas surgían nuevamente todas las premisas de su ideología. Insistían primero en la necesidad que les obligó a acceder a la imperiosa fuerza de las armas y en la casi total sumisión de la nación.

> Toda la nación sucumbió, a excepción de una corta porción de beneméritos, heroicos y valerosos españoles, y, por consiguiente, o todos los españoles son culpables, o ninguno.

Otro de los argumentos que usaban con frecuencia era la necesidad de subsistir.

> El que no tenía más que su empleo para comer, y con crecida familia, que son los más, ¿debían dejarse morir de hambre?[42].

Godínez, en sus «Reflexiones», se apoyó en la necesidad de evitar la anarquía: «Miraron por todas partes en busca de un gobierno que impidiese el desorden». Y acusa a Fernando VII y a Carlos María Isidro de ser más traidores de lo que pudieran serlo las gentes que proscribía el decreto de 30 de mayo, revelando su verdadera actitud en Valençay:

> Vos, rey –clamaba–, no habéis podido resistir a la fuerza, y queréis exigir que un simple vasallo permanezca firme en su opinión durante seis años de disturbios[43].

Tan extraordinario castigo, en contra de lo pactado en Valençay, causó general impresión en las cancillerías europeas, que en algunos casos, especialmente la francesa, intentaron intervenir a su favor cerca del gobierno español. El embajador ruso, Taticheff, recibió órdenes de intervenir, de acuerdo con los deseos del gobierno francés, cerca del monarca español, a fin de que fuesen perdonados «todos los españoles que han seguido el partido del intruso José Napoleón, y se hallan en Francia actualmente, permitiéndoseles volver a su patria»[44].

Durante las negociaciones de paz entre Labrador y Talleyrand, que culminaron en el tratado de 20 de julio de 1814, este último asumió la defensa de gran número de afrancesados. Este extremo se discutió en diversas ocasiones, teniendo que ceder, finalmente, el gobierno francés ante la tenacidad con que el enviado español defendió la política represiva, de acuerdo con las instrucciones del Consejo de Estado, que le había ordenado eludiese «con buenas palabras» cualquier recomendación

> en favor de los que se refugiaron en Francia con José Bonaparte..., sin que, respecto a ellos, se contraiga obligación alguna, por tratarse de asuntos meramente del Gobierno del rey[45].

El día 31 Labrador pasó una nota a Talleyrand, en la que le indicaba que el único medio de lograr el perdón de los afrancesados era hacerlo depender de la clemencia de Fernando VII, en lugar de imponerlo como condición previa para la firma del tratado.

El ministro francés renunció a los artículos adicionales propuestos, y el mismo día 20, que se firmó el tratado, mandó una carta al enviado español «recomendándole insistentemente a la clemencia y bondad de S. M. C., los españoles comprendidos en una relación», cuyo número ascendía a 70, entre los que figuraban los ministros y los más destacados entre los cortesanos josefinos[46].

Labrador respondió el mismo día al príncipe de Benevento, reiterándose en los mismos términos de su nota del 13, manifestando que apelar a la benevolencia del monarca sería

> el medio más poderoso, y tal vez el único, de obtener el perdón de individuos que, de acuerdo con las leyes de España, están excluidos del territorio de esta monarquía[47].

La propuesta del príncipe de Benevento no tuvo consecuencias, y ninguna de las personas recomendadas por S. M. Cristianísima pudo regresar a España.

Luis XV aún insistiría, en un par de ocasiones, en pedir que Fernando VII usase de clemencia para con los exiliados. En ambas, el monarca español, por boca de Labrador, se negó rotundamente a ello.

La actuación de los afrancesados en el destierro

En marzo de 1815 Napoleón regresó a Francia, recobrando para cien días la corona imperial. Ordenó a su hermano José se encargase de la organización de todos los españoles residentes en Francia, constituyéndoles bajo la autoridad de una junta secreta, cuya misión sería editar una *Gaceta* destinada a ilustrar e inducir a los españoles a la insurrección, así como de la formación de guerrillas.

> El fin de este periódico será ilustrar a los españoles, hacerles conocer nuestras disposiciones constitucionales y empujarlos a la insurrección y a la deserción. La junta deberá ocuparse de los proyectos de expedición de guerrillas, de su organización y de los medios de hacerlas entrar en España[48].

La noticia del restablecimiento de Napoleón en el trono provocó gran inquietud en la corte española, que se preparó para anular cualquier tentativa de los afrancesados, girando un Real Decreto el 27 de mayo «a la Sala de Alcaldes de la Real Casa y Corte, Chancillerías y Audiencias, Corregidores, Gobernadores y Alcaldes Mayores, a los MM. RR. Arzobispos, RR. Obispos y demás prelados eclesiásticos del reino», cuyo objeto era encargar a todas las autoridades fronterizas velasen

> con la mayor cautela y precaución a evitar cualquier sorpresa que pudiese temerse por parte de los enemigos y partidarios de Bonaparte, y que las demás provincias interiores del reino estén también sobre sí con el mayor cuidado, a fin de evitar los malos efectos que pueden producir los artificios y seducción de los mismos y el de las noticias desfiguradas que puedan esparcir por los mal intencionados[49].

Todas estas medidas no pasaron de ser más que una falsa alarma, ya que los afrancesados exiliados no sólo no ayudaron a Napoleón, sino que aún contribuyeron a sostener a los Borbones:

> Los españoles, en su gran mayoría, o se mantuvieron neutrales o hicieron armas contra Bonaparte, como los generales

Muñoz y Salamanca y el coronel Tellechea, quienes se encargaron de conservar el orden en Agen, Tonneins y Marmanda, pueblos en que residían sus fuerzas[50].

A partir del año 1814, hasta 1820, aumentó el número de los expatriados con la llegada de los liberales.

> La común desgracia –ha dicho Deleito– no aproximó a aquellos hombres, igualmente perseguidos por la saña rencorosa de un rey tirano; y uno y otro bando prosiguieron en la expatriación como en la Península, mirándose de reojo y desacreditándose mutuamente, pues cada uno de ellos creía merecida la suerte que el otro alcanzaba, aunque reputándose injusta la propia[51].

Estos últimos, a partir de la llegada a Francia, comenzaron a fraguar conspiraciones, cuyo fin era derrocar el régimen imperante en España, en tanto que otros muchos pasaron a América, contribuyendo directamente a la labor emancipadora de las colonias.

> El estado de aquellas colonias –avisó nuestro cónsul en Burdeos– es muy crítico para desentenderse, y estos sujetos se trasladan a éstas con los planes más funestos para la madre patria; el evitarlos es urgente[52].

Algunos de los informes recibidos hicieron creer en España que afrancesados y liberales habían unido sus fuerzas en el destierro para acabar con el absolutismo fernandino. Un tal don Fernando, el mayordomo, comunicaba desde Gibraltar, el 18 de marzo de 1815, en una carta reservada y de gobierno:

> Hay una revolución preparada a toda costa, en la que los afrancesados tienen el mayor lugar, y andan en busca de los L. L. [¿liberales?], y éstos se resienten de ello; pero, a pesar de todo, como sus intereses distan poco, al cabo se unirán. En dicho plan hay dinero y sujetos de primer orden[53].

El conde de Peralada comunicó el 20 de julio, desde París, noticias de otras de estas conspiraciones, cuyo objeto era

> atentar contra la autoridad del rey N. S., a quien intentan expeler del trono..., para sustituir por un gobierno republicano. Entre los sospechosos figuraban nombres de filiaciones políticas distintas. Junto a afrancesados como Amorós, Almenara y Negrete formaban liberales como Mina y otros de difícil reconocimiento[54].

El gobierno español, alarmado ante semejantes rumores, insistió repetidas veces cerca del vecino país para que alejasen a los expatriados de la frontera:

> Solicite del gobierno francés –se ordenó al conde de Peralada– la confinación de los partidarios de José a una distancia de la frontera proporcionada a desvanecer todo temor[55].

El gobierno francés, ante los requerimientos del embajador español, dio órdenes a los comandantes de la 1.ª y 11.ª divisiones para que procediesen a la inmediata evacuación

> de los depósitos de Tarbes, Toulouse, Pau y Bayona, si no de todos los españoles en masa, al menos de todos aquellos

cuyas relaciones u opiniones puedan considerarse sospechosas[56].

En el momento de discriminar quiénes, entre los exiliados, fraguaban las conjuraciones contra el gobierno fernandino se echó de ver cómo los afrancesados no figuraban en ellas. El 27 de abril de 1816, el ministro de Policía francés, conde de Cazez, comunicó al conde de Peralada: «No parece que los conjurados hayan atraído a sus proyectos a ningún francés, ni siquiera a ningún español de los que sirvieron al usurpador José»[57].

Los comisarios de policía y prefectos de los departamentos fronterizos recibieron asimismo instrucciones para hacer regresar a su patria a todos los españoles que podían hacerlo de acuerdo con el decreto de 30 de mayo de 1814. Estas medidas contribuyeron más a dificultar la ya penosa subsistencia de los exiliados, especialmente de los afrancesados, que a impedir la constante efervescencia que hacía de las poblaciones fronterizas, como Bayona y Burdeos, centros de concentración de los liberales, enemigos del régimen español, en constante comunicación con sus correligionarios españoles, en busca siempre de una coyuntura que pusiese fin al gobierno de la camarilla absolutista que rodeaba a Fernando VII.

Para el gobierno español, la actitud adoptada por el vecino país resultaba excesivamente benévola, y durante los años que transcurrieron hasta el levantamiento de Riego fueron incesantes las quejas de nuestros embajadores por tal motivo[58].

Las purificaciones y el regreso de los afrancesados

En 1815 un nuevo decreto instauraba el sistema de purificación que establecía una estrecha fiscalización con el fin de separar de los cargos públicos e impedir la entrada en la Península a todos los considerados como poco adictos al rey.

El 28 de junio del siguiente año una Real Cédula –«por la cual se prescriben las reglas que se han de observar en la sustanciación y determinación de las causas contra los extraños del reino por adictos al Gobierno intruso»– mandó que se formasen causas separadas a cada uno de los exiliados (art. 1.º), continuando con la confiscación de los bienes de cuantos huyeron al extranjero, estuviesen o no comprendidos en el decreto de proscripción (art. 16)[59].

Las viudas de los afrancesados, para regresar tenían que demostrar previamente la defunción de sus maridos, y una vez en España venían obligadas a someterse a la vigilancia de las autoridades de los pueblos en que fijasen su residencia:

> Acreditando las viudas de los españoles expatriados con documentos fehacientes la muerte de sus maridos, se les permite regresar a España, pero sujetas a la inspección del gobierno político del pueblo donde se establezcan[60].

Al mismo tiempo se dirigió una circular a los capitanes generales de Guipúzcoa y Cataluña, para que aumentasen su vigilancia en evitación de que los exiliados regresasen fraudulentamente a la patria[61], y el 12 de enero se daban órdenes rigurosas al gobernador de la Sala de Alcaldes y administradores interiores para que reavivasen su vigilancia, pues «se han introducido y existen en Madrid algunos sujetos que, como comprendidos en el R. D. de 30 de mayo de 1814 no deberían permanecer sin especial licencia de S. M.», multando a los contraventores con cincuenta ducados o un mes de prisión si fuesen insolventes, aparte de la pena de destierro a cuarenta leguas de la corte. Las mismas penas se hacían extensivas a «los vecinos que reciban o alojen en sus casas a tales personas sin dar cuenta, o que contribuyan de cualquier modo a su ocultación y permanencia en Madrid»[62].

En 1817 el Gobierno francés inició una investigación detallada del caso de todos los españoles excluidos por la orden de 30 de mayo de 1814 de volver a España, con objeto –según comunicó Labrador a Pizarro en despacho de 19 de marzo– «de que permitiéndose la vuelta de los que no son peligrosos, se libertase a S. M. Cristianísima del gran peso de mantener a tantos extranjeros». El ministro español respondió el 5 de abril a Labrador ordenándole en nombre del rey que no perdiese «ocasión de distraer dicha idea, pues así conviene por ahora»[63].

La situación interior del país obligó al gobierno español a enfrentarse con la necesidad de poner fin, o al menos paliar, las medidas en vigor contra los expatriados. El 29 de mayo, un Real Decreto ordenaba una consulta al Consejo

> acerca de la utilidad política de una amnistía general o con excepción, o una medida conciliatoria, tanto con respecto a los que siguieron el partido del intruso como a los comprendidos bajo el título de opiniones políticas dentro y fuera del Reino[64].

Se recibieron contestaciones de los secretarios del Despacho, de las Chancillerías, capitanes generales, gobernadores, intendentes, arzobispos, obispos, etc. El 20 de octubre, Pizarro resumió las respuestas en un informe destinado al monarca:

> 1.º La opinión de la amnistía modificada es la opinión más general de todas las autoridades consultadas, entre ellas la del Tribunal venerable de la Inquisición.
>
> 2.º Ésta es la opinión misma de los tres ministros de V. M. Marina, Hacienda y Estado, a quienes se imputa un partido.
>
> 3.º El único medio que estos ministros han empleado es el de firmar su opinión sin otro manejo alguno, y consultar las personas más respetables del reino. Ambos son medios públicos, legales y solemnes.
>
> 4.º La opinión contraria no está apoyada en autoridad alguna suficiente a hacerla general...
>
> 5.º Ha sido sostenido con acaloramiento y destemple, caracteres precisos de la posición y espíritu del partido.

Terminaba su exposición pidiendo al rey no se dejase arrastrar por un partido que, escondido, contribuía a frustrar el bien público[65].

Después de tan larga tramitación, en que la mayoría de las opiniones se habían mostrado favorables al regreso de los expatriados, se dio el 15 de febrero del siguiente año una Real Cédula –«rencorosa y mezquina», en frase de Deleito– que fundía en una todas las órdenes dadas con anterioridad y «por la cual se declaran las personas que puedan volver a España de las que siguieron al Gobierno intruso en su retirada a Francia». Constaba de doce artículos, y en ella se manifestaba igual rigor que en 1814, manteniéndose en vigor la mayor parte de las medidas de proscripción. A los no incluidos en un primer artículo, en todo igual al Decreto de 30 de mayo, se les permitía regresar a España, pero para recobrar sus bienes habían de hacerlo «en el preciso momento de seis meses» (art. 4.º). Como único avance se señalaba el levantamiento de los secuestros de los bienes de las personas comprendidas en el primer artículo. Sin embargo, no se devolvía a sus sucesores o herederos la propiedad de dichos bienes, sino solamente su administración, «con la obligación de *entregar* anualmente al crédito público la mitad de sus productos» (art. 5.1), dando cuenta, con certificaciones de los cónsules españoles, de los países en que aquéllos residían, «por las cuales se acredita que se mantienen éstos en su destierro, sin tomar parte en los disturbios de América» (art. 7.º).

De los que regresasen por el presente indulto o por algún otro anterior, ninguno podía «aspirar a los empleos o destinos que antes tenían ni usar de las condecoraciones exteriores que les distinguían» (art. 9.º).

A los que regresaran sin estar incluidos en el perdón real se les volvía a la frontera, «sin otra vejación y molestia que la necesaria para llevarla a efecto» (art. 11). Los pocos que podían volver en virtud del anterior decreto se vieron obligados, por una nueva Real Cédula de 24 de abril, a hacerlo, «precisamente por los puntos de Irún y La Junquera, y no por ningún otro, presentando al capitán general de Guipúzcoa y al gobernador corregidor de Gerona los pasaportes que acreditasen no hallarse comprendidos en el artículo 1.º de la misma real orden»[66]. Y una orden de 18 de febrero de 1819 exigía de ellos que, una vez decidido su punto de destino, no pudiesen «mudar de domicilio sin expresa licencia de S. M., pues, en otro caso, serán tratados como verdaderos vagos»[67].

Al año siguiente se pasó comunicación al secretario del despacho de Gracia y Justicia, encargándole avisase a las autoridades fronterizas:

> Me parece muy conveniente y necesario se prevenga a los capitanes generales, en las fronteras de Francia y Portugal, que cuiden con el mayor esmero, y lo encarguen también a las justicias de sus respectivos mandos, bajo toda responsabilidad, que eviten e impidan la introducción de tales gentes que no deban venir al reino[68].

El pronunciamiento de Riego puso fin a la primera etapa absolutista de Fernando VII. El nuevo gobierno liberal autorizó el regreso a España de los afrancesados residentes en el extranjero, en virtud de un decreto dado el 23 de abril, y cuya acción se vio limitada, en gran parte, por la aparición, tres días más tarde, de una orden que limitaba la amnistía, obligando a los que regresaban a establecerse en las provincias del Norte, sin rebasar Burgos, «de donde no deberán pasar hasta que, reunidas las Cortes, deliberen lo que estimen justo»[69].

Durante las discusiones sobre este punto, los diputados se mostraron de opiniones diversas, triunfando, finalmente, los partidarios de la clemencia, aunque una orden dada en septiembre prohibió a los afrancesados recobrar sus privilegios y honores, así como tomar posesión de sus anteriores destinos.

Los afrancesados, una vez reincorporados a la vida del país, se encontraron vacilantes entre los dos partidos que constituían toda la vida política nacional. Su moderantismo ideológico les impidió unirse a los liberales, sin que tampoco les permitiese identificarse con los absolutistas, desapareciendo de la existencia política como partido, limitándose cada individuo a resolver su particular problema.

9. La política de los afrancesados

Los afrancesados fueron los epígonos del movimiento ilustrado, cuando Napoleón dio a España una Carta otorgada, y la Junta Central hacía de las Cortes un poder constituyente. El programa que se había resumido en la frase «todo para el pueblo pero sin el pueblo» se especificó en la fórmula que combinaba poder real y reformas sociales, una forma de revolución sin violencia. La extinción del privilegio era la piedra angular de su programa, y se distinguían de los liberales por su oposición no sólo al parlamentarismo, sino a la representación popular. Tuvieron la ocasión de aplicar sus ideas políticas en dos momentos, separados por el intervalo del exilio.

La primera experiencia del poder les llegó de la mano de José (1808-1813), que necesitaba un colectivo de colaboradores para ejercer como rey, en tanto éstos dependían de él para gobernar, aunque fuese en condiciones tan precarias como las que padecieron entre 1810 y 1812. Al cabo de tres lustros encontraron la oportunidad de separar a Fernando VII de los realistas que se inclinaron por don Carlos y proporcionaron a los moderados un completo sistema de administración, destinado a alejar a la opinión del poder.

El reinado de José Bonaparte[1]

En julio de 1808, el cambio dinástico parecía definitivo y la asamblea de Bayona –una reunión heterogénea de individuos de los tres estamentos, unos elegidos y otros designados– daba los últimos retoques a la Carta en Bayona. No incluía declaración de derechos ni división de poderes, aunque distinguía las funciones. En el lugar de declaración, ofrecía derechos como consecuencia de la abolición de privilegios, como la igualdad ante la ley:

> Todos los privilegios que actualmente existen concedidos a cuerpos o a particulares quedan suprimidos (art. 118).

la extinción de las jurisdicciones señoriales:

> [...] todas las justicias de abadengo, órdenes y señoríos quedan suprimidas (art. 98).

la reducción de los mayorazgos:

> Todo fideicomiso, mayorazgo o sustitución de los que actualmente existen... [que] no produzcan una renta anual de cinco mil pesos fuertes, queda abolido. El poseedor actual con-

> tinuará gozando de dichos bienes restituidos a la clase de libres (art. 135).
>
> Íd. de más de 5.000 pesos fuertes... podrá pedir... que... vuelvan a la clase de libres (art. 136).
>
> Íd.. de más de 20.000 pesos fuertes se reducirá al capital que produzca líquidamente la referida suma y los bienes que pasen de dicho capital volverán a entrar en la clase de libres (art. 137).
>
> En adelante no podrá formarse ningún fideicomiso, mayorazgo o sustitución sino en virtud de concesiones hechas por el rey... (art. 139) y la libre circulación de mercancías:
>
> Las aduanas interiores de partido a partido y de provincia a provincia quedan suprimidas en España e Indias (art. 116).

Describía un sistema político con buen número de sujetos políticos y una participación cruzada propia de la unidad del poder. La Corona, el Consejo de Estado y las Cortes participaban en la actividad legislativa, el Senado garantizaba unos derechos no declarados: la libertad individual y la libertad de imprenta, aunque no la de prensa. Nueve ministerios y el Consejo de Estado, del que formaban parte los titulares de los primeros y que presidía el rey, eran permanentes, en tanto las Cortes eran estamentales y la representación popular, heterogénea (diputados de las provincias de España e Indias, de las ciudades de España, de los comerciantes y de las universidades). Se reunían una vez cada tres años. La Corona tenía amplios poderes: nombraba todos los cargos importantes y tomaba la última decisión. Las Cortes eran estamentales, y la representación popular, heterogénea: diputados elegidos por distintos colegios.

En cuanto a la forma del Estado, se formalizaba la conexión entre la Corona y los reinos y provincias españolas de América, mediante la presencia en la corte de 22 diputados permanentes, de las 16 circunscripciones americanas, elegidos por los ayuntamientos, que serían parte de la representación en Cortes. Seis de ellos, designados por el rey, serían miembros del Consejo de Estado con voz consultiva. El Estado-nación aparece como objetivo al plantear la eventual desaparición de los fueros territoriales y la unidad fiscal:

> Los fueros particulares de las provincias de Navarra, Vizcaya, Guipúzcoa y Álava se examinarán en las primeras Cortes (art. 144). El sistema de contribuciones será igual en todo el reino (art. 117). El Tesoro público será distinto y separado del Tesoro de la Corona (art. 119).

José pudo rodearse en Bayona de algunos de los nobles de mayor prestigio para componer la Casa Real. Al entrar en España, José tenía dos problemas inmediatos: reconstruir el aparato del poder, tras la quiebra de las instancias centrales del poder, y la sustitución de las autoridades territoriales por las Juntas Supremas, y crear un ejército que le liberase de la dependencia del emperador.

El comienzo de su reinado no pudo ser peor. La noticia de la capitulación de Dupont, a los pocos días de su llegada a la corte, era un desastre político además de militar. Un rey apenas entrevisto se había convertido en un fugitivo, los nobles que habían aceptado los cargos palatinos no le siguieron, en tanto los ministros, salvo Cevallos, le acompañaron hasta Vitoria. La presencia del emperador al frente de buena parte de la *Grande Armée,* con buen número de mariscales para mandarlas, desplazó a José del centro del poder, humillación que le llevó a plantearse la posibilidad de la abdicación cuando Napoleón comenzó a legislar por su cuenta desde su puesto de mando. Los decretos de Chamartín (abril de 1808), destinados a ganarse a la opinión, anunciaron la abolición del «derecho feudal»: las cargas personales, los derechos exclusivos de los señores –hornos, molinos, pesca–, e introdujo la libertad industrial. Para reducir la influencia de la Iglesia redujo el número de conventos a un tercio de los existentes, mediante la reunión de los religiosos de la misma orden, y el de los regulares con la expulsión de los novicios. El golpe de efecto final fue la abolición del Tribunal de la Inquisición por «atentatorio a la soberanía y autoridad civil». En último término, convenció a su hermano para que continuase en el ejercicio de su poder.

La decisión de no convocar Cortes ni crear el Senado pudo deberse a la radical oposición de los ilustrados contra la participación popular en la política, en tanto los ministros pasaron de cinco a nueve, con la creación de los de Negocios Eclesiásticos, de Interior –que sustituyó al Consejo Real en sus funciones administrativas–, el de Indias y el de Policía General. Sin una precisa definición de competencias, eran inevitables los conflictos del de Justicia, encargado hasta entonces del de Negocios Eclesiásticos, del de Interior con el de Policía y del de Indias con todos los demás[2]. Cuando el rey aceptaba el proyecto de un ministro, lo comunicaba al ministro-secretario de Estado, que se limitaba a organizar la comunicación interior, como había hecho hasta entonces el Consejo de Castilla. Recibía y conservaba los proyectos de ley y las minutas de decretos, que comunicaba al Consejo de Estado, y los originales de las leyes y decretos, de los que enviaba copias firmadas de su mano a los ministros y autoridades encargadas de su ejecución. La presencia de ministros de los antiguos Consejos en el de Estado les proporcionó la influencia necesaria para determinar su orientación política.

El proceso legislativo se iniciaba con proyectos de ley que los ministros sometían al rey y éste aprobaba. Cuando el rey no ordenaba su ejecución, el ministro-secretario lo comunicaba al Consejo de Estado, al que la Constitución confería una amplia competencia, sustituida en la práctica por la iniciativa de los ministros:

> Los proyectos de leyes civiles y criminales y los reglamentos generales de la Administración pública serán examinados y extendidos por el Consejo de Estado (art. 57).

La publicación de los decretos reales quedó a cargo del ministro-secretario que «refrenda las leyes y decretos firmados por Nos y todos los actos del gobierno, sellando éstos con sellos del Estado». La reunión de los ministros y otros altos cargos se conoció como Consejo privado, a pesar de no tener composición ni competencias definidas.

La creación de una administración homogénea y centralizada fue la primera de sus preocupaciones. Comenzaron por dividir el territorio en 38 prefecturas de parecida extensión, 74 subprefecturas y éstas en municipalidades (17 de abril de 1810). El prefecto tenía el gobierno civil, la vigilancia de la administración de las rentas y la policía general, asistido por un Consejo de tres miembros y una

Junta anual, todos ellos designados y nombrados por el rey. El subprefecto ejecutaba las órdenes del primero y el corregidor era la única autoridad municipal. Introdujeron la policía en su acepción moderna de cuerpo de vigilancia y seguridad, y atribuyeron al ministro de la Policía General la gestión de las cárceles y la censura de prensa. Para reforzar la acción de la administración se acudió a nombrar comisarios regios con poder sobre un grupo de provincias. En febrero de 1809 se nombraron siete comisarios para supervisar lo que sucedía en las 17 provincias a que alcanzaba la autoridad real, limitada a las principales ciudades del camino. Mazarredo, destinado a Galicia, no pasó de Benavente; no se mandó a nadie a Aragón, donde se luchaba por la capital, y cuando se nombro uno, el designado fue Suchet. El destinado a Cataluña llegó a través de Francia, y no pasó de Figueras. La conquista de Andalucía dio ocasión para despachar una nueva hornada de comisarios a Córdoba, Sevilla y Granada. En 1811 dos ministros, Almenara y Arribas, fueron enviados a las provincias al norte de Madrid. El conde de Montarco consiguió algunos resultados gracias a la tolerancia del mariscal Soult, verdadero virrey de Andalucía.

Para fomentar el desarrollo, según lo habían concebido los ilustrados, crearon la instrucción pública con la construcción de liceos en las capitales de intendencia para enseñar lenguas clásicas, matemáticas, filosofía, física e historia natural (octubre de 1809) y un conservatorio de artes y oficios en la corte (junio de 1810), e introdujeron las patentes de invención (septiembre de 1811). Para contribuir al desarrollo económico liberalizaron el comercio interior con la supresión del tanteo, estanco y otras gabelas industriales (marzo de 1812), la creación de tribunales de comercio, compuestos por negociantes, a los que se prohibía la asistencia de abogados y procuradores, con apelación ante la jurisdicción ordinaria (octubre de 1809), y la de la Bolsa de comercio (octubre de 1809), a la que dotaron de reglamento (julio de 1810). Para equilibrar la Hacienda reformaron el registro y el papel sellado (marzo de 1812) y prepararon detallados reglamentos para el pago de los derechos, y, en último término, intentaron la reforma fiscal al ordenar la sustitución de las antiguas rentas por una contribución anual «en granos y dinero» en las 16 provincias en las que había guarniciones (febrero de 1813). La abolición de los conventos ordenada por Napoleón en Chamartín (diciembre de 1808) dio origen a los bienes nacionales, cuya administración y venta organizó el gobierno josefino mediante sus decretos.

La reforma de la justicia comenzó con la separación de la gobernación y la jurisdicción (R. D., 5 de noviembre de 1811):

> Los jueces de primera instancia y alcaldes mayores conocerán única y exclusivamente de todas las primeras demandas judiciales y no tendrán intervención alguna en el gobierno de los pueblos (art. 1).
>
> Del mismo modo, los corregidores cuidarán únicamente del gobierno de las municipalidades (art. 2).

La disolución de los Consejos provocó el reparto de sus asuntos: dos Juntas se hicieron cargo de los negocios contenciosos pendientes en el Consejo Real, en tanto los administrativos y de gobierno se remitían a los ministerios correspondientes (noviembre de 1810). Extinguieron la jurisdicción señorial de los eclesiásticos[3] y la de la Real Casa pasó al teniente de corregidor de Madrid (6 de febrero de 1809).

La naturaleza de las penas se ajustó a la nueva doctrina: abolición de las penas infamantes (16 de octubre de 1809), derogación de las leyes que consideraban el servicio militar como una pena y la abolición de la pena de baquetas (ambas el 21 de julio de 1809). La organización de la Justicia distinguía dos formas: los jueces de paz (conciliadores) buscaban el acuerdo de las partes o en su caso la aceptación del arbitraje, en tanto la jurisdicción ordinaria se dividía en tres niveles: primera instancia en cada una de las subprefecturas, 13 chancillerías en vez de audiencias y un tribunal de reposición en la corte. Publicaron instrucciones separadas para los conciliadores y los tribunales.

La división política del país no se reflejó en el ejército, cuyos regimientos de línea, medio centenar, eran la base de su fuerza. En tanto los regimientos de las provincias libres se ponían a las órdenes de las respectivas Juntas Supremas, los de la zona ocupada se disolvieron sin dejar rastro, hasta el punto de que José se vio en la necesidad de crear nuevos regimientos: tres españoles de infantería de línea en 1809, uno de la brigada irlandesa y dos de la Guardia Real si tomamos como buenas las noticias de la *Gaceta*. La creación, sobre la base de las prefecturas, de 15 divisiones militares que comprendían toda la Península no era más eficaz que la anterior. Para satisfacer su vanidad, Napoleón le dio el mando de los cuerpos del ejército que operaban en el Centro y puso a su lado a un mariscal: Jourdan. La conquista de Andalucía fue la ocasión para generalizar la milicia cívica, para cuya formación reclutó a los padres «que tengan propiedad o arraigo», sus primogénitos mayores de 17 años, los «artesanos que tengan tienda, los empleados civiles y los reformados y retirados civiles y militares». A pesar de lo descabellado de su composición prepararon una instrucción. En enero de 1811 se creo la Gendarmería Real, una fuerza armada profesional destinada al mantenimiento del orden público en las capitales, que tomaría las órdenes del comandante militar, y dos meses después se publicó el correspondiente reglamento.

La división del país, la segregación de las provincias al norte del Ebro de la autoridad real, la autonomía de los comandantes franceses en los territorios de su mando, la insuficiencia de los medios humanos y materiales de la administración josefina, los avatares de la guerra y la destrucción de los archivos limitaron toda posibilidad de construir una historia semejante a la de otros países. Las compilaciones de leyes se interrumpen a partir de 1812 y las noticias de otro tipo son ocasionales.

El reinado de Fernando VII

La victoria de Wellington en Arapiles (22 de julio de 1812) provocó el abandono de Madrid y Andalucía y la concentración de los tres principales ejércitos en Valencia. Las autoridades y funcionarios afrancesados se retiraron con las tropas, y entre septiembre y diciembre partieron de Zaragoza hacia Francia tres convoyes con exiliados, en tanto la retirada británica permitió el retorno de los demás a la corte. En 1813, la retirada de los ejércitos franceses hacia Vitoria se vio retrasada por la presencia de varios miles de exiliados.

A partir de las diferentes listas de exiliados, López Tabar estima el total de los emigrados entre 10.000 y 12.000, de los que ha identificado a 4.172 afrancesados, que podemos agrupar en un número apenas menor de grupos: dos por su condición –nobles, eclesiásticos–, dos por su función –militares y empleados de la administración– y un resto, de los que sólo se conocen los nombres:

nobles titulados	99
eclesiásticos	252
desconocida	409
militares	979
empleados	2.433

Algunos de los afrancesados volvieron a España en 1816-1817 y se abrieron camino en la enseñanza y la prensa. Lista enseñaba en Bilbao, Burgos dirigía la *Miscelánea de Comercio. Artes y Literatura,* que apareció en noviembre de 1819, y Miñano se dedicó a las traducciones. Cuando Fernando VII juró la Constitución (7 de marzo de 1820), el nuevo gobierno publicó una amnistía que permitió el regreso de la mayoría de los afrancesados, un colectivo identificado por su adhesión a la monarquía josefina. Al reintegrarse a la sociedad española, se vieron en la necesidad de definir su posición ante las nuevas realidades políticas y no todos coincidieron en una misma línea. La confrontación entre dos de sus periódicos puso de manifiesto las diferencias entre los que se acercaron al liberalismo y los que se mantuvieron fieles a su pensamiento. Los más se perdieron en la multitud, algunos tomaron partido por los liberales, tres de ellos fueron diputados, y los conocidos como «afrancesados» fueron un grupo de presión que compaginó la satisfacción de sus necesidades con la difusión de sus principios en una prensa, financiada desde el exterior y tal vez desde la corte. Al servir al rey José, habían prolongado la vigencia del pensamiento ilustrado y el exilio había congelado definitivamente sus ideas. La división del liberalismo europeo en dos tendencias: radical y moderada, partidarios los primeros de la monarquía parlamentaria, de la constitucional los otros, ofrecía mayores posibilidades a la hora de tomar partido, oportunidad que los afrancesados rechazaron. El discurso ilustrado se había caracterizado por la combinación de dos elementos: el cambio social bajo la égida del príncipe, y los afrancesados, tras la experiencia revolucionaria, insistieron en la oportunidad de esta fórmula para superar las diferencias sociales. Como con este programa no podían encontrar la financiación necesaria para mantener una prensa adicta a su causa, se mostraron dispuestos a colaborar con las fuerzas conservadoras para comunicar su mensaje.

Javier de Burgos, que no había completado una carrera universitaria, encontró su primer empleo público como subprefecto. A su regreso a España dirigió la *Miscelánea*, que convirtió en un periódico político a partir de marzo de 1820, caracterizado por la oposición al gobierno de Pérez de Castro. Al lado de ésta, abundan los artículos que defienden la extinción de la sociedad estamental, mediante la abolición de los señoríos, la extinción de los mayorazgos y la desamortización, necesaria para la construcción de la nueva sociedad, propuestas que contribuían a confundirlos con los liberales. La unidad de los códigos y la generalidad de las leyes exige la extinción de los privilegios y en concreto de los fueros territoriales. La renovación de la administración, la elaboración de estadísticas, el cambio del sistema fiscal, eran otros tantos capítulos del programa de la Ilustración. Podría pensarse que eran liberales de no ser por su ambigüedad política. A primera vista, las proposiciones anteriores podían confundirlos con los liberales en tanto sus proposiciones políticas muestran sus reservas. La insistencia en la necesidad de un partido de oposición cuando, finalmente, se iniciaba la monarquía parlamentaria, es un testimonio de sus reservas políticas. El intercambio de críticas con *El Universal*, también afrancesado, ilustra la división entre los afrancesados.

El asesinato del duque de Berry provocó la crisis del gobierno en Francia, la reforma de la ley electoral (doble voto) y una mayoría realista del 90 %. Los doctrinarios, partidarios de reformar la Carta para introducir la monarquía constitucional, consideraron conveniente difundir sus ideas en España. Un grupo de banqueros acudió a León Amarita, que había dirigido un periódico en Bayona hasta 1816. Recurrió a Miñano para que le proporcionase los redactores y éste acudió a sus correligionarios –Lista, Gómez Hermosilla– para formar la plantilla de *El Censor,* completada por colaboraciones ocasionales de otros afrancesados. Tradujeron a Bentham, que les proporcionaba argumentos contra los derechos naturales y en favor de la felicidad del mayor número, y olvidaron al defensor del sufragio universal. Introdujeron a los doctrinarios –Constant, Guizot, Royer-Collard– para dar satisfacción a los propietarios, en tanto ignoraron la introducción en Portugal de la primera monarquía constitucional de Europa. Aceptaron con reservas algunos de los principios doctrinarios. López Tabar destaca ciertos temas políticos tratados en *El Censor,* que merecen un comentario. La libertad de imprenta –calificada como «la principal garantía de la libertad política y civil de los ciudadanos»– se limitaba a la que contribuía a la educación de los lectores y a la formación de una opinión favorable al gobierno. La conveniencia de una oposición política, igualmente alejada de los excesos, incluye la aceptación de ciertos principios: «La oposición aspira a apoderarse de la fortaleza del poder, que no la destruya, pues». No aceptaron el bicameralismo, esencial para la construcción de la monarquía constitucional, hasta pasados seis meses de su aparición, en que aceptaron la participación de «magistrados creados por la nación para velar contra el despotismo por una parte y contra la anarquía por otra». En una monarquía parlamentaria como la iniciada en 1820 cabe dudar de la sinceridad del discurso político de los afrancesados, en tanto los artículos dedicados a temas sociales y económicos parecen más conformes con sus ideas. En *El Censor*, señala López Tabar, una veintena de artículos sobre temas de economía y administración. En septiembre de 1821, Javier de Burgos renunció a la dirección de la *Miscelánea* poco después de haberse hecho cargo de *El Imparcial,* en el que intervenían Lista, Miñano y Gómez de Hermosilla, y otros colaboradores procedentes de las filas de los afrancesados. El dinero podía proceder del infante don Carlos. La participación del director se reflejó en la abundancia de artículos dedicados a temas de la administración y la economía.

El pronunciamiento de Riego y la revuelta de las ciudades obligaron al rey a restablecer la Constitución de Cádiz y a repetir la experiencia de Luis XVI. Al negar la sanción a las leyes aprobadas por las Cortes, se vio sometido a la intimidación de la calle, que le llevaba a aceptar lo que había rechazado. En 1821 añadió al discurso de la Corona, preparado por el gobierno, una coletilla en la que denunciaba la inseguridad que sufría. La crisis política provocada por sus palabras pareció cerrarse con el nombramiento de Martínez de la Rosa, que le propuso sustituir la monarquía parlamentaria de Cádiz por una versión de la Carta francesa de 1814. No pudo convencer al rey de que el sistema bicameral limitaba el poder de la asamblea popular y liberaba al rey de la responsabilidad que suponía el ejercicio del veto. La insurrección de la Guardia Real, que fue rechazada por la Milicia Nacional cuando trató de ocupar la corte (7 de julio de 1822), provocó un cambio político radical. Los progresistas obtuvieron la confianza del rey y los periódicos afrancesados dejaron de publicarse en la segunda quincena del mes. La intervención militar de los Cien Mil Hijos de San Luis acabó con el régimen liberal y devolvió la unidad del poder a Fernando VII.

La última década del reinado se caracterizó por el cierre político, la crisis financiera y la creación de una fuerza armada seleccionada por su fidelidad al rey, los Voluntarios Realistas. López Ballesteros ocupó la cartera de Hacienda hasta 1832; consiguió un moderado crecimiento de los ingresos hasta 1829, ligeramente superior a una cuenta de gastos. Los gastos reales superaron los presupuestados y en 1829 el Tesoro habría incrementado su deuda en 537 millones de reales. El repudio de la deuda del Trienio le cerró las puertas de la Bolsa de Londres y la necesidad de dinero le obligó a negociar en difíciles condiciones con los banqueros de París. Erro, ministro de Hacienda en el gobierno provisional que se formó en Madrid durante la invasión, negoció un empréstito con Guebhard en septiembre y envió a Miñano a París para colaborar con sus artículos a su colocación. Se le acusó de haberse beneficiado personalmente de la operación. Estableció contacto con el embajador, conde de Ofalia, que informó favorablemente al rey, y publicó en 1824 una *Histoire de la Revolution d'Espagne de 1820 a 1823* destinada a justificar la intervención. A su regreso a Madrid, Lista y él establecieron contactos con personas de la corte, en particular con el secretario particular del rey, Grijalva. En 1825 le escribió una carta destinada al monarca sobre las purificaciones y la amnistía, y emprendió la publicación del *Diccionario geográfico-estadístico de España y Portugal* (1825-1829), un título en la línea ilustrada de Floridablanca. A comienzos de 1826, la reforma del Consejo de Estado y la extinción del de Ministros marcaron el triunfo de los absolutistas sobre los moderados. López Ballesteros encargó a Miñano un comentario que, a partir de febrero, circulaba como la *Carta de un amigo a otro sobre el Consejo de Estado actual*. Javier de Burgos, enviado a París en 1824 para continuar el trabajo de Miñano, estableció relaciones con Alejandro Aguado, que adquirió la mayor parte del papel que Guebhard no lograba colocar.

En enero de 1826 escribió la *Memoria de los graves males que experimenta el Reino de España y medidas que deben tomarse para su remedio escrita y dirigida al rey N. S. por... comisionado en París para negociar el empréstito Real de España.*. La solución que proponía contemplaba dos medidas coyunturales: amnistía plena y entera, un empréstito de 300 millones y una vieja aspiración: reorganizar la administración civil, para cuya realización el gobierno envió a Almenara a París. En julio fue recibido por Villèle, al que dejó una nota en la que se incluía la idea de «organizar la administración». En agosto sometió al rey una *Exposición... que trata de los medios más convenientes para la organización de la Administración General del Estado.*

Constant había concebido en 1821 un nuevo sistema político basado en la existencia de dos cámaras, iguales en poderes y distintas por su composición: una asamblea popular y otra aristocrática. La última decisión, a diferencia del parlamentarismo, se reservaba a la Corona y se manifestaba en la capacidad de suspender o disolver la asamblea popular cuando entraba en conflicto con el gobierno que contaba con la confianza del rey. En 1826, Pedro IV, que había dado una Constitución a Brasil, introdujo en Europa la monarquía constitucional. Los liberales moderados hicieron de ella su bandera, en tanto los afrancesados mantenían su oposición a la participación popular y ponían sus esperanzas en la reforma administrativa. En enero de 1827, un informador de la policía sometió a Fernando VII una exposición en la que confundía las posiciones de moderados y afrancesados:

> Hay en España un partido que trabaja con tesón y destreza para el establecimiento de un gobierno representativo con Cámaras y a su frente se hallan los masones afrancesados en la causa de Napoleón.

La publicación a finales de 1826 del *Manifiesto de la federación de los realistas puros* y la insurrección de los agraviados crearon una enorme confusión. Tras la pacificación, el rey dispone el lanzamiento de un periódico gubernamental en Francia. Miñano fue el encargado de negociar la autorización del gobierno y Lista escribió el prospecto (15 de septiembre de 1828), en el que insistía en la doctrina del colectivo:

> Se dará un lugar distinguido a las [noticias] que tengan relación con los progresos de la economía, porque están convencidos de que la prosperidad de las naciones se debe sólo al fomento de las ciencias, la industria y la producción.

Al cabo de un año mostraron públicamente su fidelidad a esta línea:

> [...] dedicaron toda su atención a aconsejar a los españoles que, olvidadas teorías erróneas e imposibles, olvidadas las discordias pasadas, consagrasen todas sus fuerzas a la producción, único recurso que les quedaba para adelantarse en la carrera de la civilización.

Cuando la revolución introdujo la monarquía constitucional en Francia con sólo cambiar dos artículos de la Carta para dar a la Asamblea la iniciativa legislativa y la capacidad de enmendar los proyectos de ley, los redactores de la *Gaceta* publicaron *La Estafeta de San Sebastián,* y de nuevo Lista sostuvo:

> [...] que la nación española no puede ser feliz sin estas tres cosas: gobierno fuerte, libertad de industria, e instrucción progresiva en las ciencias naturales y las artes útiles al hombre que de ellas se derivan[4].

En tanto Lista confiaba en la educación para cambiar al país y Javier de Burgos en la administración, Sainz de Andino lo hacía en la igualdad ante la ley, recogida en códigos de los distintos cuerpos del derecho: civil, penal, mercantil. En el Trienio, las Cortes habían publicado los primeros capítulos de un Código Civil, que quedó inconcluso. A finales de 1827, seguramente a instancias de López Ballesteros, Sainz de Andino escribió la *Exposición al Ministerio de Hacienda sobre la necesidad del Código de Comercio,* promulgado en 30 de mayo de 1829. En julio siguiente tuvo la oportunidad de presentar una *Exposición al Rey N. S. sobre la situación política del reino y medios de su restauración.* Proponía en ella la creación de un ministerio para la «administración económica» mediante la retirada a los otros de ciertas competencias en materia de policía, economía, instrucción y jurisdicción. Destacaba entre ellas, la referente al «fomento y prosperidad de los manantiales y elementos de la riqueza pública», que daría nombre al ministerio. La descripción de sus competencias muestra la confusión de dos funciones distintas: el desarrollo económico, educativo y cultural, y el mantenimiento del orden público, que se entremezclan al describir las oficinas que se transfirieron al nuevo (9 de noviembre de 1832).

La regencia de María Cristina

La sucesión de Fernando VII dividió a la opinión de los consejeros y de algunos representantes diplomáticos. En marzo de 1830, Fernando dio una pragmática para restablecer el derecho de las hijas a suceder en el trono. La enfermedad del rey permitió que un grupo de ministros y cortesanos, con la amenaza de la guerra civil obtuviesen la revocación de la Pragmática. La inesperada mejora del rey fue seguida del cambio del gobierno (1 de octubre de 1832) y la creación del Ministerio de Fomento. Un año después, la muerte de Fernando VII dio la regencia a María Cristina, asistida con un Consejo. El 4 de octubre, la regente manifestó los principios que había de seguir en el gobierno: mantener «las leyes fundamentales de la monarquía...» e introducir «las reformas administrativas»: la disminución de las cargas, la pronta administración de la justicia, la seguridad de los personas y sus bienes y «el fomento de todos los orígenes de la riqueza». La promoción de Ofalia a la secretaría del Consejo de Gobierno que debía asistir a la regente, llevó a Javier de Burgos al Ministerio de Fomento (21 de octubre).

En los cinco meses de su mandato, De Burgos introdujo las bases de una administración que ha llegado hasta que la actual Constitución creó el Estado de las autonomías. La nueva división territorial, fracasadas las anteriores por la restauración política, preparada por una comisión que había trabajado durante varios años, fue publicada el 30 de noviembre junto con el decreto que establecía los subdelegados de gobierno y una extensa Instrucción para el gobierno de las provincias. El índice de sus capítulos muestra la importancia de la responsabilidad que se les exige en materia de desarrollo: agricultura y despoblados, industria, comercio y caminos, educación y cultura (instrucción pública, sociedades económicas, hermandades y cofradías, bibliotecas públicas, teatros y espectáculos), socorros en casos de desgracia pública, caza y pesca, división territorial y estadística y la autoridad política y policial: ayuntamientos, policía general, cárceles, para las que hizo una Ordenanza general de presidios (14 de abril de 1834). Para la publicación de los decretos, órdenes e instrucciones del Ministerio, creó el *Diario de la Administración* y ordenó se suscribiesen los ayuntamientos de las poblaciones con más de 300 vecinos.

La formación del gabinete de Martínez de la Rosa (15 de enero de 1834) supuso la vuelta de los liberales al poder, y la convocatoria de Cortes de acuerdo con lo dispuesto en el Estatuto Real (10 de abril de 1834) implicaba el olvido del Manifiesto de 4 de octubre. La introducción del régimen bicameral era un cambio radical, lo mismo que lo fueron la ley electoral (20 de mayo de 1834) y los reglamentos de cada una de las Cámaras. Las «Disposiciones generales» del Estatuto Real contenían elementos propios de una Constitución: el rey convoca, suspende y disuelve (art. 24), la iniciativa legal reservada a la Corona (art. 21), derecho de petición (art. 32), formación de las leyes (art. 33), contribuciones (art. 34), presupuesto de gastos (art. 36), bicamerales (art. 47).

Una semana después cesaba de su cargo Javier de Burgos, y con él desaparecía el último testimonio del afrancesamiento político. Cuando volvió más tarde al gobierno, la política era el factor dominante.

Notas

Introducción

1. Kant, *Beantwortung der Frage: Was ist Aufklärung?,* 1784.
2. Ibíd.
3. Declara Kant: «Entiendo por uso público de su razón: el que hace cualquiera a título de sabio ante todo el público de sus lectores. Llamo, por el contrario, uso privado el que puede ejercer de su razón en un cargo civil o en determinada función que le esté confiada». (Ibíd.)
4. P. Sagnac, *La renovation politique de l'Espagne au* XVIII *siècle,* p. 3.
5. F. Schnabel, «El siglo XVIII en Europa», en *Historia Universal,* de W. Goetz, vol. VI. p. 254. Cfr. asimismo P. Hazard, *El pensamiento europeo en el siglo* XVIII, p. 171.
6. «Se sería libre de pensar según la razón propia y de expresar el pensamiento de palabra y por escrito; libre de elegir la religión según la conciencia propia, católicos, protestantes, budistas o musulmanes si se quería. Se sería libre respecto a la persona, los jueces no distinguirían entre los culpables, fuesen nobles o villanos, ricos o pobres; las mismas garantías defenderían en todas partes la dignidad del hombre. Se sería libre en los movimientos, se permanecería en el país, o se franquearían las fronteras sin dificultades ni trabas. Libertad de la navegación, del comercio, de la industria. Todas estas libertades se fundían y armonizaban en una sola imagen, la del Estado liberal», P. Hazard, ob. cit., p. 176.

7. Kant, ob. cit.
8. «Frederic II laisse aux écrivains toute liberté philosophique à condition qui'ils restent dans la théorie et ne prétendent pas critiquer la politique royale», Ph. Sagnac, ob. cit., p. 4.
9. P. Hazard, ob. cit., p. 35.
10. «La idea de que el Estado existe para el príncipe pudo convertirse en apetecible principio para una generación de príncipes. Una nobleza servil, adicta por completo a los príncipes, dio apoyo a estas pretensiones, como también se lo dieron obedientes teóricos del Estado que veían en el gobierno del príncipe la cima de toda perfección política», W. Goetz, *Absolutismo e Ilustración en Historia Universal,* vol. VI, p. 5.
11. V. Palacio Atard, *El Despotismo Ilustrado español,* en *Arbor,* vol. XXII, p. 28.
12. Ibíd., p. 39.
13. Ph. Sagnac, ob. cit., p. 2.
14. Ápud Sorel, *L'Europe et la Revolution française,* vol. I, p. 118.
15. W. Goetz, ob. cit., p. 8.
16. «De nuestros disidentes del pasado y presente siglo bien puede afirmarse, sin pecar de injusticia o preocupación, que se han reducido al modestísimo papel de traductores y expositores, en general malos y atrasados, de lo que fuera de aquí estaba en boga», Menéndez Pelayo, *Historia de los Heterodoxos Españoles,* vol. V, p. 7.
17. Ápud Daniel Mornet, *Les origines intellectuelles de la Revolution française, 1715-1878,* p. 80: «On est heureux de vivre sous l'autorité d'un prince qui aime la justice dont les ministres ne s'arrogent pas un pouvoir au delá de celui qu'il leur donne, et qui regarde le zèle et l'amour de ses sujets, comme les fondaments de sa puissance... Il n'y a point d'autorité sans loi; il n'y a point de loi qui donne une autorité sans bornes. Tout pouvoir a ses limites», *Encyclopédie, on Dictionnaire raisonné des sciencies, des arts et des métiers, par une societé de gens de lettres,* art. «Autorité».
18. Daniel Mornet, ob. cit., p. 76
19. Libro I, art. 6.°.
20. L. Blanc, *Histoire de la Revolution francaise,* vol. I, p. 164.
21. Los más interesantes bajo los epígrafes: aristocracia, autoridad, democracia, derecho natural, gobierno, monarquía, política, poder, potencias, rey, soberanía, soberano, sociedad y tiranía, presentan, formando un *totum revolutum* inextricable, todas las ideas de la época crítica. En sus páginas se simultanea la vieja forma política absolutista con el espíritu renovador característico de la Ilustración, al tiempo que se deslizan con bastante frecuencia pensamientos de marcado carácter revolucionario y liberal. Algunas de sus máximas, espigadas entre las más representativas, servirán para exponer con claridad el carácter de la ideología racionalista europea de mediados del siglo XVIII, cuando

todas las doctrinas políticas se contrapesaban en una balanza que no tardaría mucho en romper su equilibrio.

«Ningún hombre ha recibido de la naturaleza el derecho de mandar a los demás. La libertad es un don del cielo, y todos los individuos de la misma especie tienen derecho a disfrutar de ella al igual que disfrutan del uso de la razón». «El príncipe ha recibido de sus súbditos la autoridad que sobre ellos tiene, y esa autoridad se encuentra limitada por las leyes de la naturaleza y del Estado». «El príncipe no puede disponer de su poder, ni de sus súbditos, sin el consentimiento de la nación, ni fuera del fin señalado en el contrato de su misión». «No es el Estado el que pertenece al príncipe, sino éste el que pertenece a aquél».

«En una palabra, la corona, el gobierno y la autoridad pública son bienes de los que el cuerpo de la nación es propietaria, y de los cuales los príncipes son los usufructuarios, y los ministros los depositarios». Los súbditos, a su vez, venían obligados a no romper las condiciones del contrato. Para el caso de que tuviesen un rey injusto, vicioso o violento, no les quedaba otro remedio que «apaciguarlo por medio de sumisión, y ablandar a Dios por sus plegarias, puesto que éste es el único medio legítimo a consecuencia del contrato de sumisión» (art. «Autorité»).

Semejantes afirmaciones dieron lugar a un gran escándalo, que obligó a los editores a publicar, dos años más tarde, una nota aclaratoria de sus pensamientos. Decían en ella:

«Jamás hemos pretendido que la autoridad de los príncipes legítimos no viniese de Dios, únicamente hemos querido distinguirla de la de los usurpadores... La autoridad de los príncipes legítimos procede de Dios, y la de los usurpadores es un mal que Dios consiente. La señal de que la autoridad procede de Dios es el consentimiento de los pueblos» (nota al art. «Autorité», vol. III).

«Queremos ser felices». «El hombre no es sólo un animal que razona». «Las voluntades particulares son sospechosas, pueden ser buenas o malas, pero la voluntad general siempre es buena, no se ha equivocado ni se equivocará jamás». Al tratar del derecho natural deducen nueve conclusiones «evidentes para el que razona, y aquel que no quiere razonar, renunciando así a su calidad de hombre, debe ser tratado como hombre desnaturalizado». Atribuyen a una asamblea el poder legislativo, puesto que entre dos voluntades, una general y otra particular, la primera jamás se equivoca; no es difícil ver a quién es preciso que pertenezca el poder legislativo para la felicidad del género humano» (art. «Droit naturel»).

«La salvación de un ejército y del Estado exige que se obedezca ciegamente a los oficiales superiores». «Es cierto que toda sociedad tiene derecho a establecer un gobierno de la manera que le agrade, de alterarlo o combinarlo de distintos modos». «La ley soberana de todo buen gobierno es el bien público». «Es necesario que el bien del pueblo constituya la máxima aspiración del gobierno» (art. «Gouvernement»).

«El fin de cualquier gobierno es el bien de la sociedad gobernada» (art. «Pouvoir»).

«La libertad debe extenderse por igual a todos los particulares, como partícipes de la misma naturaleza» (art. «Puissance»).

«El hombre, en estado de naturaleza, no conoce soberano alguno; cada individuo es igual a los demás, y goza de una total independencia... Se vio que era preciso que cada hombre renunciase a una parte de su natural independencia, para someterse a una voluntad que representase la de toda la sociedad... Éste es el origen de los soberanos». «Los hombres no se han constituido en sociedad más que para ser felices; la sociedad no ha elegido un soberano sino para velar más eficazmente por su felicidad y por su conservación» (art. «Souverains»).

22. *Principes de política des souveraines* y *Essai historique sur la police.*
23. Escrito en los últimos meses de 1773, no se publicó hasta 1884 en la *Revue Historique,* vol. XXV, julio-agosto.
24. «Même a ne considerer le despotisme éclairé que dans sons sens le plus étroit, celui qu'il a eu au XVIIIe siècle d'aprés ses theoriciens comme Mercier de la Rivière et celui que plus tard lui ont, comme les historiéns, ont constate qu'il entre pour une part dans l'histoire de la Chine regardée par Voltaire et les physiocrates comme un pays modèle, dans celle de l'Allemagne avec Charles Fréderic de Bade et Charles Auguste de Saxe-Weimar; de l'Autriche, de la Belgique et de l'Hongrie avec Joseph II; de l'Espagne et de l'Amerique espagnole avec Charles III, Campomanes, Jovellanos, Floridablanca; de l'Italie avec les Victor-Amedée et Charles Emmanuel de Savoie, et aussi Leopold de Toscane; de la Pologne avec Auguste III et Poniatowski; du Portugal et des colonies portugaises avec le fameux marquis de Pombal; de la Prusse avec Frederic II; de la Russie avec au moins Catherine II, des pays scandinaves avec au moins Gustave III. On devrait sans doute ajouter a ces pays l'Inde, suivant l'avis de certains specialistes; la France qui a eu au moins les economistes, theoriciens du despotisme éclairé, peut être même l'Angleterre, que le regime de corruption établi par Walpole a soumise a un certam despotisme», Michael Lheritier, «Le role historique du despotisme éclairé, particulièrement au XVIIIe siècle». *Bull. Int. Com. of Hist. sciences,* julio de 1928, vol. I, part V, p. 601.
25. «Francia es la patria y el país clásico del análisis, pues Descartes elabora con él su reforma y transformación decisiva de la filosofía. A partir de mediados del siglo XVII, este espíritu cartesiano invade todos los dominios, e impera no sólo en la filosofía, sino también en la literatura, la moral, la política, la teoría del Estado y de la sociedad, y hasta

logra prevalecer dentro de la teología, e investirla de una forma nueva», Cassirer, *Filosofía de la Ilustración,* p. 39.

26. Ph. Sagnac, ob. cit., p. 11.
27. Ibíd., p. 13. Añade Paul Hazard; «Revolución de Francia, de esta Francia donde las teorías se habían expresado con más energía, y donde la práctica no quería ceder al espíritu nuevo», ob. cit., p. 184. Olivier Martin ha resumido: «El Despotismo Ilustrado no ha sido en Francia un sistema de gobierno, sino una doctrina política» *(Les practiques traditionelles de la royauté française et le despotisme éclairé, Bull. Int. Com. of Hist. Sciences,* 1933, vol. V, p. 701). Dice Lheritier: «Il y a eu chez nous au milieu du XVIIIe, siècle, des administrateurs et des ministres imbus de l'esprit du temps. Dans tel autre pays, ils auraient pu être tenu en échec par des "contrepoids" plus piussants que ceux que les philosophes apellaient de leurs voeux, par l'oppinion et par nos parlements, qui ne représentaient pourtant pas le peuple comme le parlement d'Angleterre», ob. cit., p. 610.
28. Paul Hazard, ob. cit., p. 98.
29. Rousseau, *Regne de Charles III,* vol. I, p. 169.
30. «Los enciclopedistas fueron, sin saberlo, la vanguardia de un movimiento que, de haberles sido conocido en sus últimas sacudidas, habrían repugnado de seguro», Melchor Fernández Almagro, *Orígenes del Régimen constitucional español,* p. 27.
31. Sobre este tema, véase mi artículo «La difusión de la ideología revolucionaria en los orígenes del liberalismo español» en la revista *Simanicas.*

1. La ideología afrancesada

1. «España, al salir de un reinado que renovaba las más brillantes tradiciones de su pasado, caía en uno que reiniciaba los peores momentos de la época austriaca», Ch. Mazade, *La monarchie absolute en Espagne,* p. 727.
2. «El Despotismo Ilustrado en España». *Bull. Com. Int. Sciences Hist.,* julio de 1933, vol. V, p. 727.
3. José Antonio Maravall, *Teoría española del Estado en el siglo* XVII, p. 73
4. La titulatura de los reyes de España sirve de ejemplo. «Don..., por la gracia de Dios rey de Castilla, de León, de Aragón, de las dos Sicilias, de Jerusalén, de Navarra, de Granada, de Toledo, de Valencia, de Galicia, de Mallorca, de Sevilla, de Cerdeña, de Córdoba, de Córcega, de Murcia, de Jaén, de los Algarves, de Algeciras, de Gibraltar, de las islas de Canarias, de las Indias Orientales y Occidentales, islas y Tierra Firme del Mar Océano, archiduque de Austria, duque de Borgoña, de Brabante y de Milán; conde de Habsburgo, de Flandes, Tirol y Barcelona; señor de Vizcaya y de Molina, etc.».

5. F. Suárez, *La crisis política del Antiguo Régimen en España,* p. 32. «La realeza era intocable», p. 60.
6. Ibíd., p. 60.
7. La Constitución de 1812 dedica el capítulo I del título II a señalar las fronteras de España y de su Imperio, y en el artículo 1.º, capítulo I, título I, dice: «La nación española es la reunión de todos los españoles de ambos hemisferios».
8. Carmelo Viñas Mey, «Nuevos datos para la historia de los afrancesados». *Bull. Hispanique,* vol. XXVI, p. 64.
9. Cuando en febrero de 1809, José I forme el Consejo de Estado, de más de una tercera parte de sus componentes, como La Forest haría notar, la ancianidad era la característica más destacable. *A.M.A.E. Corr. Dip. Espagne,* vol. 678, fols. 181 a 184. La obra de Juretschke sobre Lista, recientemente publicada, es una inesperada confirmación de la tesis aquí mantenida. La índole del tema le impide la generalización. Sin embargo, al estudiar de manera exhaustiva la figura de Lista, dibuja de modo claro y terminante la común ideología afrancesada y su unión con el Despotismo Ilustrado, *Vida, Obra y Pensamiento de Alberto Lista.* Cfr. especialmente «El ideario político-histórico», en particular las pp. 340, 341, 357 y 361.
10. Méndez Bejarano, *Historia política de los afrancesados* (pássim); Deleito y Piñuela, *La emigración política durante el reinado de Fernando VII.* Asociación española para el Progreso de las Ciencias, Congreso de Bilbao, vol. I, p. 140; Viñas, que le sigue a ratos, ob. cit., vol. XXVII, p. 66; F. Suárez, ob. cit., cap. II (pássim)
11. Ob. cit., vol. VIII, p. 510.
12. N. Pastor, *Biografía de Reynoso. Galería de españoles célebres,* p. 138; «Los afrancesados, con cuyo nombre se distinguió a los españoles que siguieron las banderas napoleónicas», F. Suárez, ob. cit., p. 36.
13. «Los empleados, en cualquier ramo que sea, y todos los que gocen sueldo o pensión de nuestro Tesoro público, que deben prestarnos el juramento de fidelidad que la Constitución prescribe, cesarán de percibir este sueldo o pensión ínterin no exista en la Secretaría del ministro a quien corresponda, el acto de este juramento» *(Prontuario de las Leyes).*
14. Ha dicho Deleito: «Figuraba entre ellos una "élite" de hombres de letras, idólatras del clasicismo francés o de la Enciclopedia... Otros eran los ansiosos de reformas o de paz... No escaseaban los ambiciosos y vividores, bien avenidos siempre con el que manda y puede repartir prebendas», Deleito, *La expatriación de los afrancesados españoles. Nuestro tiempo,* vol. CCLXII, junio de 1921, p. 261.
15. Recuérdense los sucesos que han pasado a la historia como «la matanza de los capitanes generales». Escribieron Azanza y O'Farrill: «Esto infundió un terror general y estableció una completa anarquía, po-

niendo a cuantos gobernaban en la dura necesidad de contemporizar con el vulgo y prestarse a todos sus caprichos», *Memoria sobre los hechos que justifican su conducta política desde marzo de 1808 hasta abril de 1814,* p. 99.

16. *Corr. La Forest,* 12 de noviembre, vol. VII, p. 81: «La comisión que se ocupa de dictaminar acerca de los funcionarios que sirvieron al intruso (Canga, Vargas, Robles, Agulló y Norzagaray) ha considerado a los empleados subalternos, en lo general, como unos españoles desgraciados e infelices que, faltos de recursos aun para vivir, y acaso agobiados con el peso de mil obligaciones, no podían hacer lo que su corazón les inspiraba», ápud Gómez de Arteche, *Guerra de la Independencia,* vol. I, p. 75.
17. Méndez Bejarano, ob. cit., p. 185.
18. Muñoz Maldonado, *Historia política y militar de la guerra de la Independencia,* vol. III, p. 584.
19. F. Amorós, *Representación del consejero de Estado D. Francisco Amorós a Fernando VII,* p. 87.
20. «El total de afrancesados que residían en Francia –empadronados o no– alcanzaría, según cálculos, la cifra de unas doce mil personas», *La expatriación de los españoles afrancesados. Nuestro tiempo,* vol. CCLXII, p. 265.
21. J. A. Llorente, *Memorias para la historia de la Revolución española, con documentos justificativos compilados por Juan Nellerto,* vol. I, p. 186.
22. «Sus terminantes encargos y preceptos al entregar el trono de España al Emperador de los franceses no sólo mandaban nuestra sumisión, sino que prescribían a la nación la marcha que le convenía seguir, atendido el interés de su política», Azanza y O'Farrill, ob. cit., p. 109.

    «Prescindiendo de que, mandándonos nuestros soberanos legítimos obedecer al rey Don José I, que por este acto legitimaban, no podíamos elegir otro partido honroso; los intereses verdaderos de la patria nos obligaban a ello. Todas las naciones del continente europeo cedían al poder colosal del Emperador de los franceses, y la España sola no podía resistirle», Amorós, ob. cit., p. 49.

    «Habiendo sido tan expresa y singular la adhesión del rey, que nos mandó a todos adherirnos, por creer, con razón, en aquella época, que no había otro medio de evitar la ruina de la Patria; el calificar ahora de crimen la adhesión no sólo es Injusto y escandaloso, sino injuriosísimo en sumo grado al honor del rey», Llorente, *Defensa canónica y política de D. contra injustas acusaciones de fingidos crímenes,* p. 68.
23. Méndez Bejarano, ob. cit., p. 168, «El afrancesamiento obedeció a la evolución de ideas y anhelos de reforma política», ibíd.
24. Menéndez Pelayo, ob. cit., VII, p. 9.
25. *Corr. La Forest,* 6 de julio de 1808, vol. I, p. 145.
26. Azanza y O'Farrill, ob. cit., p. 78.

27. A. de Capmany, *Centinela contra franceses,* p. 97.
28. A. H. N., Estado, leg. 3.003.
29. A. H. N., Estado, leg. 3.088.
30. A. H. N., Estado, leg. 3.088.
31. *Corr. La Forest,* 23 de septiembre de 1811, vol. V, p. 271.
32. D. A. M., *Los afrancesados o una cuestión de política,* p. 65.
33. A. H. N., Estado, leg. 3.003.
34. *Relaciones entre España e Inglaterra durante la guerra de la Independencia,* vol. II, p. 194.
35. Tenemos derecho –decía un folleto– para pedir tres cosas, que son: la independencia e integridad de nuestra nación, la entera conservación de nuestros privilegios, de tal modo asegurados que el príncipe que viniere a reinar jure mantenerlos y no hacer en ellos mudanza ninguna, a no ser por el concurso de las Cortes o de cualquier otra junta de la misma especie; y, en fin, la conservación de nuestra santa religión», *El dictamen que formará la posteridad sobre los asuntos de España, 1808,* en A. H. N., Estado, leg. 3.004.
36. J. A. Llorente, «Representación a S. M. el rey Fernando VII», en *Noticia biográfica,* p. 225.
37. Azanza y O'Farrill, ob. cit., p. 84.
38. «Desde el primer momento vimos plegarse al nuevo régimen a casi todos los hombres tildados de regalismo, jansenistas, volterianos, o, por lo menos, de adeptos a la corriente innovadora y progresiva», Méndez Bejarano, ob. cit., p. 169; «Muchos elementos intelectuales y reformistas se sintieron desplazados del área acotada por el patriotismo oficial y automáticamente incorporados a la hueste invasora», Melchor Femández Almagro, ob. cit., p. 56.
39. Viñas, ob. cit., vol. XXVI, p. 325.
40. Ibíd., p. 54.
41. Méndez Bejarano, ob. cit., p. 273.
42. Ibíd., p. 201.
43. F. Amorós, ob. cit., p. 51.
44. J. M. de Azanza, ob. cit., p. 78. «Aun antes de publicarse en Madrid las renuncias hechas en Bayona, empezaron a notarse sublevaciones populares en varias partes, que dieron indicios de la horrorosa anarquía que amenazaba al reino, y éste fue un nuevo motivo para que la gente sensata se inclinase a abrazar un Gobierno capaz de comprimir con su fuerza al pueblo y contenerlo dentro de los límites de la subordinación y tranquilidad», ibíd.

    Su oposición a las prácticas liberales se encuentra asimismo en su correspondencia. Cfr. Cartas de Reinoso, Lista, Moratín, Silvela, etc.
45. A. H. N., Consejos, leg. 5.511, núm. 22.
46. *Correspondencia de un refugiado,* 10 de mayo de 1820.
47. «Representación a Su Majestad», en *Noticia biográfica,* p. 125.

48. Ob. cit., pp. 33 y ss.
49. *El dictamen que formará la posteridad sobre los asuntos de España.*
50. Ob. cit., pp. 120, 160, 195, etc.
51. Llorente, *Defensa canónica,* pp. 146, 149 y 151.
52. Amorós, ob. cit., p. 53.
53. L. F. Moratín, *Obras póstumas,* vol. III, pp. 200 y 210.

    La posición de Méndez Bejarano: «Eran, pues, los liberales tan afrancesados cual los del bando opuesto», ob. cit., p. 172; «Los afrancesados fueron patriotas liberales», ibíd., p. 201; la de Villaurrutia: «En cuanto a los principios y el anhelo de reformas, no se distinguieron los afrancesados de los liberales», ob. cit., vol. III, p. 495; y la actualmente sustentada por F. Suárez, que para la historia de estos años se limita a seguir a Méndez Bejarano: «Los liberales de Cádiz, que al fin y a la postre mantenían una ideología tan opuesta a la nación, como semejante a la de los afrancesados y franceses», ob. cit., p. 41; desenfocan totalmente la realidad, ya que, siguiendo sus exposiciones, habría de admitirse que hombres animados de la misma ideología cayeron en bandos opuestos en forma irreconciliable sin que existiese para ello ninguna razón de mayor peso que la de tachar a los liberales de inconsecuentes, acusación cuya única base es la frase de Menéndez Pelayo, quien al estudiar la aparición del liberalismo en España, dijo: «El escaso número de los llamados liberales, que por loable inconsecuencia dejaron de afrancesarse», ob. cit., vol. VII, p. 9.
54. Azanza, ob. cit., p. 109.
55. Amorós, ob. cit., p. 49.
56. Ob. cit., p. 111.
57. Ápud *Mémoires et correspondance politique et militaire du roi Joseph,* vol. IV, p. 465; Azanza y O'Farrill, ob. cit., p. 141; Méndez Bejarano, ob. cit., p. 183.
58. Escóiquiz, *Memorias,* p. 234.
59. Azanza y O'Farrill, ob. cit., p. 194.
60. Viñas, ob. cit., vol. XXVI, p. 326.
61. Azanza y O'Farrill, ob. cit., p. 109.
62. Viñas, ob. cit., vol. XXVI, p. 321.
63. Azanza, ob. cit., p. 176.
64. Ápud Conard, *Napoleón et la Catalogne,* p. 188.
65. *El dictamen que formará la posteridad sobre los asuntos de España,* Amorós, ob. cit., p. 49.
66. Amorós, ob. cit., p. 49.
67. Azanza y O'Farrill, ob. cit., p. 254.
68. Ibíd., p. 160.
69. Amorós, ob. cit., p. 143.

    «La misma persuasión que tuvimos al principio de que España no podía obtener ventajas en la guerra contra el Imperio francés, subsistió en nosotros aun después de Bailén; y esta persuasión fue la única que decidió entonces y dirigió después nuestra conducta política... La experiencia de lo que otras naciones habían sufrido con una guerra de conquista y los errores de una guerra civil, les hacía mirar el nuevo orden de cosas como uno de aquellos acontecimientos políticos a que es preciso someterse, y más cuando así lo creyeron y manifestaron también nuestros legítimos soberanos», Azanza y O'Farrill, ob. cit., p. 106.

«¿Y a quiénes se deben estos irreparables, sensibles e inútiles sacrificios?... A estos hombres imprudentes que, sin conocer sus fuerzas ni el modo de emplearlas, sacaron la espada y se dieron a un ejercicio que no podían desempeñar, que les era desconocido, y en algunos muy contrario a sus deberes mismos y a su carácter... Los franceses han hecho muchísimos daños a España; pero, ¿quién es responsable de todos ellos? ¿El que se opuso desde el principio a la guerra que los ha producido o aquellos que los atrajeron sobre la desgraciada patria con una resistencia temeraria?, Amorós, ob. cit., p. 149.

«Ningún hombre imparcial hallaría dificultad en reconocer que todos aspiraban sinceramente a salvar a la patria, los unos por la sumisión y los otros por la guerra», Azanza y O'Farrill, ob. cit., p. 109.

70. Azanza y O'Farrill, ob. cit., p. 122.
71. Ibíd., p. 123.
72. Llorente, *Defensa canónica,* p. 10.
73. Ob. cit., p. 121.
74. Félix José Reinoso, *Examen de los delitos de infidelidad a la patria imputados a los españoles sometidos baxo la dominación francesa,* Burdeos, 1818, cap. XIII, p. 109.
75. Ibíd., cap. XX, pp. 194-205.
76. *Mémoires,* vol. I, p. 290.
77. *Noticia biográfica,* p. 125.

2. La ideología napoleónica y España

1. Jesús Pabón, *Las ideas y el sistema napoleónicos,* p. 30.
2. Ibíd., p. 63.
3. *Recits de la captivité,* en *Corr. Napoleón,* vol. XXXII, p. 359.
4. Las Cases, *Memorial de Santa Elena,* vol. II, p. 555.
5. Ob. cit., p. 361.
6. A partir del 4 de mayo, en que Murat recibe la orden de trabajar con los ministros y la junta, Napoleón comienza a pedir informes sobre España *(Corr. Napoleón,* núms. 13.858, 13.860, 18.879, 13.913, cuestionario que envió La Forest en 19 y 23 de mayo y 12 de junio de 1808; 13.895, 13.952, 13.967, 14.029, 14.052, 14.145 y 14.162).

Toda esta actitud nada tiene que ver, sin embargo, con la regeneración de España. Si se preocupa por las finanzas españolas es, al igual que en épocas anteriores, porque necesita la alianza de un poder español fuerte, y en especial porque desea una España poderosamente armada en el mar (ibíd., 13.776, 13.818). Desde el 11 de mayo querrá que la flota española de Mahón refuerce a la francesa de Tolón (núm. 13.858). Asimismo, se refieren a la flota las cartas núms. 13.878, 13.881, 13.884 y 13.887.

A partir del momento en que reúne los informes precisos acerca de los puertos y las escuadras españolas (el 16 de mayo), envía a Murat instrucciones, que no dejan lugar a dudas respecto al verdadero motivo de sus intereses por las finanzas del reino (ibíd., núms. 13.906, 13.930 y 13.936): «es preciso encontrar dinero para los armamentos de Cádiz, de Cartagena y de El Ferrol..., necesito buques porque quiero dar algún golpe grande hacia el fin de la temporada...» (núms. 13.937, 13.952, 13.967, 13.972, 13.998 y 14.014). Cfr. Despacho a los embajadores franceses en Viena, Múnich, Dresde, Petersburgo, Stuttgart, Copenhague y Constantinopla. Minuta en A. M. A. E., *Corr. Diplomatique, Espagne,* vol. 675, fols. 132-141. Conard, *La Constitución de Bayonne,* pp. 5 y ss.

7. Grasset, *La guerre d'Espagne,* vol. II, p. 23.
8. Conard, *La Constitution de Bayonne,* p. 18.
9. *La Constitution de Bayonne,* Publicaciones del Congreso Histórico Internacional de la Guerra de la Independencia, vol. II, p. 43.
10. *El Dos de Mayo de 1808,* p. 84.
11. *Breve reseña histórica de España bajo la casa de Borbón,* p. 133.
12. *L'affaire d'Espagne,* RDM, vol. LXV, p. 256.
13. *Mémoires,* p. 9.
14. *Mémoires,* vol. I, p. 137.
15. *Estudios de la vida, reinados, proscripción y muerte de Carlos IV y María Luisa de Borbón, Reyes de España,* p. 125.
16. *Historia de España,* p. 127.
17. Ob. cit., vol. I, p. 139.
18. *Historia del levantamiento, guerra y revolución de España,* vol. I, p. 259.
19. *Histoire de mon temps,* vol. I, p. 329.
20. *Historia de España,* vol. XVI, p. 166.
21. *Historia de Fernando VII,* pp. 39.
22. *Las mujeres de Fernando VII,* p. 12.
23. *Napoleón et l'Espagne,* vol. II, p. 264.
24. *La Constitution de Bayonne,* p. 9.
25. Ápud Desdevises du Dezert, *Ideas de Napoleón acerca de España,* Re-Ara, 1908, vol. II, p. 45.
26. Ob. cit., p. 9.

27. «Todas las razones políticas exigen que la raza real extinta en Francia y en Italia deje de existir en España», *Mémoire de Montgaillard a l'Empereur,* 5 de noviembre de 1806, ápud Sorel, ob. cit., vol. VII, p. 118.
28. Ob. cit., vol. II, pp. 149-155.
29. *Corr. de Napoleón,* núm. 11.476.
30. Fugier, ob. cit., vol. II, pp. 168-174.
31. Metternich, *Mémories,* vol. II, p. 279.
32. Escóiquiz, ob. cit., p. 437.
33. Ápud Geoffrey de Grandmaison, *L'Espagne et Napoleón,* vol. I, pp. 457-549. «Apartar definitivamente a España y a las Indias de la influencia británica, acrecentar y utilizar la Marina española, desarrollando los recursos presupuestarios, aquí y no en otro lugar es donde hay que buscar la verdadera razón de la intervención imperial en su forma definitiva en los asuntos interiores de la Península», Conard, *La Constitution de Bayonne,* p. 17.
34. Masson, *Napoleón et sa famille,* vol. III, p. 13.
35. Conard, *Napoleón et la Catalogne,* pp. 33-34.
36. «En este momento hay dos maniobras en trance de ejecución. Una que se desarrolla públicamente, es el logro de su política española de 1807; debe proporcionarle el establecimiento del bloqueo en Portugal y una moneda de cambio para el día de la paz. La otra tiene su origen en la alarma de octubre de 1806, en el asunto de la proclama; tiende a garantizar, a asegurar la fidelidad española mediante el despojo de las provincias hasta el Ebro», Fugier, ob. cit., vol. II, p. 263.
37. Para el estudio de «Las intrigas de Beauharnais y el Cuarto del Príncipe», cfr. Fugier, ob. cit., vol. II, pp. 266-285; Escóiquiz, ob. cit., pp. 83 y ss.; Pérez de Guzmán, *El Dos de Mayo de 1808,* pp. 70 y ss.
38. Sobre la actuación de Talleyrand en octubre de 1807, cfr. Madelin, ob. cit., *L'intervention de Talleyrand,* «El peligro no estaba en un espíritu determinado de traición –que se le ha imputado–, sino en ese carácter complaciente que, con el deseo de reconquistar completamente al soberano, ha demostrado deliberadamente en sus conversaciones», vol. LXV, p. 267; Fugier, ob. cit., vol. II, pp. 312-317.
39. *Mémoires du Prince de Bénévent,* vol. I, p. 329.
40. Madelin, ob. cit., vol. LXV, p. 268.
41. «En conversaciones confidenciales con Napoleón, conversaciones en las que desempeñaba el papel de oyente, Talleyrand exponía –bajo apariencia de una reserva estudiada– el consejo de aprovecharse de las desavenencias que dividían a la corte española para cambiar la dinastía... Como variante de esta medida extrema proponía conseguir de España la cesión de los territorios que la colocasen en nuestra dependencia, *Mémoires,* vol. II, p. 135.
42. M. de Talleyrand fue el primero que pensó en la operación de España, había preparado los resortes necesarios para consumarla. «Es bien cier-

to –añade en su descargo– que quería hacerlo de otra manera, y puede ser que la hubiese llevado a mejor fin», *Mémoires,* vol. III, p. 214.

43. Ob. cit., vol. II, pp. 437-468; en *Corr. Napoleón,* vol. XXXII.
44. La correspondencia imperial durante los meses que van de octubre a marzo trata únicamente: primero, de las relaciones con España y los planes contra Portugal, y segundo, de los asuntos militares: ocupación de Portugal, establecimiento de los ejércitos franceses en España, etc. En toda esta correspondencia no se trasluce noticia alguna que haga referencia a una posible sustitución de la dinastía española. Únicamente hay que destacar el exquisito cuidado que Napoleón pone en dominar militarmente en todo momento los puntos clave de la Península. Las más importantes de estas cartas son las números 13.343, 13.355, 13.369, 13.378, 13.412, 13.443, 13.444, 13.446, 13.493, 13.495, 13.496, 13.497, 13.576, 13.577, 13.578, 13.585, 13.586, 13.587, 13.588, 13.589, 13.617, 13.626, 13.628, 13.629, 13.632, 13.635, 13.652, 13.656, 13.662, 13.663, 13.664, 13.675 y 13.682.
45. Ápud Fugier, ob. cit., vol. II, p. 310.
46. Cfr. ibíd., pp. 306-317.
47. En la mañana del 23 de octubre de 1807, Napoleón dictó a Champagny un primer proyecto. En él se muestra el fondo del pensamiento imperial. Reparte Portugal y se apodera del reino de Etruria, reparte las colonias de América y modifica la frontera pirenaica, dando a Francia Pasajes, Fuenterrabía y otros pueblos guipuzcoanos hasta San Sebastián, *Corr. Napoleón,* núm. 13.287.
48. «España estaba en disolución... Podía aprovechar para tomar una faja de terreno que protegiese a Francia de los disturbios del reino vecino; llevar la frontera al Ebro hubiese sido conformarse con la idea carolingia, hacer revivir a Carlomagno, quien habiendo establecido una marca hasta el Po y otra hasta el Elba, creó una tercera hasta el Ebro», Madelin, ob. cit., vol. LXV, p. 265.
49. Fugier, ob. cit., vol. II, p. 390.

    Desdevises du Dezert ha dicho: «La carta de Fernando y el resonante proceso de El Escorial habíanle iluminado acerca de las disensiones de la familia real española; sobre la nulidad del rey y del príncipe de Asturias y la idea de un cambio de dinastía imponíase cada vez más a su espíritu», *Ideas de Napoleón acerca de España,* p. 119.
50. *Corr. Napoleón,* núm. 13.355.
51. Cfr. Fugier, ob. cit., vol. II, p. 330; Masson, ob. cit., vol. IV, p. 198:

    Asimismo debe señalarse la llegada a Madrid, el 20 de noviembre, del banquero Michel, encargado por Murat de presentar la candidatura de una sobrina suya para esposa de Fernando. Sobre esta gestión, no muy clara, cfr. conde de Murat, *Murat lieutenant de l'Empereur en Espagne,* p. 112; Murat, *Lettres,* Ed. Le Brethon; Fugier, ob. cit., vol. II, pp. 310-312.

52. Ob. cit., vol. IV, p. 198.
53. Conde de las Cases, ob. cit., vol. II, p. 556.
54. «Meneval fue a buscar a Luciano durante la noche a una hostelería. Napoleón acababa de recibir la carta del rey Carlos renovando la petición de matrimonio...», Thiers, *Histoire de Consulat et de l'Empire,* vol. VIII, p. 365.
55. Masson, ob. cit., vol. IV, p. 198.

    El ofrecimiento de la corona de España, y aun de la de Portugal, de la que habla Luciano en el segundo relato de sus *Memorias,* cfr. Iung, *Lucien Bonaparte,* vol. II, p. 127, y vol. III, p. 83; no merece gran crédito, según ha señalado Fugier con abundante documentación, ob. cit., vol. II, pp. 343-345.
56. *Corr. Napoleón,* núm. 13.402, fecha 17, incompleta. Una versión más completa, de fecha 20, en Ed. Lecestre, núm. 207.
57. *Mémoires,* vol. IV, p. 85.
58. Fugier, ob. cit., vol. II, p. 393.
59. Tal vez pensase, como dijo más tarde a Escóiquiz, que «una mujer es siempre un lazo demasiado débil para forzar la conducta política de un príncipe», Escóiquiz, ob. cit., p. 429.
60. *Corr. Napoleón,* núm. 13.443, Fugier, ob. cit., vol. II, p. 359.
61. Fugier, ob. cit., vol. II, p. 396.
62. Conard, *La Constitution de Bayonne,* p. 6.
63. Fugier, ob. cit., vol. II, p. 319.
64. *Corr. Napoleón,* núm. 13.354.
65. Ápud Geoffrey de Grandmaison, ob. cit., vol. I, pp. 463-471.
66. Fugier, ob. cit., vol. II, p. 347.
67. *Corr. Napoleón,* núm. 13.473.
68. Ibíd., núm. 13.436.
69. Ibíd., núm. 13.347. «Escribidme todos los días». Cfr. informe de Mouton en A. N. F., AF IV, 1680.
70. Fugier, ob. cit., vol. II, p. 371.
71. En su informe expondría: «La entrada de las tropas francesas en España ha consternado a Godoy y a la reina, ha dado esperanzas a los españoles que esperan un cambio y están unidos a su monarquía...», ápud Geoffrey de Grandmaison, ob. cit., vol. I, p. 129.
72. Ibíd., vol. I, pp. 475-477.
73. El 28 de enero, nuevas órdenes, dirigidas a ocupar sólidamente la línea del Ebro. Duhesme ocupará Barcelona, en tanto que Moncey, en Aranda, y Dupont, en Valladolid, conservarán la línea del Duero, *Corr. Napoleón,* núm. 13.496; D'Armagnac avanzará sobre Pamplona y «sans faire semblant de rien» ocupará la ciudadela y las fortificaciones, ibíd., núm. 13.497.
74. Informe de Tolstoy, 28 de febrero de 1808, ápud Sorel, ob. cit., vol. VII, p. 244.

75. «Estoy afligido por los recelos surgidos en nuestras Cortes –le había escrito–. Su Majestad verá con placer que os dirijáis a Madrid sin demora y hagáis lo que dependa de vos para arreglarlo todo», ápud Grasset, ob. cit., vol. I, p. 399.
76. «No se estimaba obligado a la rigurosa observancia de aquellas cláusulas que podían dañar a la seguridad y al buen éxito de sus armas en la Península... No podría menos de exigir que cualesquiera plazas fuertes sobre las cuales necesitaran apoyarse los ejércitos, les fuesen abiertas».
77. A. H. N., Estado, leg. 3.976. Godoy, *Memorias,* vol. V, pp. 301-315; Fugier, ob. cit., vol. II, pp. 414-415; Pérez de Guzmán, *El Dos de Mayo de 1808,* pp. 91-99; Escóiquiz, *Idea sencilla de las razones que motivaron el viaje del rey Fernando VII a Bayona en el mes de abril de 1808,* p. 123.
78. Ob. cit., vol. II, p. 417.
79. Ibíd., vol. II, pp. 426-433.
80. Ibíd., vol. II, pp. 433-440.

    «Hacia el 20 de marzo la solución de la anexión de las provincias septentrionales parece sustituir a la del destronamiento de los Borbones, que era aún el día 8 su plan favorito», ibíd., vol. II, p. 439.
81. «Espero de un momento a otro –escribía el 19 de marzo– la llegada de Tournon y de Izquierdo para saber el partido a tomar para arreglar los asuntos», Napoleón a Murat, *Corr. Napoleón,* núm. 13.664.
82. Napoleón a Murat, *Corr. Napoleón,* núm. 13.721.
83. *Corr. Napoleón,* núm. 13.652, 14 de marzo de 1808.
84. *Corr. Napoleón,* núm. 13.663, 19 de marzo de 1808.
85. «Portugal está hoy poseído por Francia. La comunicación de Francia con Portugal exige una ruta militar y también un paso continuo de tropas por España para guarnecer aquel país y defenderle contra Inglaterra; ha de causar multitud de gastos, disgustos, engorros y tal vez producir frecuentes motivos de desavenencias. Podría amistosamente arreglarse esto quedando todo Portugal para España y recibiendo en equivalencia la Francia las provincias de España contiguas a este Imperio».
86. La noticia de estas conversaciones nos ha llegado gracias a la carta de izquierdo a Godoy de fecha 24 de marzo. Cfr. Savary, ob. cit., vol. III, p. 214; Toreno, ob. cit., p. 18 (es una copia sin corregir, sacada de la *Idea sencilla,* de Escóiquiz); *La Forest, Correspondencia,* vol. III, p. 78 (es un extracto); Escóiquiz, *Memorias,* pp. 368-374; Pradt, *Mémoires historiques sur la Revolution d'Espagne;* y por el informe de Talleyrand a Napoleón de fecha 23, ápud Conard, *Napoleón et la Catalogne,* pp. 432-433.
87. Clarke a Murat, 20 de febrero; príncipe Murat, *Lettres,* Ed. Le Brethon, núm. 3.021.

88. *Souvenirs,* p. 97.
89. Fugier, ob. cit., pp. 445-446.
90. Informe de Champagny al emperador, A. N. F., AF IV, 1680, *Corr. Napoleón,* núm. 13.776; Grasset, ob. cit., vol. II, pp. 6 y ss.
91. Ob. cit., vol. II, pp. 417-426. «Un offre a Joseph», donde expone una hipótesis atrevida y sugerente, pero falsa.
92. Masson, ob. cit., vol. IV, pp. 198 y ss.
93. Nacido en Salicato (Córcega), ministro de la Guerra bajo José, de 1806 a 1808, Murat lo envió a Francia.
94. *Mémoires,* vol. IV, p. 162.
95. Ibíd., p. 164.
96. Ibíd., p. 184.
97. Ibíd., p. 194.
98. *Corr. Napoleón,* núm. 18.622.
99. *Mémoires,* vol. IV, pp. 196-206.
100. *Corr. Napoleón,* sin numerar, vol. XVI, p. 589.
101. Ápud Masson, ob. cit., p. 220.
102. *Corr. Napoleón,* núm. 13.763.
103. Ibíd., ápud *Mémoires,* vol. IV, p. 227.
104. A. N. F., AF IV, 1680; Escóiquiz, *Memorias,* «Documentos núms. 23 y 24», pp. 310-398. Sobre las abdicaciones de Bayona, cfr. Escóiquiz, *Memorias,* pp. 219-281; Pedro Cevallos, *Exposición de los hechos y maquinaciones que han preparado la usurpación de la corona de España,* pp. 18-30; Albert Savine, *L'abdication de Bayone,* pp. 144-219.
105. *Corr. Napoleón,* núm. 13.844.
106. *Mémoires,* vol. IV, p. 231.
107. *Corr. Napoleón,* vol. XVII, p. 276.
108. «¿Cómo lograr que el pueblo se consagre a un rey cuyo nombre parecía no se atrevían a pronunciar y cuya ausencia se prolongaba inexplicablemente?», conde de Murat, ob. cit., p. 393.
109. *Corr. La Forest,* vol. I, p. 45.
110. Ibíd., vol. I, pp. 45-147.
111. *L'Espagne et Napoleón,* vol. II, p. 352.
112. Masson, ob. cit., vol. VI, p. 8.

3. El primer reinado de José

1. A. H. N., Consejos, leg. 5.511, núm. 22; según la *Corr. de Napoleón* es de fecha 5.
2. Napoleón a Murat, *Corr. Napoleón,* núm. 14.066, 5 de junio de 1808.
3. A. H. N., Consejos, leg. 5.511, núm. 14; 5.525, núm. 4.
4. «Encontraréis adjunto un proyecto de estatuto constitucional –había escrito a Murat el 23 de mayo–; enviadlo a los señores La Forest y

Freville y reunid a cinco o seis de los miembros más considerados de la Junta y del Consejo de Castilla, para consultarles acerca de los cambios y mejoras de que es susceptible este proyecto», *Corr. Napoleón,* núm. 13.967. Cfr. asimismo Napoleón a Murat, Bayona, 24 de mayo de 1808, ibíd., núm. 13.971. A. N. F., AF IV, 1.680.

5. Geoffrey de Grandmaison, *L'Espagne et Napoleón,* vol. I, p. 259.
6. Ob. cit., vol. II, p. 247.
7. Geoffrey de Grandmaison, *L'Espagne et Napoleón,* vol. I, p. 260.
8. A. H. N., Consejos, leg. 5.511, núm. 22; Libro de gobierno, año 1808, vol. II, fol. 779.
9. Geolfrey de Grandmaison, *L'Espagne et Napoleón,* vol. I, p. 283.
10. Ápud Madelin, ob. cit., vol. LXVI, p. 498.
11. De 23 de julio es el primero de los decretos de amnistía. Decía: «Deseo que el primer día de mi reinado se señale por la perfecta unión y reconocimiento de los pueblos», A. M. A. E., *Corr. diplomatique Espagne,* vol. 675, fol. 396.
12. *Corr. La Forest,* 14 de junio de 1808, vol. I, p. 86.

    Confróntense asimismo los despachos de 22 de junio y los de 1, 10 y 13 de julio. «El decreto de amnistía no significará nada si no se ve al lado el peligro de continuar la insurrección»; 15 de julio, «El rey logrará menos éxitos por el camino de la conciliación que por el de la firmeza del lenguaje»; y 17 de julio, «Cuanto más paternal es el lenguaje, más se convencen de que S. M. duda de su corona», ibíd., vol. I, pp. 106-172.
13. «El folleto del conde de Cabarrús *(Consideraciones de un español a sus conciudadanos)* marcha bien hasta ahora; pero es en las provincias donde hay que conocer el efecto. Un trabajo periódico va a salir bajo la misma dirección; su objeto será desarrollar en una serie de cartas el sentido y las ventajas de los diversos artículos de la Constitución, comparándolos con los abusos que sufría la monarquía», *Corr. La Forest,* 15 de julio, vol. I, p. 165; cfr. asimismo ibíd., 12 de junio, vol. I, p. 77. El folleto de Cabarrús en A. M. A. E., *Corr. diplomatique. Espagne,* núm. 675, fols. 314 a 319; cfr. también las *Reflexiones imparciales sobre el estado actual de España,* del canónigo de Toledo, D. Pedro Estala. A. M. A. E., *Corr. diplomatique. Espagne,* vol. 676, fols. 251 a 256. *Corr. La Forest,* 6 de septiembre de 1808.
14. A. H. N., Consejos, leg. 5.512, núm. 21.
15. *Corr. La Forest,* 25 de junio, vol. I, p. 115.
16. «*Artículo 7.°:* Los pueblos de las Españas y de las Indias prestarán juramento al rey en esta forma: "Juro fidelidad y obediencia al rey, a la Constitución y a las leyes"», Sanz Cid, *La Constitución de Bayona,* p. 420.
17. *Prontuario de las Leyes.*
18. «*Artículo 1.°:* Todos los magistrados del reino, todos los empleados en cualquier ramo de la Administración, que en calidad de tales o indivi-

dualmente no hubieren prestado el juramento de fidelidad y obediencia a nuestra persona, a la Constitución y a las leyes, lo ejecutarán por escrito en el término de tercer día, después de la publicación en los parajes en que se hallen. *Artículo 2.º:* Los jefes principales serán los que remitan a los respectivos ministerios los citados juramentos, expresando los que no lo hubiesen hecho, y ellos acompañarán igualmente el suyo dentro del término citado. *Artículo 3.º:* Aquellos que no hiciesen el citado juramento serán considerados como que han hecho dimisión de sus empleos o cargos», A. H. N., Estado, leg. 3.092.

19. «*Artículo 1.º:* Todos los eclesiásticos y empleados públicos de cualquier clase que sean, que se hubiesen ausentado de sus respectivos destinos desde el día 1 de noviembre del año próximo pasado, se restituirán a servir sus prebendas o destinos en el preciso término de veinte días, contados desde la fecha de este decreto. *Artículo 2.º:* Los que pasado dicho término no se presentasen, quedarán por el mismo hecho privados de sus empleos, y sus bienes, secuestrados», A. H. N., Estado, leg. 2.993.
20. A. H. N., Estado, leg. 3.092.
21. «Cevallos, Urquijo y Azanza han escrito a Cuesta» (José a Napoleón, Vitoria, 12 de julio, *Mémoires,* vol. IV, p. 344). «He mandado hacer gestiones cerca de Cuesta» (José a Napoleón, Burgos, 17 de julio, ibíd., vol. IV, p. 361).
22. Geoffrey de Grandmaison, *Corr. La Forest,* vol. I, p. 138.
23. A. H. N., Estado, leg. 3.004, circulares.
24. *Corr. La Forest,* 8 septiembre, vol. I, p. 266.
25. Ibíd., 15 septiembre, vol. I, p. 287.
26. Ibíd., vol. I, p. 315.
27. Ápud *Mémoires,* vol. V, p. 57.
28. 16 octubre, A. H. N., Estado, leg. 3.092.
29. A. H. N., Estado, leg. 34-A, 17 noviembre 1808.
30. A. H. N., Estado, leg. 29-H.
31. A. H. N., Estado, leg. 3.004.
32. A. H. N., Estado, leg. 3.004.
33. A. H. N., Estado, leg. 3.004. Impreso.
34. A. H. N., Estado, leg. 3.004.
35. Ordenó que se realizase una profunda investigación en busca de los diamantes de la corona, sin que lograse encontrar lo que su fantasía le había hecho esperar, y sí únicamente unas cuentas piedras de muy escaso valor. Cfr. *Corr. La Forest,* 21 junio 1808, vol. I, p. 102; 23 junio, particular, vol. I, p. 122; 1 julio, vol. I, p. 129; 4 julio, vol. I, p. 140. Napoleón a Murat, 23 mayo, *Corr. Napoleón,* núm. 281. Ed. Lecestre.
36. *Corr. La Forest,* 11 junio, vol. I, p. 76. Cfr. informe de los ministros a José Bonaparte, de 17 julio 1808. A. M. A. E., *Corr. Diplomatique. Espagne,* vol. 675, fols. 370 a 373.

37. *Corr. La Forest,* vol. I, p. 103.
38. 23 junio, ibíd., vol. I, p. 113.
39. 3 julio, ibíd., vol. I, p. 137.
40. *Mémoires,* vol. IV, p. 340.
41. Ibíd., vol. IV, p. 348.
42. Ibíd., vol. IV, p. 366.
43. «Es evidente que no poseemos el país, puesto que todas las provincias están levantadas u ocupadas por considerables ejércitos enemigos... Son precisos 50.000 hombres y 50 millones de francos en el más corto plazo; dentro de tres meses no bastaría con el doble», 19 julio, ibíd., vol. IV, p. 371. «No encuentro un céntimo en las cajas». José a Napoleón, 20 julio, ibíd., vol. IV, p. 375. El 21: «Es necesario desplegar grandes recursos para acabar los asuntos de España», ibíd., vol. IV, p. 376. El 23: «Franceses y españoles, obligados conmigo, todos no tienen más que un solo lenguaje: tropas veteranas y millones, sin lo cual no conservaremos España; 50.000 hombres y 50 millones lo más pronto posible, ibíd., vol. IV, p. 379. El 24: «Pronto no tendremos ni un céntimo... Se necesitan fuerzas inmensas y muchos millones y la retirada de algunos ladrones y gentes odiadas de la nación. 50.000 hombres, 50 millones en tres meses, y todo irá bien», ibíd., vol. IV, p. 384.

    El 26: «Siempre repito lo mismo a V. M.: 50.000 hombres y 50 millones en tres meses no serán demasiado», ibíd., vol. IV, p. 385. El 27: «Señor, 50 millones si queréis salvar vuestro ejército y conservar España», ibíd., vol. IV, p. 385.
44. *Mémoires,* vol. IV, p. 389.
45. Ibíd., vol. IV, p. 391. Cfr. asimismo las cartas del día 30. «No insisto sobre ninguna necesidad; tenemos necesidad de todo en mucha, muchísima cantidad», ibíd., vol. IV, p. 392, el día 31: «Son necesarios, por lo menos, 100.000 hombres de buenas tropas, además de los que hay aquí, sin lo cual el fin de la guerra se parecerá a su principio –y para apresurar la acción del emperador añade–: predigo a V. M. que dentro de tres meses ya no habrá ocasión», ibíd., vol. IV, p. 393; del 3 y del 5: «Lo que yo puedo hacer hoy con 30.000 hombres de refuerzo exigirá el doble el próximo mes y el triple dentro de tres meses, y si se tarda algunos meses, llegará un momento en que 200.000 hombres no serán bastantes para conquistar y conservar el país. Hacen falta especialmente tropas veteranas», ibíd., vol. IV, p. 403
46. 12 agosto 1808, *Corr. La Forest,* vol. I, p. 212.
47. *Mémoires,* vol. IV, p. 456.
48. «El ejército debe dividirse en tres cuerpos: el cuerpo principal o del centro, donde manda el rey, con 30.000 hombres», *Corr. Napoleón,* 5 agosto. Nota sobre la actual situación de España, núm. 14.245. Decreto de 7 de septiembre: «El ejército de España estará compuesto por seis cuerpos de ejército», *Corr. Napoleón,* núm. 14.300. No pasaría

mucho tiempo antes de que su hermano se viese reducido a mandar el más débil de los ejércitos, sin siquiera poder ocupar las provincias que le tocaran en el reparto del país.

49. *Mémoires,* vol. IV, p. 98.
50. 9 agosto, ibíd., vol. IV, p. 410.
51. *Mémoires,* vol. IV, p. 420.
52. José a Napoleón. Miranda, 14 septiembre, ibíd., vol. V, p. 85.
53. *Corr. Napoleón,* núm. 14.343.
54. Cfr. *Corr. Napoleón* de los días 7, 9 y 14, notas del día 15, observaciones de fecha 22 y 24 a las cartas de José de los días 14 y 16, etc. El 24 le había dicho: «Según las leyes de la guerra, todo general que pierda su línea de comunicación merece la muerte», ibíd., núm. 14.347.
55. Relación de las personas que han acompañado a S. M. el rey en la retirada a Burgos:

Ministros.
Azanza.
El general O'Farrill.
El almirante Mazarredo. El conde de Cabarrús. Urquijo.
Consejeros de Estado.
D. Pablo Arribas.
D. Francisco Angulo.
D. Manuel Romero.
D. Juan Antonio Llorente.
Diputados de Bayona.
D. José Gómez Hermosilla, secretario del rey.
D. Francisco Amorós, consejero de Indias.
D. Francisco Cea, director del Jardín Botánico. El marqués de Casa Calvo, mariscal de campo.
El duque de Frías, teniente general y grande de España.
D. Luis Saiz, diputado de la ciudad de Burgos.
D. Pedro de Vila, diputado del Consulado de Burgos.
D. Cristobal Cladera, canónigo de Mallorca.
D. José Garriga, médico del ejército.
Miembros de los Tribunales.
El marqués de Caballero, gobernador del Consejo de Hacienda.
D. Francisco Xavier Durán, miembro del Consejo de Castilla.
D. José Marquina, miembro del Consejo de Castilla.
Grandes, generales y militares.
El conde de Campo Alange.
El Sr. Negrete, capitán general de Nueva Castilla. El Sr. Navarro, general de Artillería, y una veintena de oficiales.
Subalternos.
D. Leandro Moratín, secretario-intérprete.
D. Luis Babich, secretario-intérprete.

D. José Conde, bibliotecario del rey.
D. José Montero, médico.
D. Pedro Escala (por Estala), canónigo de Toledo.

56. Original en A. N. F., IV, cart. 1.611, plaq. 1, IV, *Mémoires,* volumen IV, p. 465. Méndez Bejarano, ob. cit., p. 183 (Azanza y O'Farrill, ob. cit., p. 141).
57. «Los demás ministros, O'Farrill, Mazarredo y Cabarrús, procuraron enterar de su modo de pensar ("se perdería la guerra y las provincias más allá del Ebro...", etc.) a los señores D. Francisco Javier Castaños, D. Francisco Saavedra y D. Pedro Cevallos» (Azanza y O'Farrill, ob. cit., p. 141).
58. Villaurrutia, *El rey José Napoleón,* p. 63.

    «El rey ha enviado a sus dos ministros, Azanza y Urquijo, ante Su Majestad el Emperador. Presentarán muchas quejas, pero dudo que expongan un buen sistema», *Corr. La Forest,* 9 agosto, vol. 1, p. 200. Cfr., asimismo, Azanza y O'Farrill, ob. cit., p.141, José a Napoleón, 3 agosto, *Mémoires,* vol. IV, p. 398.
59. *Mémoires,* vol. V, p. 73
60. 16 agosto, *Corr. Napoleón,* ápud *Mémoires,* vol. Iv, p. 424.
61. Este empréstito estaba en suspenso después de haberse cobrado seis millones, porque del lado español no se habían depositado bienes equivalentes en efectos públicos de Francia; Azanza y Urquijo a Napoleón, *Mémoires,* vol. V, p. 130. Cfr. igualmente Arribas a Champagny, septiembre 1808. A. M. A. E., *Corr. diplomatique Espagne,* vol. 676, fol. 157.
62. *Corr. La Forest,* Burgos, 12 agosto, vol. I, p. 211.
63. 24 agosto, ibíd., vol. I, p. 237.
64. 14 octubre, *Corr. La Forest,* vol. I, p. 333.

    «Este documento ha sido leído sucesivamente al conde Campo Alange, a Arribas, a Romero, cuando han llegado al ministerio. Después se ha comunicado a los consejeros de Estado, Angulo y Llorente, y a todos lo refugiados españoles, que el rey parece quiere destinar a ejercer funciones públicas. Es superfluo tomar tantas medidas para evitar que se forme un partido francés», 14 octubre, ibíd., vol. I, p. 333.
65. 4 noviembre, ibíd., vol. I, p. 358.
66. *L'Espagne et Napoleón,* vol. I, p. 358.
67. *Corr. La Forest,* 8 noviembre, vol. I, p. 365.
68. Ápud Sorel, ob. cit., vol. VI, p. 326.
69. «Deja ver que, obligado a conquistar España una segunda vez, se considerará su único dueño, y que los anteriores convenios han desaparecido, debiendo cesar toda autoridad distinta de la suya en cualquier lugar en que se encuentren los franceses, y que le corresponde a él adoptar en su propio nombre en España las medidas que juzgue útiles para su imperio. José, por su parte, está convencido de que su herma-

no debe devolverle la íntegra posesión de su reino, que se le ha cambiado por el de Nápoles, y que después le corresponde a él hacer lo que convenga, Masson, ob. cit., vol. IV, p. 277.

70. A. H. N., Consejos. Libro de gobierno, año 1809, fol. 165. A. M. A. E., *Corr. diplomatique Espagne,* vol. 677, fol. 210.
71. «Decretos dirigidos a abolir los derechos feudales, la Inquisición, reducir en dos tercios el número de convenios, suprimir las barreras provinciales», *Corr. Napoleón,* núms. 14.526, 14.527, 14.528 y 14.529.
72. A. H. N., Consejos. Libro de gobierno, año 1809, fol. 168. *Corr. Napoleón,* núm. 14.537.
73. «España, Francia y yo, todo concurre para que esté en el puesto de honor, es decir, en el del peligro», José a Napoleón, Miranda, 10 noviembre, *Mémoires,* vol. V, p. 265. «¿Merezco, por mi carácter, ser la burla del ejército en un país del que soy el rey?», José a Napoleón, Briviesca, 10 noviembre, ibíd., vol. V, p. 266.
74. Ibíd., vol. V, p. 281.
75. *Corr. Napoleón,* núm. 14.543.
76. 14 diciembre, *Corr. La Forest,* vol. I, p. 397.
77. 15 diciembre, ibíd., vol. I, p. 399.
78. 20 diciembre, ibíd., vol. I, p. 407.
79. *Mémoires,* vol. V, p. 291; 20.614, según certificación del corregidor de Madrid. A. N. F., AF. IV, cart. 1.618, plaq. 2. «Apareciendo en el libro del registro abierto con este motivo, 28.600 firmas de otros tantos sujetos», Príncipe, *Guerra de la Independencia,* vol. II, p. 379.
80. 12 diciembre, *Corr. La Forest,* vol. I, p. 394.
81. *Corr. Napoleón,* núm. 14.643.
82. Ídem.

4. El segundo reinado de José

1. Du Casse habla de un ofrecimiento napoleónico de la corona de Italia, que José no aceptó. «Napoleón entró en Madrid el 4 de diciembre de 1808, y cambiando nuevamente de política con relación a su hermano y España, con el pensamiento secreto de apoderarse de este reino y de anexionarse las provincias del Norte, propuso a José darle la corona de Italia. Este último, cansado de estos perpetuos cambios, rehusó», *Documents,* vol. X, pág. 351. Ningún documento confirma la noticia, y de existir, se opondría a los deseos expresos del monarca español, lo que contribuye a hacer que no merezca ningún crédito, máxime conociendo la parcialidad con que el barón Du Casse redactó sus obras.
2. *Mémoires,* 19 febrero 1809, vol. VI, p. 59.
3. *Mémoires,* vol. V, p. 35.

Al día siguiente añadió: «Reitero a V. M. mis súplicas para que el señor de Freville deje de inquietar aquí a todo el mundo. V. M. puede pedirme anualmente lo que crea conveniente, y librarme de la impertinencia de estos pequeños personajes, que molestan más que los ejércitos y que no cesan de indisponer al pueblo, que comienza a volver a sus primeros sentimientos» (ibíd.). Cfr. asimismo numerosos oficios relativos a este mismo asunto en A. M. A. E., *Corr. diplomatique Espagne,* vols. 678 y sigs.

4. *Corr. Napoleón,* 6 febrero, núm. 14.761.

   Repitió al día siguiente: «Insisto en que conservéis a Freville en la dirección de los asuntos relativos a los bienes de los condenados que me he atribuido. Es más importante destruir a esas diez familias que expulsar a los Borbones», ibíd., núm. 308. Ed. Lecestre.
5. 19 marzo, *Mémoires,* vol. VI, p. 78.
6. *Corr. Napoleón,* núm. 429. Ed. Lecestre.
7. A. H. N., Estado, leg. 2.993. Impresos.
8. *Mémoires,* vol. V, p. 385.
9. Ibíd., vol. VI, p. 38.
10. Ibíd., vol. VI, p. 59.
11. Ibíd., vol. VI, p. 77. Cfr. asimismo 19, 20 y 25 de marzo, ibíd., vol. VI, pp. 79-86.
12. Ibíd., vol. VI, p. 275.
13. *Corr. Napoleón,* núm. 15.899.

Días más tarde insiste de nuevo en el mismo extremo: «Debéis escribir a España que los ingresos de la corona son módicos, porque se sospecha de todo lo que es francés, y porque se utilizan en las provincias gentes que no tienen ni la energía ni la capacidad necesarias, de modo que las rentas pasan a manos de los insurrectos», ibíd., núm. 539. Ed. Lecestre.

14. Champagny a La Forest (minuta), 29 enero 1810. A. M. A. E., *Corr. diplomatique Espagne,* vol. 681, fol. 84.
15. *Corr. Napoleón,* 28 enero, 1810, ápud *Mémoires,* vol. VII, p. 239.
16. Masson, ob. cit., vol. VI, p. 282.
17. «Tal vez el más positivo de los perjuicios –decía el 8 de junio– es que aquellos ministros cuyas concepciones no están en armonía con el nuevo orden, no pueden ser atraídos por ningún género de persuasión; disimulan antes que acceder. La oposición reaparece en los detalles, cuando ha sido derrotada en los principios generales. En este estado de cosas hay que tener siempre vacilaciones o retrocesos en la marcha del gobierno», *Corr. La Forest,* 8 junio 1809, vol. II, p. 276.
18. «Por un solo motivo tienen importancia –ha dicho Geoffrey de Grandmaison–: siendo españoles ofrecen al príncipe el lazo de unión necesario con los otros habitantes de España y representan la antigua Administración, de engranajes complicados, jerarquizados y embro-

llados, que rodean todos los asuntos del reino de burocrática lentitud», Geoffrey de Grandmaison, *La cour de Joseph Bonaparte à Madrid,* Polybiblion, 1911, p. 156.

19. *Corr. La Forest,* 6 noviembre 1809, vol. III, p. 62.
20. *Mémoires,* 19 enero 1809, vol. VI, p. 383. Cfr. 9 de febrero, *Documents,* vol. X, p. 352.
21. *Documents,* 24 de febrero, vol. X, p. 352.
22. Ibíd., 2 de mayo.
23. *Mémoires,* 19 febrero 1809, vol. VI, p. 60.

    En marzo añadiría: «No puedo hacer el bien sin vuestra confianza absoluta y exclusiva para los asuntos de España... Es España lo que quiero ganar para Francia, y Francia para España, pero para esto es preciso convencer a la más débil que la más fuerte no quiere hacer de ella una esclava. Esta opinión es el único enemigo que tenemos que combatir; las armas de los españoles caerían de sus manos; todos estarían a mis pies si supiesen lo que hay en mi corazón; serían los mejores amigos de los franceses si supiesen que, aunque príncipe francés, quiero lo que debo, y debo gobernarles como nación libre e independiente, si viesen que las promesas contenidas en la Constitución se realizasen y que no se desea otra cosa.

    »... Si no pensáis así, mi corona, mal consolidada, está a vuestra disposición. Dios me ha quitado la de Nápoles; vos podéis recoger la de España», ibíd., 7 marzo, vol. VI, p. 68.
24. El 15 de febrero de 1810, Cabarrús tuvo una larga conversación con el embajador francés. En ella expuso la situación española en términos que prueban hasta qué punto resultaba ilusoria la existencia de un organismo centralizador. «El rey –dijo– no ha podido obtener ninguna cuenta de la administración de Galicia, de Asturias, de las provincias de León, Zamora, Salamanca y Santander. En las provincias de Vizcaya, Navarra y todas las que componen el gobierno de la alta España, las cuentas no han servido más que para señalar las partes de los gastos que se han pagado en dinero, independientemente de las enormes requisas, exigidas en especies unas, y otras impuestas por los jefes militares, y de las que los agentes españoles no han sido más que los temerosos ejecutores», *Corr. La Forest,* 16 febrero 1810, vol. III, p. 230.
25. *Mémoires,* 19 abril, vol. IV, p. 155.
26. Ibíd., vol. VI, p. 198.
27. Ibíd., vol. VI, p. 275.
28. Ibíd., 27 de agosto, vol. VI, p. 381.
29. Ibíd., vol. VI, p. 389.
30. Ibíd., 8 de noviembre, vol. VII, p. 60.
31. Ibíd., 19 de noviembre, vol. VII, p. 88.
32. 17 de enero de 1811, *Corr. Napoleón,* núm. 17.285.

33. Cfr. Apéndice. Documento núm. I.
34. Cfr. Apéndice. Documento núm. II.
35. D. Badía, intendente de Segovia, en una relación de la situación del país bajo su mando expuso cómo los pueblos se resistían a pagar las contribuciones. «Al mismo tiempo –dice– estuve conteniendo todo el mes de octubre a la administración francesa con sus ejecutivos pedidos, aun a costa de duras contiendas, haciéndoles ver que, pues estaba yo dando todas estas providencias, era justo dar a los pueblos el tiempo necesario para cumplir mis órdenes, sin aumentar sus males con ejecuciones militares que acabarían de arruinarle para siempre», A. H. N., Estado, leg. 3.101.

    Del 10 de julio de 1811 es una carta del prefecto de Málaga, conde de Casa Valencia, al ministro del Interior, notificando que el gobernador francés había dispuesto libremente de los fondos de la tesorería española. «Estoy, por consiguiente –decía–, reducido a una nulidad absoluta...; al rey ni a la nación tiene cuenta alguna que esto siga así, valdría mucho más que fuese la administración francesa la única responsable y entonces pondrían orden por necesidad», A. H. N., Consejos, leg. 49.611. Joaquín de Aldamar, prefecto de la provincia de Santander, dirigió a Azanza, durante su embajada en París (8 de agosto), una carta impresionante en que explicaba el grado de impotencia a que se había visto reducido. A. M. A. E., *Corr. diplomatique Espagne,* vol. 683, fols. 141 a 147.
36. Cfr. Morel-Fatio, *Don Francisco Amorós, marqués de Sotelo, fondateur de la gymnastyque en France,* BHi, vols. XXVI-XXVII.
37. A. H. N., Estado, leg. 40.
38. A. H. N., Estado, leg. 3.092.
39. Madrid, 21 de marzo de 1809, A. H. N., Estado, leg. 3.003.
40. Madrid, 22 de marzo de 1809, A. H. N., Estado, leg. 3.003.
41. *Corr. La Forest,* 4 de abril, vol. II, p. 171.
42. 12 de abril, *Mémoires,* vol. VI, p. 147.
43. *Corr. La Forest,* vol. II, p. 177.
44. 12 de abril, A. H. N., Estado, leg. 37-E; Canga-Argüelles, *Documentos,* vol. I, p. 310; Gómez Arteche, ob. cit., vol. VI, p. 459. Apéndice II.
45. A. H. N., Estado, leg. 37-E.
46. A. H. N., Estado, leg. 37-E, núm. 161.
47. 21 de abril, A. H. N., Estado, leg. 37-E, núm. 166; Canga-Argüelles, ob. cit., vol. I, p. 311; Gómez de Arteche, ob. cit., vol. VI, p. 459. Apéndice II.
48. 21 de abril, A. H. N., Estado, leg. 37-E, núm. 173; Canga-Argüelles, ob. cit., vol. I, p. 311; Gómez de Arteche, ob. cit., vol. VI, p. 459. Apéndice II.
49. A. H. N., Estado, leg. 37-E, núm. 170; Canga-Argüelles, ob. cit., vol. I, p. 315; Gómez de Arteche, ob. cit., vol. VI, p. 461. Apéndice II.
50. A. H. N., Estado, leg. 37-E, núm. 175; Gómez de Arteche, ob. cit., vol. VI, p. 468. Apéndice II.

51. A. H. N., Estado, leg. 37-E, núm. 179; Gómez de Arteche, ob. cit., vol. VI, p. 468. Apéndice II.
52. En los archivos del Ministerio de Asuntos Exteriores de París se conserva una comunicación de carácter excepcional, contraria al espíritu general del país y concorde en todo con el del gobierno afrancesado. No es suficiente, por su carácter aislado, para probar nada, más bien es la excepción que confirma la regla, pero indica, cuando menos, que algunas gentes muy pocas, según cabe suponer, pensaban de igual modo en cuanto a la inutilidad de la resistencia en bandos distintos. Se trata de un oficio de la junta de Trujillo a la Central, fechado pocos días después de la gestión de Sotelo –28 de mayo–, y en el que se propugna el fin de la resistencia de los ejércitos franceses y de la emigración de los pueblos ante la llegada de los mismos. Dos de los ocho firmantes –uno de ellos el conde de Quintanilla– fueron asesinados por la multitud a los pocos días. A. M. A. E., *Corr. diplomatique Espagne,* vol. 679, fols. 99 a 110; *Corr. La Forest,* 8 de julio de 1809, vol. II, p. 326.
53. «Después de la marcha de Sotelo, el rey ha inducido al general Sebastiani y al duque de Bellune a iniciar conversaciones», *Corr. La Forest,* 23 de agosto, vol. II, p. 387.
54. El texto completo de las cartas y de las respuestas, en Gómez de Arteche, ob. cit., vol. VI, pp. 462-469, Apéndice II.
55. *Corr. La Forest,* 5 de septiembre, vol. II, p. 409.
56. Ibíd., 19 de mayo, vol. II, p. 254.
57. Ibíd., 18 de agosto, vol. II, p. 372.
58. *Corr. La Forest,* 6 de noviembre, vol. III, p. 63.
59. Ibíd., cfr. carta de O'Farrill a sus antiguos compañeros de armas, de 1 de febrero de 1810. A. M. A. E., *Corr. diplomatique Espagne,* vol. 681, p. 112.

5. El antagonismo con Francia

1. Masson, ob. cit., vol. VI, p. 87.
2. *Corr. La Forest,* 16 de febrero de 1810, vol. III, p. 228.
3. «Se suponía que el rey le había escogido para una negociación», ibíd., 17 de febrero, vol. III, p. 233.

   El día 1 de febrero había dirigido a sus antiguos camaradas de armas una carta exponiendo una vez más los motivos y conveniencias de la política afrancesada: «Dudar –decía– entre la anarquía y un Gobierno que nos garantiza la tranquilidad y la paz me pareció siempre un crimen de lesa patria. No unirse sinceramente a un Gobierno que nos ofrecía, junto a una Constitución liberal, la integridad del territorio y la independencia nacional, me parecía el mayor error de la razón humana.

»¿A qué podemos y debemos aspirar, en la presente situación, si no es a tener un Gobierno que garantice nuestra independencia, nuestra libertad civil, que reconozca y mejore las instituciones que nuestros antecesores no llegaron a consolidar y que tome por norte de sus obras y leyes el resultado de la experiencia de los siglos entre los pueblos más ilustrados, poniendo toda su gloria en la felicidad individual y en la prosperidad nacional?

»Tales son –concluía– las ventajas que nos ofrece el reinado de nuestro soberano José I», A. M. A. E., *Corr. diplomatique Espagne,* vol. 681, fol. 102.

4. *Corr. La Forest,* 1 de marzo, vol. III, p. 241.
5. Cfr. Apéndice. Documento núm. 3.
6. *L'Espagne et Napoleón,* vol. II, p. 209.
7. *Corr. Napoleón,* núm. 16.229. En igual sentido está redactada la núm. 16.230.
8. Ibíd., núms. 16.267 y 16.276.
9. Ibíd., núm. 16.275.
10. *Mémoires,* vol. VII, p. 261.
11. *Corr. Napoleón,* núm. 583. Ed. Lecestre. Cfr., asimismo, Champagny a La Forest (Minuta), 19 de febrero de 1810. A. M. A. E., *Corr. diplomatique Espagne,* vol. 681, fol. 162.
12. Ob. cit., vol. VI, p. 16.
13. Ibíd., vol. VI, p. 3.
14. *Corr. Napoleón,* núm. 58. Ed. Lecestre.
15. Ídem.
16. Ibíd., núm. 16.385.
17. «Art. 1.º La provincia de Burgos formará un gobierno particular bajo el título de 5.º gobierno de España.

    »Art. 2.º Las provincias de Valladolid, Palencia y Toro formarán un gobierno particular bajo el título de 6.º gobierno», Du Casse, ob. cit., vol. VII, p. 289.
18. Miot de Mélito, ob. cit., vol. III, p. 170.
19. 14 de julio, *Mémoires,* vol. VII, p. 294.
20. «Escribiréis al rey –ordena Napoleón a Berthier– que constituyo un ejército del centro independiente de los demás, teniendo por territorio las provincias de Segovia, Ávila, Guadalajara, parte de Extremadura, Cuenca y las pequeñas provincias del lado de Aragón, *Corr. Napoleón,* núm. 16.967.
21. *L'intervention de Napoleón en Espagne,* RCC, vol. XII, p. 498.

«Durante estos años España regresa a una especie de feudalismo militar en el que el lazo del vasallaje y el distanciamiento del poder directo y la dificultad de comunicar con él aseguran la independencia en todos los grados, Masson, ob. cit., vol. VI, p. 3.

22. *Corr. La Forest,* 4 de marzo, vol. III, p. 257.

23. *Corr. La Forest,* 29 de junio, vol. III, p. 472.
24. Ibíd., 18 de mayo, vol. III, p. 388.
25. Azanza y O'Farrill, ob. cit., p. 279; A. M. A. E., *Corr. diplomatique Espagne,* vol. 681, fols. 229 a 231.
26. *Corr. La Forest,* vol. III, p. 280.
27. Ibíd., vol. III, p. 271.
28. «Si los hechos –decía– desmentían el lenguaje del rey, y sí se desmembraba la monarquía, si los generales franceses imponían a su albedrío contribuciones a las provincias, si en ellas se desconocía la autoridad del rey, si se envilecía la dignidad nacional, ¿qué resultados se podían esperar? Los que ya empezaban a verificarse: ineficacia en los esfuerzos de S. M. para obtener la pacificación general, menosprecio de su carácter, el destrozo de la nación, la pérdida irremediable de las Américas, una crecida emigración de los españoles, etc.» (Azanza y O'Farrill, ob. cit., p. 281; *Corr. La Forest,* vol. III, p. 299; A. M. A. E., *Corr. diplomatique Espagne,* vol. 681, fol. 278; respuesta de *La Forest* en ibíd., fol. 309).
29. *Mémoires,* vol. VII, p. 271.
30. «Conociendo la benevolencia con que V. M. I. y R. ha honrado al Sr. de Azanza, duque de Santa Fe, le he nombrado mi embajador extraordinario para llevar a V. M. mis felicitaciones con motivo de la boda de V. M. I. y R. de S. A. I. la archiduquesa de Austria, María Luisa. Está informado de todo lo que me concierne, aun de los asuntos privados que nos interesan», José a Napoleón, 6 de abril, *Documents,* vol. X, p. 353. Duque de Frías a Champagny, A. M. A. E., *Corr. diplomatique Espagne,* vol. 682, fol. 102.
31. *Mémoires,* vol. VII, p. 184.
32. *Corr. La Forest,* 17 de abril, vol. III, p. 333.
33. Ibíd., 3 de mayo, vol. III, p. 355.
34. *Prontuario de las leyes.*
35. *Corr. La Forest,* 3 de mayo, vol. III, p. 353.
36. Ibíd., 3 de mayo, vol. III, p. 354.
37. Ibíd., 23 de junio, vol. III, p. 463.
38. *Prontuario de las leyes.* A. M. A. E., *Corr. diplomatique Espagne,* vol. 682, fol. 80.
39. *Prontuario de las leyes.* A. M. A. E., *Corr. diplomatique Espagne,* vol. 682, fol. 116.
40. El 21 de mayo, en un despacho cifrado, La Forest comunicó al duque de Cadore que en las nuevas listas de bienes nacionales puestos a la venta figuraban propiedades situadas en Aragón, Navarra y Vizcaya, *Corr. La Forest,* vol. III, p. 396.
41. Ibíd., 1 de junio, vol. III, p. 421.
42. Ibíd., 25 de mayo, vol. III, p. 406.
43. Ibíd., 21 de mayo, vol. III, p. 396.

44. Ibíd., 16 de junio, vol. III, p. 450.
45. A. H. N., Estado, leg. 3.003.
46. A. H. N., Estado, leg. 3.003, interceptada y publicada en *El Español,* vol. VI, 30 de septiembre de 1810.
47. Azanza a Campo Alange, 19 de julio de 1810. A. M. A. E., *Corr. diplomatique Espagne,* vol. 682, fol. 309, interceptada y publicada en *El Español,* vol. VI, 30 de septiembre de 1810.
48. A. H. N., Estado, leg. 3.003. *Mémoires,* vol. VIII, p. 446.
49. A. H. N., Estado, leg. 3.003. A. M. A. E., *Corr. diplomatique Espagne,* vol. 682, fol. 320.
50. A. M. A. E., *Corr. diplomatique Espagne,* vol. 683, fol. 67.
51. *Corr. La Forest,* 5 de agosto, vol. VI, p. 69.

    «Se ha divulgado que la estafeta del 25 ha comunicado al rey un despacho cifrado del duque de Santa Fe, por el cual S. M. ha visto con gran desagrado que en esta época aún no había manifestado el objeto que le retiene en París», ibíd., 13 de agosto, vol. IV, p. 97.

    «Los últimos despachos del duque de Santa Fe son del día 6 de este mes... Parece que en esta época este ministro aún no había recibido las órdenes que le apremian a iniciar las propuestas, ibíd., 27 de agosto, vol. IV, p. 103. «Sus últimas cartas son del día 11 y continúan conteniendo muchos detalles, excepto los que se buscan. Parece haber adoptado el papel del duque de Frías y olvidado el suyo», ibíd., 30 de agosto, vol. IV, p. 109.
52. «Propiamente hablando no tiene título ostensible –comentó La Forest–, No se presenta como embajador extraordinario, puesto que ya lo es el duque de Santa Fe y el duque de Frías está como permanente. No se presenta como negociador, pues sería prejuzgar lo desconocido. Es portador de una larga carta del rey para el emperador, de cartas para todas las personas de la augusta familia, de una respuesta de S. A. S. el príncipe de Neufchatel, ibíd., 6 de agosto, vol. IV, p. 71.
53. «Envío a S. M. al señor de Almenara, que ostenta la cartera de Finanzas –anunció José a su hermano– y conoce los deplorables detalles de este departamento y los otros Ministerios lo bastante para que V. M. pueda tomar una decisión con total conocimiento de causa», 7 de agosto –fechada por error el 8 en las *Memorias*–, vol. VII, p. 309.
54. «Almenara lleva muchos papeles y aquí se espera mucho de la impresión que producirá en el ánimo de SMI, a quien se cree mal informada», *Corr. La Forest,* 9 de agosto, vol. IV, p. 75.
55. Miot de Mélito, *Mémoires,* vol. III, p. 180.
56. *Mémoires,* vol. VII, p. 299; Du Casse, ob. cit., vol. X, p. 359.
57. Ibíd., vol. VII, p. 306.
58. *Mémoires,* vol. VII, p. 308
59. *Mémoires,* vol. VII, p. 317.
60. *Documents,* vol. X, p. 362.

61. Masson, ob. cit., vol. VI, p. 159.
62. Rapport de Champagny a l'Empereur. París, 3 de septiembre de 1810. A. M. A. E., *Corr. diplomatique Espagne,* vol. 683, fols. 220 a 224.
63. Azanza y Almenara a Champagny. París, 3 de septiembre de 1810. A. M. A. E., *Corr. diplomatique Espagne,* vol. 683, fols. 225-231.

Días más tarde, los embajadores ampliaron sus gestiones dirigiéndose al Mayor General de los ejércitos de España para exponerle las mismas quejas de la Administración afrancesada contra los gobernadores militares: «Existen gobernadores –decían– que se han apoderado de todas las prerrogativas de la Corona». Para poner fin a la situación creada por el decreto de 8 de febrero pedían:

«1.º Que el Rey N. S. mande los ejércitos de su augusto hermano en todos los lugares donde se persone.

»2.º Que los generales y gobernadores de las provincias sean obligados a rendir cuentas de cuanto reciban de las autoridades españolas para el abastecimiento de sus respectivos ejércitos.

»3.º Que los generales y gobernadores de las provincias dejen a los empleados nombrados por el rey el ejercicio de sus funciones en todas las ramas de la Administración pública». Azanza y Almenara a Berthier. París, 16 de septiembre de 1810. A. M. A. E., *Corr. diplomatique Espagne,* vol. 683, fol. 271.

64. Almenara a Champagny. París, 1 de octubre de 1810. A. M. A. E., *Corr. diplomatique Espagne,* vol. 684, fol. 4.
65. A. M. A. E., *Corr. diplomatique Espagne,* vol. 683, fols. 283 a 289. Un fragmento en *Mémoires*, vol. VII, p. 332.
66. Champagny a Azanza, 15 de octubre de 1810 (Minuta). A. M. A. E., *Corr. diplomatique Espagne,* vol. 684, fol. 53. Respuesta de Azanza a Champagny defendiendo la actitud y los términos de la nota de Urquijo, 17 de octubre de 1810, ibíd., fol. 64. Napoleón a Champagny, 12 de octubre. *Corr. Napoleón,* núm. 700. Ed. Lecestre.
67. Ápud John Jones, *Account of the war in Spain, Portugal and the south of France (18081814),* vol. II, p. 361.
68. *Corr. La Forest,* 11 de septiembre, vol. IV, p. 132.
69. *Corr. Napoleón,* núm. 16.877.
70. *Corr. La Forest,* 9 de noviembre, vol. IV, p. 230.
71. Ibíd., 12 de noviembre, vol. IV, p. 232.
72. Ibíd., 12 de noviembre, vol. IV, p. 231.
73. Ibíd., 9 de diciembre, vol. IV, p. 279.
74. Miot de Mélito, ob. cit., vol. III, p. 139.
75. *Corr. La Forest,* vol. VI, p. 292.
76. Ibíd.
77. «Los ministros suponían que las cartas del rey modelaban, a su vez, las opiniones del Emperador. De ahí esa especie de seguridad que han conservado, que han tenido durante tanto tiempo acerca del curso del

Gobierno, y, desde que vieron se oscurecía el horizonte, las importunas súplicas que hacían para obligar al rey a escribir», *Corr. La Forest,* 13 de diciembre, vol. IV, p. 290.

78. José a Julia, 18 de noviembre de 1810, *Mémoires,* vol. VII, p. 366.
79. Ibíd., vol. VII, p. 373.
80. Ibíd., vol. VII, p. 375.
81. *Documents,* vol. X, p. 365.
82. *Mémoires,* vol. VII, p. 451.
83. Ibíd., vol. VII, p. 453.
84. *Documents,* vol. X, p. 365.
85. *Mémoires,* vol. VII, p. 455.
86. Ibíd., vol. VII, p. 457, 18 de enero de 1811. A. M. A. E., *Corr. diplomatique Espagne,* vol. 685, fol. 88. Cfr. ibíd., borradores 48 y 53.
87. Geoffrey de Grandmaison, *L'Espagne et Napoleón,* vol. II, p. 294. *Corr. La Forest,* vol. VI, p. 431. Masson, ob. cit., vol. VI, p. 159.
88. *Corr. La Forest,* 17 de diciembre, vol. IV, p. 300.
89. Ibíd., 21 de diciembre, vol. IV, p. 312.
90. Ibíd., 16 de enero, vol. IV, p. 371.
91. Ibíd., 9 de febrero, vol. IV, p. 442.
92. Ibíd., 11 de febrero, vol. IV, p. 447.
93. «En cuanto a las molestias del gobierno –dijo–, las hay de dos clases: inevitables, como es el mantenimiento de los gobiernos militares, la oposición de los generales, etc., y evitables, como son el reducir la actuación de los generales a lo puramente militar, la separación de la Administración civil y la recaudación de impuestos de las demás funciones militares, etc.», ibíd., 13 de febrero, vol. IV, p. 451.
94. Ibíd., 27 de febrero, vol. IV, p. 481.
95. Ob. cit., vol. III, p. 211.
96. *Mémoires,* 13 de marzo de 1811, vol. VII, p. 484.
97. José a Julia, 19 de marzo, ibíd., vol. VII, p. 488.
98. Ibíd., vol. VII, p. 489. «En este estado de cosas –dice en la segunda–, reducido al estado de abyección de un criminal o del último de los hombres, merecería mi suerte si la prolongase voluntariamente... Sin duda no tomaría el partido de ir a París si pudiese hacerlo de otro modo, pero ni tú ni los que me aconsejan conocéis mi posición aquí, y necesariamente terminará por un acontecimiento trágico si no le pone fin mi voluntaria marcha, *Documents,* vol. X, p. 366.
99. *Mémoires,* vol. VII, p. 493.
100. *Corr. La Forest,* vol. IV, p. 557. Cfr. asimismo 30 de marzo, vol. IV, p. 560.
101. 2 de abril, *Mémoires,* vol. VII, p. 504.
102. *Corr. La Forest,* 1 de abril, vol. V, p. 6.
103. *Mémoires,* vol. VII, p. 511.
104. José a Julia, ibíd., vol. VII, p. 512.

105. «Por el tiempo que dure la ausencia que hemos determinado hacer para ver a nuestro muy amado hermano el Emperador de los franceses.
»Hemos decretado y decretamos lo siguiente:
»*Artículo 1.º* Los ministros se reunirán, al menos, una vez por semana en Consejo bajo la presidencia del duque de Santa Fe, y en la sala destinada a las secciones de nuestro Consejo de Estado, el cual no podrá ser convocado durante nuestra ausencia.
»*Artículo 2.º* Cada ministro someterá al Consejo los negocios que juzgue no poder resolver por sí mismo.
»*Artículo 3.º* El Consejo deliberará a la pluralidad. Se hará un acta de sus decisiones, que, en caso de urgencia, se efectuarán provisionalmente, ínterin, recaiga nuestra aprobación. El presidente enviará copias de las actas», A. H. N., Consejos, leg. 49.613.
106. 25 de abril, *Documents,* vol. X, p. 368.
107. A. M. A. E., *Corr. diplomatique Espagne,* vol. 686, fol. 69.
108. *Corr. La Forest,* 23 de mayo, vol. V, p. 72.
109. *Mémoires,* vol. VII, p. 8. A Julia, *Documents,* vol. X, p. 369.
110. Ibíd., vol. VIII, p. 8.
111. Ibíd., vol. VIII, p. 15. Masson, ob. cit., vol. VI, p. 333.
112. Ápud Masson, ob. cit., vol. VI, p. 337.
113. 7 de mayo, *Corr. Napoleón,* núm. 17.752.
114. A. M. A. E., *Corr. diplomatique Espagne,* vol. 686, fol. 157.
115. Berthier a Napoleón, ápud Geoffrey de Grandmaison. *Corr. La Forest,* vol. V, p. 402. José a Berthier, *Mémoires,* vol. VIII, p. 22.
116. *Mémoires,* vol. VII, p. 433. Masson, que le sigue, ob. cit., vol. VI, p. 337.
117. *Corr. Napoleón,* núm. 822. Ed. Lecestre.

6. El gobierno provisional

1. *Corr. La Forest,* vol. V, p. 98
2. Ibíd., vol. V, p. 49.
3. Ibíd., vol. V, p. 56.
4. Ibíd., vol. V, p. 98.
5. *Mémoires,* vol. VIII, p. 37.
6. Ibíd., vol. VIII, p. 38.
7. Ibíd., vol. VIII, p. 39.
8. Ibíd., vol. VIII, p. 42. Madrid 17 de julio, ibíd., vol. VIII, p. 43.
9. *Corr. La Forest,* 13 de julio, vol. V, p. 131.
10. *Mémoires,* vol. VIII, p. 44.
11. *Corr. La Forest,* 20 de julio, vol. V, p. 147.
12. José a Napoleón, *Mémoires,* vol. VIII, p. 44.
13. Ibíd., vol. VIII, p. 51.

14. Ibíd., vol. VIII, p. 45, R. D. de 27 de julio. A. H. N., Estado, leg. 3.092.
15. *Corr. La Forest,* 17 de agosto, vol. V, p. 201.
16. Ibíd., 27 de agosto, vol. V, p. 217.
17. Ibíd., 24 de agosto, vol. V, p. 209.
18. Ibíd., 31 de agosto, vol. V, p. 220.
19. *Mémoires,* vol. VIII, p. 46.
20. Ibíd., vol. VIII, p. 50.
21. Ibíd., vol. VIII, p. 61. Cfr. asimismo 29 de octubre, 10 y 24 de diciembre; en este día dos cartas, en las que se muestra dispuesto a abdicar: «Estoy reducido a Madrid y rodeado por la más terrible miseria. No veo alrededor de mí más que desgracias; los principales de mis funcionarios se ven reducidos a no tener fuego en su casa», ibíd., vol. VIII, p. 135.
22. *Mémoires,* vol. VIII, pp. 47, 49 y 60.
23. Ibíd., vol. VIII, p. 73.
24. Ibíd., vol. VIII, p. 92.
25. *Documents,* vol. X, p. 371.
26. *Corr. Napoleón,* núm. 17.974.
27. *Corr. La Forest,* 27 de julio, vol. V, p. 154.
28. No por primera vez, como dice Miot de Mélito.
29. Miot de Mélito, ob. cit., vol. III, p. 239.
30. *Corr. La Forest,* 10 de agosto, vol. V, p. 177.
31. Ibíd., 24 de agosto, vol. V, p. 211.
32. Ibíd., vol. V, p. 239.
33. «He tomado –dijo el comisario regio para Granada, Pereira– las disposiciones que me han parecido más convenientes, y he ordenado su ejecución. Por esto soy el único responsable, sea ante S. M. el Emperador, sea en relación a S. M. C., y encuentro asombroso que hayáis opuesto vuestra propia responsabilidad. Se reducía a nada desde el momento en que era preciso obedecer, e insisto, en consecuencia, sobre la estricta y literal ejecución de todas las órdenes y de todas las instrucciones que he dado, relativas a la administración de la prefectura de Granada», 8 de octubre de 1810, A. H. N., Estado, leg. 3.003. Cfr. decreto de 11 de diciembre, A. H. N., Consejos, leg. 49.613.
34. A. H. N., Estado, leg. 3.003.
35. Ibíd.
36. *Corr. La Forest,* 18 de noviembre, vol. V, p. 338.
37. Ibíd., 15 de noviembre, vol. V, p. 334.
38. Ibíd., 22 de noviembre, vol. V, p. 343.
39. Ibíd., 23 de diciembre, vol. V, p. 378.
40. *Mémoires,* vol. VIII, p. 124.
41. Ibíd., vol. VIII, p. 102.
42. Masson, ob. cit., vol. VIII, p. 256.
43. *Corr. Napoleón,* ápud Masson, ob. cit., vol. VII, p. 256.

44. Eran éstos: Ter, Montserrat, Bocas del Ebro y Segre, teniendo por capitales, respectivamente, a Gerona, Barcelona, Lérida y Puigcerdá. Un segundo decreto, de fecha 2 de febrero, completaba el anterior, nombrando al consejero de Estado barón de Chauvelin para el cargo de intendente de los departamentos de Montserrat y Bocas del Ebro, y al barón Gerardo para el mismo cargo en los otros dos nuevos departamentos. Sobre este tema, cfr. las obras de J. Mercader, especialmente *La anexión de Cataluña al imperio francés* (1812-1814), Hisp. 1947, vol. VII, pp. 125-141.
45. Ápud Geoffrey de Grandmaison, *Corr. La Forest,* vol. VI, p. 80; Villaurrutia, *El rey José Napoleón,* p. 115.
46. *Corr. La Forest,* 17 de febrero, vol. VI, p. 80.
47. Ibíd., vol. VI, p. 81.
48. Azanza y O'Farrill, ob. cit., p. 141; A. M. A. E., *Corr. diplomatique Espagne,* vol. 668, fol. 218; Geoffrey de Grandmaison, *Corr. La Forest,* vol. VI, p. 120.
49. Azanza y O'Farrill, ob. cit., p. 141.
50. *Corr. La Forest,* 24 de febrero, vol. VI, p. 88.
51. Ibíd., 3 de marzo, vol. VI, p. 106.
52. Ibíd., 3 de marzo, vol. VI, p. 107.
53. Ibíd., 13 de marzo, vol. VI, p. 120.
54. *Mémoires,* 11 de marzo, vol. VIII, p. 320.
55. Ibíd., vol. VIII, p. 335.

7. El fin del reinado

1. Ápud Masson, ob. cit., vol. VII, p. 256.
2. «Las Cortes podrían proponer al rey la aceptación de la Constitución que han preparado y reconocer la nueva dinastía... Si tuviese lugar un arreglo, S. M. no pondría dificultades en reconocer la integridad de España y retirar la totalidad de sus tropas, desde el momento en que se restableciese la tranquilidad», Champagny a La Forest (Minuta), 15 de marzo de 1812. A. M. A. E., *Corr. diplomatique Espagne,* vol. 688, fols. 241 a 247. Sorel, ob. cit., vol. VI, p. 560. Masson, ob. cit., vol. VII, p. 256.
3. «Haced saber al rey de España, por un correo extraordinario que saldrá esta tarde, que le he confiado el mando de todos mis ejércitos en España, y que el mariscal Jourdan llenará las funciones de jefe de Estado Mayor», Napoleón a Berthier, 16 de marzo y 3 de abril, *Corr. Napoleón,* núms. 18.583 a 18.632. *Mémoires,* vol. VIII, p. 331.
4. Ápud Geoffrey de Grandmaison, *Corr. La Forest,* vol. VI, p. 276.
5. «Parece que el rey no conocía más que los detalles relativos al Centro, que se le ha mantenido en una ignorancia completa en lo referente a los demás departamentos militares, y que ni siquiera estaba en situación de juzgar de

otro modo, más que en masa, de los medios que existen, de su empleo y de los recursos que se pueden exigir», *Corr. La Forest,* 3 de abril, vol. VI, p. 157.

6. *Mémoires,* vol. VIII, p. 383.
7. *Corr. La Forest,* 11 de abril, vol. VI, p. 171.
8. Ibíd., 27 de abril, vol. VI, p. 203.
9. Ibíd., 24 de abril, vol. VI, p. 200.
10. El emperador había escrito en la minuta, de su puño y letra: «Actuad con rigor y haceos obedecer», ápud Geoffrey de Grandmaison, *Corr. La Forest,* vol. VIII, p. 212.
11. Vitoria, 19 de abril. Dorsenne a José, *Mémoires,* vol. VIII, p. 398.
12. Ibíd., 29 de abril, vol. VIII, p. 413.
13. *Corr. Napoleón,* núm. 19.895.
14. Ob. cit., vol. III, p. 257.
15. *Corr. La Forest,* 13 de junio, vol. VI, p. 286.
16. Ibíd., 17 de abril, vol. VI, p. 189.
17. Ibíd., 17 de abril, vol. VI, p. 190.
18. A. M. A. E., *Corr. diplomatique Espagne,* vol. 689, fols. 127 a 166. Copia en *Suplemento* 20, fol. 288.
19. Ibíd., 8 de mayo, vol. VI, p. 220.
20. Ápud Geoffrey de Grandmaison, *Corr. La Forest,* vol. VI, p. 220.
21. *Corr. La Forest,* 8 de mayo, vol. VI, p. 222.
22. «Se imprimen folletos –le dijo–; casi todos los días se publica en la *Gaceta* un artículo interesante; se sondea a las ciudades para que redacten exposiciones. Escribid, por vuestra parte, a los generales, para que ayuden, en lugar de estorbar», ibíd., 11 de mayo, vol. VI, p. 231.
23. Ibíd., 15 de mayo, vol. VI, p. 232.
24. Ídem.
25. Ápud Geoffrey de Grandmaison, *Corr. La Forest,* vol. VI, p. 249.
26. Ibíd., 15 de junio, vol. VI, p. 289.
27. Ob. cit., vol. VIII, p. 239.
28. Circular a los mariscales y generales en jefe comandantes de ejércitos franceses en España. Madrid, 5 de mayo de 1812. A. M. A. E., *Corr. diplomatique Espagne,* vol. 689, fol. 230.
29. Jourdan a Caffarelli, 12 de junio, *Mémoires,* vol. IX, p. 29. José a Caffarelli, 19 de junio, ibíd., vol. IX, p. 40. José al conde de Erlon, 21 de junio, ibíd., vol. IX, p. 41; José a Soult, 20 de junio, ibíd., vol. IX, p. 41; José a Soult, 6 de julio, ibíd., vol. IX, p. 44; etc.
30. Genovés Amorós, *Estancia en Valencia del rey Don José I,* p. 13. «Más de 2.000 vehículos han salido de Madrid con dirección al Tajo», José a Clarke, 11 de agosto, *Mémoires,* vol. IX, p. 54.
31. *Mémoires,* vol. VIII, p. 222.
32. *Corr. La Forest,* 1 de septiembre de 1812, vol. VIII, p. 9.
33. *Mémoires,* vol. IX, p. 81.

34. *Corr. La Forest,* 10 de septiembre, vol. VII, p. 22. Cfr. asimismo carta a Julia, 9 de septiembre, *Documents,* vol. X, p. 373.
35. «Ha durado desde las tres de la tarde hasta las nueve. El rey no ha recibido más que a los tres mariscales. El propio general O'Farrill no ha sido llamado», *Corr. La Forest,* 6 de octubre, vol. VII, p. 49.
36. Geoffrey de Grandmaison, *Corr. La Forest,* vol. VII, p. 50.
37. Ibíd., vol. VII, p. 63.
38. Clarke a José, 4 de enero de 1813, ápud Geoffrey de Grandmaison, *Corr. La Forest,* vol. VII, p. 110.
39. «Recomendad al rey que asegure sus comunicaciones de modo que su correspondencia con vos sea regular, que destruya todas las facciones que hay a su espalda», Napoleón a Clarke, 13 de abril, *Corr. Napoleón,* núm. 19.854. Cfr. asimismo la correspondencia de Clarke en Du Casse, *Mémoires,* vol. IX, p. 182 y sigs.
40. Clarke a José, 4 de enero, *Mémoires,* vol. IX, p. 183.
41. Ibíd., 12 de febrero, vol. IX, p. 199.
42. *Corr. La Forest,* 21 de febrero, vol. VII, p. 111.
43. Ibíd., 23 de febrero, vol. VII, p. 113.
44. *Mémoires,* 23 de marzo, vol. IX, p. 229.
45. Ibíd., vol. IX, p. 309.
46. Napoleón a Soult, 1 de julio, *Corr. Napoleón,* núm. 20.208. Napoleón a José, 1 de julio, *Corr. Napoleón,* núm. 1.031. Ed. Lecestre.
47. *Mémoires,* vol. X, p. 241.
48. Ibíd., vol. X, p. 342. *Documents,* vol. X, p. 380.
49. *Corr. Napoleón,* núm. 1.032. Ed. Lecestre.
50. *Mémoires,* vol. IV, p. 404. Son dos despachos.
51. Ápud Geoffrey de Grandmaison, *L'Espagne et Napoleón,* vol. III, p. 369.
52. 6 de noviembre de 1811, A. N. F., AF, IV, p. 1680.
53. *Corr. Napoleón,* núm. 1.100. Ed. Lecestre.
54. Una segunda carta del duque de Bassano completaba las instrucciones: «El orden dinástico existente en España antes de 1808 se restablecerá –decía–. Los ejércitos franceses evacuarán la Península sin restricciones. El Emperador devolverá los 100.000 prisioneros españoles que están en Francia y le serán devueltos los prisioneros franceses. Los bienes de los partidarios del rey José serán restituidos y garantizados. Todo esto se efectuará desde el momento que los ingleses hayan evacuado la Península. El tratado, muy breve, puede firmarse en veinticuatro horas; D. Antonio o D. Carlos, que irán de incógnito a las líneas de Suchet, lo llevarán a la Regencia. El Emperador propone que Fernando se despose con la hija de José (Zenaida Carlota Bonaparte), de trece años», ápud Geoffrey de Grandmaison, *Corr. La Forest,* vol. VII, p. 168.

55. *Corr. La Forest,* vol. VII, p. 138. Para el estudio de las negociaciones de Valençay, que precedieron a la firma del tratado, es imprescindible la consulta de la citada correspondencia, vol. VII, pp. 165-302.
56. Masson, ob. cit., vol. VIII, p. 245.
57. *Documents,* vol. XI, p. 81.
58. «Deseo que V. M. esté convencida de que mi corazón es completamente francés. Sé asimismo, señor, lo que debo a España, conozco mis deberes, deseo cumplirlos en su totalidad... No reconozco derechos más que para sacrificarlos al bien general de la Humanidad, feliz si mediante su sacrificio puedo contribuir a la pacificación de Europa. Deseo que V. M. tenga a bien encargar a alguno de sus ministros se entreviste a este objeto con el duque de Santa Fe, mi ministro de Asuntos Exteriores», ápud Masson, ob. cit., vol. VIII, p. 245.
59. *Corr. Napoleón,* núm. 1.123. Ed. Lecestre.
60. Napoleón a José, 10 de enero de 1814, *Corr. Napoleón,* núm. 21.077. *Mémoires,* vol. X, p. 36.

8. La política represiva

1. A. H. N., Consejos, leg. 5.513, núm. 10, p. 1.
2. Madrid, 18 de agosto. A. H. N., Consejos, leg. 5.513, núm. 10, p. 8.
3. A. H. N., Consejos, leg. 5.513, núm. 10, p. 10; leg. 9.395, núm. 2.
4. 20 de agosto. A. H. N., Consejos, leg. 5.513, núms. 10 a 12; 7 de septiembre, leg. 5.513, núm. 10, pieza 33; 17 de septiembre, leg. 5.513, núm. 10, p. 63; 24 de septiembre, leg. 5.513, núm. 10, p. 66 vuelta.
5. A. H. N., Consejos, leg. 5.515, núm. 9, p.1.
6. A. H. N., Consejos, leg. 5.513, núm. 10, p. 30.
7. «Razón de las casas que, de mando del Sr. D. Ignacio Martínez de Villela, y en cumplimiento de la orden del Real Consejo, se han secuestrado y ocupado hasta el 13 de septiembre, A. H. N., Consejos, legajo 5.513, núm. 17, p. 37.
8. A. H. N., Consejos, leg. 5.513, núm. 10, p. 57.
9. A. D. Ignacio Martínez de Villela, 30 de septiembre. A. H. N., Consejos, leg. 5.513, núm. 10, p. 83.
10. A. H. N., Consejos, leg. 5.513, núm. 10, pp. 84 a 134.
11. A. H. N., Consejos, leg. 51.540, núm. 29, p. 1. En el Archivo Histórico Nacional se conservaba la lista de los expedientes formados en virtud de dicho decreto. Todos ellos han desaparecido. A. H. N., Consejos, leg. M.2705, núms. 6, 9, 10 y 11.
12. «Se ha procedido a levantar el secuestro de las casas de los que han seguido al Rey, y a la venta del mobiliario de Caballero, Cabarrús, O'Farrill, etc. Se va a subastar el mobiliario de los demás y el de todos

los franceses que han abandonado su domicilio en Madrid», *Corr. La Forest,* 3 de octubre, vol. I, p. 315.
13. A. H. N., Consejos, leg. 55.540, núm. 29, p. 20.
14. Ibíd., p. 28.
15. Ibíd., p. 109.
16. Martín de Garay al Consejo, 15 de octubre. A. H. N., Consejos, leg. 5.514, núm. 16, p. 1; 22 de octubre, Consejos, leg. 55.540. núm. 25, pp. 67-68, y leg. 5.514, núm. 16, pp. 27 y 33 a 70.
17. Cfr. Apéndice, doc. núm. IV.
18. A. H. N., Consejos, leg. 5.526, núm. 22.
19. «Los embargos y ventas de efectos pertenecientes a comerciantes franceses o vasallos del rey, con tanta ceguedad e imprudencia, han provocado represalias funestas a las familias y a la nación entera; deben cesar, desde luego, y así es la voluntad de S. M. que aquellos géneros no sometidos o no entregados a los postores, se devuelvan a sus dueños o consignatarios legítimos; que el dinero existente, y depositado por los postores, se les reintegre, y que V. S. I. dé las más eficaces providencias para alcanzar cualquier embargo de esta naturaleza y remitirme un estado por fechas y calidades y cantidades de género o efectos, nombres de postores y líquido producto de las ventas ya hechas», 17 de diciembre, A. H. N., Consejos, leg. 5.526, núm. 30.
20. 14 de enero de 1808, A. H. N., Estado, leg. 6-B.
21. A. H. N., Estado, leg. 10-C, núm. 6; A. H. N., Estado, leg. 3.004.
22. A. H. N., Estado, leg. 10-B.
23. Rousseau, *Retraites du Roi Joseph et du Marechal Soult dans le royaume de Valence,* p. 131.
24. Gómez de Arteche, ob. cit., vol. XII, p. 453.
25. Miot de Mélito, ob. cit., vol. III, p. 273.
26. *Corr. La Forest,* 6 de septiembre, vol. VIII, p. 13.
27. Ob. cit., vol. III, p. 273.
28. *Corr. La Forest,* 21 de septiembre, vol. VII, p. 34.
29. Ibíd., 27 de septiembre, vol. VII, p. 41.
30. Ibíd., 12 de noviembre, vol. VII, p. 81.
31. *Mémoires,* 30 de junio de 1813, vol. IX, p. 338. Campo Alange a Murat, 2 y 7 julio 1813, A. M. A. E., *Corr. diplomatique Espagne,* vol. 691, fols. 242 y 248. Respuesta de Murat, 14 de julio, ibíd., fol. 258.
32. Ibíd., 7 de julio, vol. X, p. 388.
33. *Corr. Napoleón,* núm. 1.034. Ed. Lecestre.
34. 12 de julio de 1813, *Corr. Napoleón,* núm. 20.263.
35. Napoleón al conde Mollien, 27 de julio, *Corr. Napoleón,* núm. 20.306. Cfr. A. M. A. E., *Corr. diplomatique Espagne,* vol. 691.
36. A. M. A. E., *Corr. diplomatique Espagne,* vol. 691, fols. 292 a 296. Cfr. igualmente circular a los prefectos de 13 de agosto, ibíd., fol. 312.

37. Cfr. conde Otto a Murat. París, 22 de julio de 1813. A. M. A. E., *Corr. diplomatique Espagne,* vol. 691, fol. 267.
38. Cfr. Apéndice, doc. núm. V.
39. Deleito, ob. cit., *La expedición de los españoles afrancesados,* vol. CCLXX, p. 269.
40. Muñoz Maldonado, ob. cit., vol. III, p. 538.
41. Cfr. Apéndice, doc. VI.
42. A. H. N., Estado, leg. 3.128.
43. A. H. N., Estado, leg. 3.128. Cfr. Apéndice, doc. VII.
44. Fernán Núñez al duque de San Carlos, 4 de junio de 1814. Reservada, A. H. N., Estado, leg. 5.219, núm. 45.
45. Villaurrutia, *España en el Congreso de Viena,* p. 62. A. H. N., Estado, leg. 5.219, núm. 45.
46. A. H. N., Estado, leg. 5.219, núm. 67.
47. Ídem.
48. *Corr. Napoleón,* 2 de mayo, núm. 1.184, Ed. Lecestre.
49. A. H. N., Consejos. Libro de gobierno, año 1815, vol. II, fol. 1.080.
50. Deleito, *La intervención de los españoles expatriados en los sucesos de los Cien Días,* p. 50.

    «Así es que hubo –notifica– (aunque en muy pequeño número) algunos desnaturalizados que, a la vuelta de Napoleón, se encargaron de pasar a la frontera a suscitar con proclamas una sublevación en el ejército español contra su legítimo Gobierno». (El cónsul de Burdeos a Cevallos, 16 de diciembre de 1815. A. H. N., Estado, leg. 3.135).

    La historia de estos días está contenida en un folleto titulado *De la conduite des réfugiés espagnols dans le département du Midi pendant les cents jours,* París, 1817.
51. *La expedición de los españoles afrancesados,* vol. CCLXX, p. 271.
52. A. H. N., Estado, legs. 3.135 y 5.311, núm. 5.
53. A. H. N., Estado, leg. 3.128.
54. A. H. N., Estado, leg. 3.135.

    Una carta, fechada en Viella el 16 de septiembre de 1818, insiste una vez más en la unión existente entre afrancesados y liberales. «Existe igualmente en el día una estrecha unión entre las dos clases de españoles refugiados en Francia, los afrancesados y los liberales», A. H. N., Estado, leg. 3.128.
55. 18 de enero de 1816, A. H. N., Estado, leg. 3.135. «Se manda que se haga una exposición al Gobierno francés de los males que se siguen a la España de no cumplirse lo pactado entre ambas cortes sobre mutua entrega de reos, y que se solicite del mismo la separación de las fronteras de España de los españoles que han servido al Gobierno intruso», Oficio al conde de Peralada, 18 de enero de 1816, A. H. N., Estado, leg. 5.221, núm. 207.

56. A. H. N., Estado, leg. 3.135.
57. Ídem.
58. Cfr. los despachos dirigidos a D. Manuel González Salmón y al encargado de negocios francés, en 24 de febrero de 1817, A. H. N., Estado, leg. 3.135.
59. A. H. N., Consejos, Libro de gobierno, año 1816, vol. II, fol. 1.004.
60. A. H. N., Consejos, Libro de gobierno, año 1816, vol. II, fol. 1.071.
61. «El rey ha llegado a saber que los conductores, arrieros y trajineros introducen en España, por la frontera de los Pirineos, sin tocar en poblado, a los españoles infidentes y sospechosos, y es su real voluntad que V. E. cele por el mayor cuidado y procure precaver esta intervención fraudulenta en el distrito de su mando» (29 de junio de 1816, A. H. N., Estado, leg. 3.128). Repetida en 5 de junio de 1817, ampliando la prohibición a los libros y objetos que resultasen perjudiciales, al igual que la correspondencia fraudulenta (R. O. a los capitanes generales, A. H. N., Estado, leg. 3.135) en 9 de abril y 21 de agosto del siguiente año (A. H. N., Estado, leg. 3.128) y 6 de septiembre de 1819 al virrey de Navarra (ibíd.).
62. A. H. N., Consejos, Libro de gobierno, año 1817, vol. II, fol. 657. Consejos, Libro de gobierno, año 1817, vol. II, fol. 1.076. A. H. N., Consejos, leg. 3.392.
63. A. H. N., Estado, leg. 5.222, núm. 628.
64. A. H. P., Archivo reservado de Fernando VII, vol. XIII, fol. 80.
65. Ibíd., fol. 102.
66. A. H. N., Consejos, leg. 9.392.
67. Ídem.
68. Ídem.
69. A. H. N. Consejos, leg. 51.546, núm. 12.

9. La política de los afrancesados

1. Mercader Riba escribió dos libros sobre José Bonaparte. El primero, *José Bonaparte rey de España,* dedicado a la acción exterior; el segundo, a la *Estructura del Estado español bonapartista,* 1983.
2. R.D. 6 de febrero de 1809.
3. «Desde el día de la publicación de este decreto cesará el estado eclesiástico en el ejercicio de toda jurisdicción forense, así civil como criminal, que se devuelve a la jurisdicción ordinaria», 16 de diciembre de 1809.
4. Ápud López Tabar, ob. cit., p. 323; que comenta: «Los artículos de temática económica, comercial o industrial serán uno de los platos fuertes del periódico a lo largo de toda su trayectoria».

Apéndice documental

I. Decreto dividiendo España en Comisarías Regias

Don José Napoleón, por la gracia de Dios y la Constitución del Estado, rey de las Españas y de las Indias.

Habiendo nombrado, por decreto de este día, al mariscal de campo D. José Navarro Sangrán, nuestro consejero de Estado, por presidente de nuestra Real Chancillería de Valladolid y nuestro comisario regio en la misma provincia y las de Ávila, Segovia, Palencia y Toro; a nuestro consejero de Estado D. Francisco Amorós por nuestro comisario regio en las provincias de Burgos, Guipúzcoa, Álava y el señorío de Vizcaya; a nuestro intendente del ejército D. Ignacio Garcini por nuestro comisario regio en las provincias de Soria y Rioja; al marqués de Caballero, nuestro consejero de Estado, gobernador del Consejo de Hacienda y exsecretario del despacho de Gracia y Justicia, por nuestro comisario regio en las provincias de Salamanca y Zamora; al ministro del antiguo Consejo Real D. Francisco Javier Durán, por nuestro comisario regio en las provincias de Cuenca y Guadalajara; a nuestro consejero de Estado, teniente general de nuestros reales ejércitos, decano de nuestro Consejo Supremo de Guerra, el marqués de las Amarillas, por nuestro comisario regio en las provincias de Extremadura y presidente de nuestra Real Audiencia de Cáceres; a nuestro consejero de Estado, exgobernador del antiguo Consejo Real, el conde de Montarco, por nuestro comisario regio en nuestras provincias de Santander, León y principado de Asturias...

A. H. N., Estado, leg. 3.092. Repetido con ligeras variantes en Consejos, Libro de Gobierno. Año 1809. Fol. 348.

El día 18 el marqués de Caballero era sustituido por el mariscal de campo marqués de Casa Calvo, con las mismas facultades e instrucciones, en atención a encontrarse aquél «imposibilitado por enfermo».

A. H. N., Estado, leg. 3.092.

II. Instrucciones y poderes de los comisarios regios

Hemos venido a señalarles las instrucciones y poderes convenientes, y decretar, como decretamos, lo siguiente:

Artículo 1.° Deberán recorrer las provincias que a cada comisario se señalan, y en sus capitales y pueblos, donde haya empleados nuestros, pertenezcan a cualquier ramo, llamarlos ante sí, ver si falta alguno, desde qué tiempo y por qué causas y saber adónde se hallan, hacer que, si no han prestado el juramento de fidelidad y obediencia a nuestra persona, a la Constitución y a las leyes, lo presenten inmediatamente. Tomar cuenta de los empleados principales, de sus operaciones y de las de sus dependientes, ver si todos cumplen con sus deberes, si ejecutan las órdenes que se les han dado por nuestros ministros en virtud de decretos nuestros y en vista del celo que descubran en ellos podrán encargarles provisionalmente, y dándonos parte, comisiones o destinos de mayor consideración, removerles a otros donde los creyesen más útiles, suspenderlos si notasen en ellos infidencia, resistencia a nuestros Reales preceptos, poco celo o mala disposición, dándonos igualmente cuenta.

Art. 2.° Establecer las autoridades, jueces y justicias que crean conducentes, y a todos les harán prestar el juramento señalado; suspenderán o destituirán de su ejercicio las que sean remisas, o no cumplan con sus deberes; inspeccionarán a las autoridades que, en nuestro nombre, ejercen cualquier género de potestad; verán si llenan nuestras reales intenciones, llamando ante sí a los Ayuntamientos, gobernadores, intendentes, jueces, corporaciones y a toda clase de personas que tengan intervención en el gobierno, destituyendo o suspendiendo de su ejercicio a los que juzgasen perjudiciales, y ejerciendo en el distrito de su comisión los actos de justicia y beneficencia que Nos mismo ejerceríamos, pero dándonos cuenta de cuanto practiquen.

Art. 3.° Procurarán recorrer los pueblos del distrito de su comisión, conocer su espíritu público, ilustrarlos y aclararlos sobre la verdadera situación del reino, sobre el estado de los ejércitos y sobre las ventajas que deben prometerse de su nueva Constitución, sobre nuestras miras de gobierno, sobre la independencia e integridad con que hemos de mantener esta monarquía y, finalmente, que su felicidad depende del restablecimiento de su tranquilidad, la que, a medida que se logre, será causa de que evacuen el país las tropas extranjeras, pues que sólo han venido a aquel objeto.

Art. 4.° Verán dichos comisarios si en los pueblos los curas párrocos, los intendentes, reciben la *Gaceta* diaria de esta corte, o, en caso contrario, de quién depende la falta, y nos darán cuenta, como de si tuviesen corrientes las comunicaciones de los correos, las que deberán activar y extender por todos los medios posibles, removiendo por cuanto haya los obstáculos de cualquiera naturaleza que para ello se presenten. También procurarán que se establezcan partidas y tomen las medidas más activas para mantener los caminos libres de ladrones, persiguiéndoles por cuantos medios hay, como a los vagos, ociosos y mal entretenidos de los pueblos.

Art. 5.º Tratarán de que todos los habitantes se restituyan a sus hogares, que en ellos se empleen y trabajen, y que contribuyan, en lo posible, a mantener el orden y las cargas del Estado.

Art. 6.º Celarán que no se impriman ni circulen papeles públicos impresos ni manuscritos, con noticias falsas o equivocadas, recogiendo los que se esparzan de esta naturaleza, prendiendo y castigando a sus autores o propagadores, y Nos remitirán los periódicos o papeles públicos, si se imprimiesen en las capitales o pueblos de su visita, y si no los hubiese y juzgasen oportuno el que se impriman, buscarán sujetos idóneos y bien intencionados que los escriban con arreglo al espíritu de la *Gaceta* de la corte, e ilustrando a los pueblos sobre sus verdaderos intereses.

Art. 7.º Observarán, como primer punto, si la religión se mantiene en su pureza; si el culto está bien servido; si, con arreglo a las necesidades de los pueblos y a sus distancias, hay que suprimir parroquias, o que aumentarlas; si se ejecutan las órdenes dadas en punto a las casas religiosas; si hay fincas que vender, pertenecientes a ellas, a las obras pías y capellanías, expresando cuáles sean y sus valores; qué necesidad tienen los pueblos y qué medios habría para remediarlos.

Art. 8.º Cuidarán de disolver inmediatamente cualquier conciliábulo o junta que, sin nuestra autorización, se hubiese formado, prendiendo y castigando a sus autores, promovedores o protectores, impidiendo que nadie reciba orden, carta o papel impreso, o manuscrito, gaceta o periódico que procediese de aquéllas, o de la llamada Central, castigando a los recibidores o esparcidores de ella y a cualquiera que reconozca otra autoridad que la legítima en el reino, que es la nuestra, averiguando la conducta de los díscolos y de los que fueron los primeros autores de las juntas, de los alborotadores, y de los espías que haya habido o hubiese.

Art. 9.º Para todo esto podrán escoger dichos comisarios, valerse y autorizar las personas que crean aptas y conducentes, a fin de que los ayuden en cuanto va expresado, informándonos de quiénes sean, y ofreciéndoles premios en nuestro nombre, si se conducen con pureza y lealtad.

Art. 10. Sobre todo lo que aquí encargamos investigar y ejecutar y el resultado de ello nos escribirán diaria y directamente los comisarios por postillones, conductores, correos, o, en caso de no haberles, por personas de confianza, y se aprovecharán de ellos para remitir a nuestros ministerios los asuntos que les conciernen, y dirigir a los pueblos del tránsito las correspondencias que hubiese en el de su salida. En sus cartas Nos propondrán las providencias que crean, después del más maduro examen, ser conducentes, esperando del celo ilustrado de dichos comisarios, y de la ilimitada confianza con que les honramos, que corresponderán y se harán acreedores a nuestras gracias, además de la satisfacción que les debe quedar de servir tan útilmente a su Patria.

Art. 11. Dichos comisarios encontrarán auxilio y mano fuerte en dondequiera que hallen tropas francesas, en sus generales o comandantes, para cuanto necesiten, pues a este fin les dirijo separadamente las órdenes; pero les encargo estrechamente que observen con ellos, como con las tropas, la mayor armonía, urbanidad y atención, bien que si notasen algunos desórdenes o violencias cometidas por cualquiera de los jefes o de los individuos, y que aquéllos no quisiesen remediar cuando se les manifestasen, nos lo avisarán en el parte diario, para que los corrijamos y tomemos las providencias oportunas al saludable objeto que nos hemos propuesto en esta misión.

Art. 12. Nuestro ministro secretario de Estado pasará a cada comisario una expedición de este decreto, y otra a cada ministerio, para su cumplimiento en la parte que le toca.

A. H. N., Estado, leg. 3.092.

III. Decreto de 8 de febrero de 1808

Considerando que las enormes sumas que nos cuesta nuestro ejército de España empobrecen nuestro Tesoro y obligan a nuestros pueblos a sacrificios que no pueden soportar; Considerando, de otra parte, que la administración española carece de energía y de poder en diversas provincias, lo que le impide sacar partido de los recursos del país, y, en cambio, los deja volverse en beneficio de los insurrectos,

Hemos decretado y decretamos lo siguiente:

TÍTULO I
Del gobierno de Cataluña

Artículo 1.º El séptimo cuerpo de ejército de España tomará el nombre de ejército de Cataluña.

Art. 2.º La provincia de Cataluña constituirá un gobierno particular bajo el título de gobierno de Cataluña.

Art. 3.º El comandante en jefe del ejército de Cataluña será el gobernador de la provincia.

Art. 4.º Se declarará el estado de sitio en Cataluña.

Art. 5.º El gobernador está encargado de la administración de policía, de la justicia y de las finanzas. Cubrirá todos los empleos y hará los reglamentos necesarios.

Art. 6.º Todos los ingresos de la provincia, producto de imposiciones ordinarias y extraordinarias, ingresarán en la caja del ejército, a fin de subvenir a los gastos de la paga de las tropas y del mantenimiento del ejército.

TÍTULO II
Del gobierno de Aragón

Artículo 1.º Aragón constituirá un segundo gobierno particular bajo el título de gobierno de Aragón.

Art. 2.º Se nombra gobernador al general Suchet. Reunirá los poderes civil y militar.

Art. 3.º Igual que el artículo 5.º del título I.

Art. 4.º Todos los ingresos de Aragón, producto de imposiciones ordinarias y extraordinarias, ingresarán en la caja del pagador francés a fin de subvenir a la paga de las tropas y a los gastos de su mantenimiento. En consecuencia, a partir del 1 de marzo próximo, nuestro Tesoro público no enviará ninguna cantidad para la asistencia de las tropas estacionales de ese gobierno.

TÍTULO III
Del gobierno de Navarra

Artículo 1.º La provincia de Navarra formará un gobierno particular bajo el título de reino de Navarra.

Art. 2.º Se nombra gobernador al general Dufour.

Art. 3.º En iguales términos que el artículo 5.º del título I.

Art. 4.º En iguales términos que el artículo 6.º del título I.

TÍTULO IV
Del gobierno de Vizcaya

Artículo 1.º La provincia de Vizcaya formará un gobierno particular bajo el título de gobierno de Vizcaya.

Art. 2.º Se nombra gobernador al general Thouvenot.

Art. 3.º En iguales términos que el artículo 5.º del título I.

Art. 4.º En iguales términos que el artículo 6.º del título I.

TÍTULO V

Los gobernadores de los cuatro gobiernos citados dirigirán sus informes sobre las operaciones militares y sobre la situación de sus provincias al Estado Mayor General, pero no recibirán órdenes relativas a la administración de policía, de justicia y de las finanzas del país más que a través del príncipe de Neufchatel, nuestro Mayor General.

TÍTULO VI

Artículo 1.º Los ingresos e imposiciones ordinarias y extraordinarias de las provincias de Salamanca, Toro y Zamora ingresarán en la caja del pagador del sexto cuerpo de ejército para subvenir a sus gastos. El duque de Elchingen tomará las medidas oportunas para que las entregas ordinarias y extraordinarias basten para pagar su ejército.

Art. 2.º Los ingresos e imposiciones ordinarias y extraordinarias de las provincias de Santander y Asturias ingresarán en la caja del pagador de la división del general Bonet, y deberán bastar para pagar los haberes de esta división.

Art. 3.º Los ingresos e imposiciones ordinarias y extraordinarias de las provincias de Burgos, desde el Ebro hasta los límites de la provincia de Valladolid, ingresarán en la caja del pagador francés en Burgos, para el pago de los gastos de las fortificaciones de Burgos y el mantenimiento y los haberes de las tropas acantonadas en la provincia.

Art. 4.º Los ingresos e imposiciones ordinarias y extraordinarias de las provincias de Valladolid y Palencia ingresarán, por orden del general Kellerman, en la caja del pagador francés de Valladolid, para el pago de los haberes del cuerpo de dicho general.

Art. 5.º El duque de Elchingen, el general Bonet, el general Thiebault, comandante de Burgos, y el general Kellerman, corresponderán con el príncipe de Neufchatel, nuestro Mayor General, para todo lo concerniente a la administración de finanzas, y tomarán todas las medidas necesarias para asegurar, en la extensión de sus mandos respectivos, la recaudación de ingresos y el acertado empleo de los recursos del país en provecho del ejército.

A. M. A. E., *Corr. diplomatique Espagne,* 687, fols. 129 a 131, *Mémoires,* VIII, pág. 439.

IV. Creación del Tribunal extraordinario y temporal de Vigilancia y Protección

En consecuencia de lo que la Junta Suprema Gubernativa del Reino anunció en el Real Decreto de 15 del corriente sobre la comisión especial para conocer los puntos relativos a las ocurrencias del día, se ha servido aprobar el reglamento adjunto, el que señala las funciones, causas y términos en que dará a conocer el Tribunal extraordinario y temporal de la vigilancia y protección y las personas que han de componerlo. S. M., para el delicado encargo de entender en las causas de infidencia o adhesión al Gobierno francés y cuanto tenga íntima conexión con estos puntos, y proteger a los que, siendo buenos servidores del rey y verdaderos españoles, se vean censurados por un falso celo, ha elegido ministro de todos los Consejos y otros Tribunales del Reino, de cuyo patriotismo, actividad y luces espera que corresponderán a tan distinguida confianza. De orden de S. M. lo comunico a V. E., con el reglamento, para inteligencia del Consejo y su cumplimiento y publicación.

REGLAMENTO

... La Junta Suprema Gubernativa del Reino... no puede perder de vista la seguridad interior del Estado, ni dejar de perseguir con igual celo los enemigos que abriga su seno, y cuyas armas son tanto más terribles cuanto se mueven en la oscuridad y son dirigidos por el interés o la perfidia. Y ahora, sea que estos enemigos internos, enviados de fuera, y pagados por el tirano usurpador, viven escondidos y disimulados entre nosotros para promover secretamente sus designios, o ya ruines e ingratos españoles que, por su conocida adhesión al partido francés y del antiguo malvado opresor de la Nación, en lugar de abrazar el santo y glorioso empeño de la defensa de su rey y de su libertad, abandonando vil y cobardemente a la Patria en tan extremo conflicto, cooperan con su insidiosa conducta y ocultos manejos en favor de nuestros crueles enemigos; el descubrirlos, el castigarlos y lanzarlos de nuestros territorios es un deber sagrado del supremo Gobierno, a quien la salvación de la Patria está encargada. Pero al mismo tiempo es una obligación no menos sagrada del Gobierno supremo proteger a los buenos y fieles ciudadanos contra las preocupaciones del vulgo, que, juzgando por meras apariencias, y sin discernir los crímenes de la infidelidad, de los defectos de la flaqueza, confunden su censura y su odio a los que, abierta o disimuladamente, aprueban los designios y pretensiones del enemigo y ayudan a cooperar en su logro, con muchos fieles y antiguos servidores de la Patria que hoy trabajan por su bien y promueven la buena causa con tanto más celo cuanto más obligados se sienten a desmentir las infundadas sospechas que pudo engendrar su conducta en los tiempos y situación de dura y atroz opresión en que se hallaron; para desempeñar, pues, una y otra obligación del modo más conforme a la naturaleza y circunstancias de sus objetos, la Junta Suprema Gubernativa ha acordado formar un Tribunal extraordinario y temporal de vigilancia y protección, compuesto de ministros escogidos por su prudencia, celo y acreditado patriotismo, el cual, procediendo conforme a las leyes protectoras de la pública seguridad y de la libertad civil de los ciudadanos, conocerá de todas las causas y negocios pertenecientes a los objetos arriba indicados. Compondrán este Tribunal los ministros D. Andrés Lasauca, del Consejo Real; D. Ramón de Posada y Soto, del Consejo y Cámara de Indias; D. José Busto Salcedo, del de Marina; D. Carlos de Simón Pontero, del de Órdenes; D. Sancho de Llamas, del de Hacienda; D. Pedro María Rig, de la Real Audiencia de Zaragoza, y D. Antonio Seoane, que lo fue de la Real Chancillería de Valladolid. Para su fiscal, al oidor del Consejo Real de Navarra, D. Justo María Ybar Navarro, para todas las causas y juicios criminales que en él se instauren, en los cuales será oído su dictamen, aun cuando se proceda a instancias de su parte, pero en los expedientes gubernativos tendrá voto como los demás ministros. Para los expedientes y demás negocios gubernativos, y para los que sean, por sus circunstancias, reservados y secretos, y para las correspondencias, tendrá el Tribunal un secretario, y lo será el comisario de la Guerra, D. Pascual Genaro Ródenas. Para el despacho de las causas y expedientes tendrá el Tribunal extraordinario un relator, un escribano de Cámara y otro de diligencias, que nombrará él mismo; y cuando la necesidad lo pidiere, podrá valerse de los escribanos, oficiales de la Sala de Alcaldes de Casa y Corte, así como de los alguaciles y dependientes inferiores.

I. Se congregarán todos, exceptuando sólo las fiestas enteras, en las cuales, y en cualquier otro día, se juntará extraordinariamente, convocada por el más antiguo, si el caso lo pidiese.

II. Conocerá el Tribunal extraordinario de todas las causas y negocios de infidencia que tengan relación con los descubiertos u ocultos manejos del partido francés o de sus protectores, y las que fueren de esta atribución estarán sujetas a su jurisdicción todas las personas de cualquier clase, estado o condición que fueren, con exclusión de cualquier otro fuero, pues que todas deben entenderse desaforadas por la naturaleza misma del objeto.

III. Pero el Tribunal extraordinario se abstendrá de conocer en las demás causas y negocios criminales y civiles que no sean de su peculiar atribución, pues que todas deberán seguirse como hasta aquí ante las justicias y Tribunales de esta corte.

IV. En las causas y negocios que antes de ahora hubiesen instaurado las justicias y Tribunales de la corte, pertenecientes a los objetos en que debe entender el Tribunal extraordinario, continuarán conociendo de ellos hasta su conclusión; pero será de su obligación enviar a la Junta Suprema relación de todas las causas y expedientes que fueran de esta naturaleza, con expresión de su estado, para que, en vista de ella, tome la providencia que juzgase conveniente.

V. Cuidará el Tribunal extraordinario de averiguar la existencia y conducta de cualquier súbdito del Emperador de los franceses o de los gobiernos en que domina su familia, y que se halle oculto, disimulado o protegido en España, para proceder, según la resultancia del proceso, a su condigno castigo si se hallare culpable de cualquiera cooperación a los designios del tirano o bien para lanzarle del territorio español cuando por su conducta no mereciere otra providencia.

VI. Mas en cuanto a los extranjeros domiciliados, les guardará la protección que les concedan las leyes, siempre que su conducta honrada y leal les haga acreedores de ella.

VII. Procederá el Tribunal extraordinario contra todo espía, emisario o promovedor del partido francés y de sus pérfidos intentos que pudiese descubrir, procediendo contra ellos con todo el rigor de las leyes.

VIII. Instaurará causa criminal de infidencia contra todos y cualesquiera reos de este delito, sustanciándole con su audiencia y por la forma y trámites del derecho, imponiéndoles las penas en que hubieren incurrido conforme a las leyes del reino, y cuando por la gravedad del delito resultase sentencia de pena capital, de confiscación o de perdimiento de empleos, grados y honores, el Tribunal lo consultará con la Suprema Junta Gubernativa antes de su ejecución por la Secretaría del despacho de Gracia y Justicia.

IX. En los delitos de la misma clase, aunque de menor gravedad, el Tribunal instaurará el correspondiente juicio criminal sumario, recibiéndole a prueba con todos los cargos, para en término breve, determinándole y llevándole a ejecución sean la práctica y estilo de la Sala de Alcaldes de Casa y Corte, dará cuenta a la Suprema Junta por vía de Gracia y Justicia.

X. Y como la brevedad en el despacho de los negocios criminales sea tan necesaria para el pronto castigo de los delitos como provechosa a los delincuentes, para que sobre la pena que los aguarda no sufran por mucho tiempo la angustia y molestias de la prisión; y como esta brevedad será más necesaria todavía en los que pertenezcan a la jurisdicción del Tribunal extraordinario, procederá éste en la instrucción y determinación de las causas, juicios y expedientes con toda la celeridad que sea compatible con los rigurosos principios de justicia, evitando la inútil multiplicación de testigos en el sumario, pero ciñendo el número de ellos y de las preguntas a los interrogatorios en plenario, cortando estudiadas y maliciosas delaciones y caminando siempre al fin de su institución por todos los medios más breves y más conformes a la naturaleza de esta causa y al espíritu de nuestras sabias leyes.

XI. De las causas y juicios que el Tribunal instaurase dará cuenta por la vía de Gracia y Justicia, a la Junta Suprema de las que fueren graves, de día en día, y de las que no, los sábados de cada semana, y demás de quince en quince, se remitirá lista de todas las que estuvieren pendientes, con noticia del estado en que cada una se hallare, para su completo conocimiento.

XII. La instrucción de los procesos sumarios se hará por los ministros togados del Tribunal y por turno de Semanería, para lo cual se llevará el escribano de Cámara un libro de turno, en el que conste su distribución.

XIII. Todas las declaraciones de los reos y todas las deposiciones de los testigos, así en sumario como en plenario, serán recibidas por ante el ministro semanario de diligencias, so pena de nulidad.

XIV. Los autos de prisión y embargo de bienes no se proveerán sino por todo el Tribunal extraordinario, y con vista del proceso; pero si hubiese peligro en la fuga del reo, el ministro semanero podrá tenerle por detenido en la cárcel, cuartel o cuerpo de guardia, o bien en su casa con ellos, dando cuenta al Tribunal al siguiente día para que acuerde lo que fuese de justicia.

XV. Si, a consecuencia del auto de prisión y embargo, hubiere que hacer ocupación de los papeles del reo, el ministro semanero la hará precisamente en compañía del ministro que le haya precedido en turno; ambos la harán por sus propias personas, y a presencia del escribano se pasarán los que sean pertenecientes al juicio solamente y todos los demás los cerrarán, se llevará y pondrá en seguro depósito, conservándolos como una propiedad sagrada del reo, que no debe ser tocada ni escudriñada sino en lo que pertenezca a la averiguación y comprobación de su delito y a la seguridad del Estado.

XVI. Si la persona de cuyo arresto se tratara fuese de alta clase y carácter, el Tribunal, antes de proceder contra él, dará cuenta a la Suprema Junta, con breve y clara exposición, de los motivos que causan el arresto, y si hubiera peligro en la ocultación o fuga del reo, le hará observar de cerca y tomará todas las demás precauciones que su prudencia le dictare para la seguridad del juicio.

XVII. Aunque fuera de la corte y en los ejércitos quedará expedita la jurisdicción de las Justicias y Tribunales del reino y de los generales y jueces militares para el conocimiento del castigo de los delitos de infidencia, será obligación de unos y otros dar cuenta a la Junta Suprema de las causas y juicios que sobre ello instaure, y consultar las sentencias de muerte, confiscación y degradación que pronunciase, antes de ejecutarla, con el Tribunal extraordinario, y éste, con su dictamen, a la Junta Suprema.

XVIII. Como de las primeras diligencias que hiciere practicar el Tribunal extraordinario, aunque no resultó causa para instaurar juicio criminal, puede resultar motivo para formar algún expediente instructivo y gubernativo, particularmente en negocios que sean por su naturaleza secretos y reservados, el Tribunal lo hará así, procediendo a ello en la forma extrajudicial que es bien conocida, por ante su secretario, y dando cuenta de la determinación de estos expedientes a la Suprema Junta.

XIX. Si de estos expedientes gubernativos resultase motivo suficiente para proceder criminalmente, el Tribunal instaurará la causa o juicio criminal correspondiente, pasándolos a la Escribanía de Cámara, poniéndolos por cabeza de él, y procediendo según va precedido.

XX. El Tribunal extraordinario no instaurará causa o juicio criminal ni tomará procedencia alguna judicial en virtud de papeles anónimos o seudónimos ni por delaciones ciegas y que no estén firmadas de persona conocida, por ser éstas los viles medios de que la calumnia y la envidia suelen valerse para perseguir la inocencia, deprimir o denegar el mérito y promover envidias personales y privadas de nadie, y por lo mismo, es tan justamente reprobado y detestado por las leyes protectoras de la inocencia y de la seguridad individual de los ciudadanos. Pero el fiscal del Tribunal extraordinario, después de haber recibido alguna delación firmada de persona conocida y de buena conducta, podrá promover el juicio que estime conveniente, y no deberá descubrir al delator siempre que así lo solicite. En cuyo caso se conservará la delación en clase reservada, y no se publicará sino cuando el reo tuviese que responder por las resultas del juicio, por ser uno y otro conforme a las leyes.

XXI. Como entre las personas que han tenido la desgracia de ser nombradas para asistir a la Junta de Bayona, o de hallarse por sus empleos residentes en Madrid en el tiempo en que esta capital del reino estaba subyugada a los generales del Ejército francés, y de concurrir a los actos ilegítimos que en una y otra parte se citaron, pues de haber algunos que hayan cooperado o cooperan todavía abierta o escondidamente a los designios del tirano usurpador, y con estas viles personas no deseen ser confundidas aquellas que cedieron al influjo y coacción de extrañas y violentas circunstancias, sólo han prestado una sumisión aparente y forzada de dichos actos, la cual después han desmentido con su leal y honrada conducta y buenos servicios, será uno de los primeros cuidados del Tribunal extraordinario hacer el justo discernimiento de unas y otras, que piden la equidad y la Justicia, procediendo a ello con toda la prudencia, pulso y madurez que convienen a un negocio en que, de una parte, está comprometida la pública seguridad, y de otra, la opinión y el honor de nuestros buenos y honrados ciudadanos.

XXII. En cuanto a las personas que en este reglamento resultaran iniciadas de pertenecer al partido francés o ser sus factores o adherentes, el Tribunal extraordinario procederá contra ellas instaurando causa o juicio criminal, o bien formando expediente gubernativo, según las reglas que quedan indicadas, sin proceder de manera alguna contra las demás que no hubieren dado motivo para ello, bien que recibirán las explicaciones o exposiciones que estas personas quisieren presentarle para calificar la inocencia de su conducta.

XXIII. Aunque las personas de esta última clase deben quedar, por su inocencia, libres de todo procedimiento, el Tribunal extraordinario, después de haber meditado con madurez y detenimiento esta delicada materia, consultará a la Suprema Junta Gubernativa al medio que estime más conveniente para proteger su seguridad y salvar su opinión de cualquier nota que pudo haber producido su intervención en los referidos actos ilegítimos y para restituirlos al grado de estimación y aprecio que cada uno hubiese merecido por su conducta y buenos servicios.

Madrid, 26 octubre 1808. A. H. N., Consejos, leg. 5.525. Impreso. Estado, leg. 3.004.

V. Instruction relative à la distribution des secours accordés par S. M. l'Empereur aux espagnols refugiés en France

Lorsque S. M. apprit l'arrivée sur le territoire de l'Empire des espagnols que les circonstances avaient obligé de s'y refugier, elle previs leurs besoins, leur accorda des secours et chargea une commission du soin de les distribuer.

Ces mesures dictées par les sentiments de bienfaisance qui animent S. M. son aussi fondees sur des motifs de justice qui seront appreciés de MM. les préfets des departements dans lesquels resident les espagnols refugiés. Déjá des secours provisoires on été distribués dans plusieurs departements, par les soins de MM. les préfets, à ceux d'entre les refugiés dont les besoins etaient les plus pressants; mais il est indispensable d'établir sans plus tarder la marche qu'il convient de suivre pour la répartition definitive des secours, et la commission [presidida por el ministro de Estado, conde Otto de Mosley] a cru devoir à cet effet communiquer ses vues, par la presente instruction a MM. les préfets et leur faire conaitre les mesures qu'elle a jugé nécessaires d'apporter pour etablir et maintenir le bon ordre dans la distribution des bienfaits de S. M.

Article 1.° Une liste générale des espagnols refugiés en France a été remise a la commission par S. E. l'ambassadeur de S. M. C. à Paris.

La commission devant regarder à cette liste comme le seul renseignement officiel auquel elle puisse s'en rapporter pour la distribution des secours il est de rigueur, pour en obtenir, d'être porté sur cette liste générale.

Art. 2.° Pour pouvoir proceder à la repartition individuelle des fond mis à sa disposition et faire par remis ces fonds dans les departements où sont établis les espagnols portés sur la liste générale, la commission a eu l'honneur de demander à MM. les préfets de faire formert et de lui adresser une liste des espagnols refugiés dans leurs departements respectifs.

Il est necessaire que ces listes soient afites avec beaucoup de soin et que les noms et prénoms, les qualités, les anciens traitements et généralment tous les renseignements propres à designer chaque individue soient écrits très exactement, à fin que la commission puisse reconnaître facilement ces mêmes individus sur la liste générale.

Pour arriver à ce degré d'exactitude, il serait à desirer que MM. les préfets fissent verifier les listes par des espagnois refugiés, choisis parmi ceux: dont les connaissances leurs inspireront le plus de confiance.

Art. 3.º Les personnes qui ont servi le Roi en remplissant des fonctions administratives, judiciaires où militaires, où qui ont servi la cause de S. M. C. de quelque manière que ce soit, ont principalement droit aux secours accordés par l'Empereur, s'ils n'ont d'ailleurs à leur disposition aucun moyen d'assistance.

Art. 4.º Les artisans, domestiques sans place et ouvriers et généralment les individus de la classe du peuple ne doivent point participer à la distribution des secours, sauf les cas d'exceptions qui pourraient être motivés en faveur de quelques uns de ces individus. La meilleure manière de secourir à les espagnols de cette classe est de leur procurer du travail, et la comission compte à cet égard sur le zèle et les bonnes dispositions de MM. les préfets.

Art. 5.º Pour assoir sur des bases uniformes la repartition des secours à distribuer et ne pas outrepasser ses moyens, la commission s'est vue forcée de ne pas avoir ègard aux familes plus où moins nombreuses dont les espagnols refugiés en France peuvent se trouver chargés.

Les femmes, enfants et domestiques, et généralement toutes les personnes dependant d'un individu qui se trouve obligé naturellement de pouvoir à leur subsistance, ne doîvent consequanment point être portés sur la liste de distribution.

Lorsque la famille à la charge d'un mème individu serà trop nombreuse pour qu'il puisse pouvoir à sa subsistance avec la sorrime qui lui serà accordée la commission se reserve de donner à cet individu un secours extraordinaire, sur la demande qu'on sera faite par M. le préfet où residera cette famille.

Art. 6.º Il ne serà accordé des secours aux refugiés, à ceux mêmes qui sont portés sur la liste générale, que lorsqu'ils seront compris dans la liste formées et envoyées à la commission par MM. les préfets des departements où ses refugiés ont fixé leur résidence.

Art. 7.° S'il se trouvait, au contraire, sur les listes formées par les soins de MM. les préfets quelques espagnols ayant droit aux secours, mais qui ne seraient pas compris sur la liste générale de la commission, MM. les préfets en devraient informer sans dêlai et ces individus devraient s'adresser soit à M. le duc de Santa Fe, qui se trouve à Montauban, soit à M. l'ambassadeur d'Espagne à Paris, pour demander à être portés par supplement sur la liste générale.

Jusqu'à ce que cette formalité ait été remplie ces individus ne seront pas portés sur l'état de repartition des secours.

Art. 8.° La commission a dormé un numéro d'ordre à chacun des espagnols portés sur la liste générale.

Aussitôt que les listes de MM. les préfets lui parviendront elle fera porter à côte du nom de chaque individu le numéro qui lui a été donné sur la fiste générale (ce numéro devrá toujours être relaté dans les lettres, états où bordereaux, concernant l'espagnol refugié auquel il a été donné sur la liste). Elle indiquera la somme qui lui est accordée d'aprés l'état général de repartition des fonds disponibles et rendra inmediatement ces listes à MM. les préfets pour qu'ils puissent proceder à la distribution des sommes revenant à chaque individu.

Art. 9.° Le montant des secours provisoires qui auront été distribués à divers individus par MM. les préfets devra être precompté sur les sommes qu'ils auraient à recevoir d'aprés l'état général de repartition des fonds disponibles.

Si la somme qu'un individu aurait reçu à titre de secours provisoire excedait la fixation du secours pour lequel il serait compris sur les listes renvoyés a MM. les préfets, il ne devrait point avoir part à la distribution ni à celle que la commission pourrait avoir à faire ulterieurement, jusq'à ce que la totalité des avances qu'il aurait reçues eussent été couvertes.

Art. 10. Les payements doivent être effectués en vertu de mandats individuels delivrés par MM. les préfets sur les caisses des payeurs de leurs departements.

Dans les arrondissements, autre que ces des chef-lieux de departement, les mandats pourront être acquittés par les receveurs particuliers, ainsi que cela se practique pour les autres depenses que ces receveurs acquittent pour le compte des payeurs.

Les mandats, revetus de l'acquit des parties prenantes, resteront provisoirement entre les mains des payeurs, comme pièces justificatives de leurs payements. Ils seront par la sulte regularisés par les ordenances de S. E. le ministre des Relations Exterieures.

Art. 11. Tous les dix jours, les payeurs devront fournir un état nominatif des espagnols auxquels ils auront distribué des secours d'après les mandats des préfets.

Ces états de payement devront contenir exactement les mêmes indications que les listes formées par les prélets. Íls devront également indiquer sous quels numéros d'ordre les espagnols qui auront reçu des secours sont portés sur la liste générale de la commission.

Ces états, qui devront toujours être conformes aux écritures des payeurs et certifiés par eux, seront visés par MM. les préfets et adressés à la commission comme pièces de sa comptabilité.

Art. 12. MM. les préfets son invités à vouloir bien, après la distribution des secours, faire connaître à la commission les noms des espagnols qui ne se seront pas presentés pour toucher les sommes qui leur auront été allouées.

Art. 13. La commission mettra de faibles sommes à la disposition de MM. les préfets pour qu'ils puissent accorder des secours provisoires et purement alimentaires aux espagnols designés à l'article 7 de la presente instruction qui se trouveraint dans de pressants besoins.

Art. 14. Ces secours provisoires et alimentaires devront être portés par les payeurs sur des états de payement distincts de ceux designés à l'article 11, lesquels ne comprendont que les secours distribués d'après les fixations determinées par la commission.

Art. 15. Les époques et la quotité de chaque distribution seront indiqués à MM. les préfets et les crédits, necessaires pour chaque distribution, leur seront ouverts sur les caisse des payeurs de leurs departements respectifs.

La commission declare formellement qu'il lui serait impossible de tenir compte d'aucun payement qui n'aurait pas été explicitement autorisé par elle. En consecuence, après la première distribution des secours individuels determinés par la commission, MM. les préfets ne pourront en faire une seconde qu'après avoir reçu de nouvelles instructions.

Art. 16. Pour la facilité et la regularité des distributions de fonds dont la commission pourrait disposer par la suite, les espagnols que auront été compris d'après l'indication de MM. les préfets dans une première distribution de secours à faire dans un departement, devront être invités à ne pas quitter ce departement pour passer dans un autre.

S'il arrivait cependant qu'ils fussent obligés de changer de departement ils ne devraient le faire qu'après en avoir informé le préfet du departement qu'il voudraient quitter. Ces administrateurs en donneraient avis à la commission et au préfet du departement où ces espagnols iraient s'établir...

A. H. P., Archivo reservado de Fernando VII, t. VI, fols. 6 a 9.

VI. Decreto de 30 de mayo de 1814

Enterado el Rey de que muchos de los que abiertamente se declararon parciales y autores del Gobierno intruso tratan de volver a España; que algunos de ellos están en Madrid, y que de ellos hay quien usa en público de aquellos distintivos que únicamente es dado usar a personas leales y de mérito; se ha servido resolver, para evitar la justa pesadumbre que en esto reciben los buenos, y las funestas consecuencias que se podrían seguir de permitir que indistintamente regresen a sus dominios los que se hallen en Francia y salieron en pos de las banderas del intruso, que se titulaba rey, los artículos siguientes:

I. Que los capitanes generales, comandantes, gobernadores y justicias de los pueblos de la frontera no permitan entrar en España con ningún pretexto: 1.º El que haya servido al Gobierno intruso de consejero o ministro. 2.º El que estando antes empleado por S. M. de embajador o ministro o de cónsul haya admitido después poder, nombramiento o confirmación en cualquiera de estos encargos en su nombre. 3.º El capitán general y oficial, desde capitán inclusive arriba, que se haya incorporado en las banderas del expresado Gobierno, o en algunos de los cuerpos de tropas destinadas a obrar contra la nación o seguido aquel partido. 4.º El que haya estado empleado por el intruso en algunas de las ramas de policía, en prefectura, subprefectura o junta criminal. 5.º Las personas de título o cualquier prelado o persona con alguna dignidad eclesiástica, que le haya conferido el expresado Gobierno, o estándolo ya por legítimo, haya seguido el partido del intruso y expatriádose en seguimiento de él. Y si alguna o algunas de tales personas hubieren entrado ya en el reino, las hagan salir de él, pero sin causarlas otra vejación que la necesaria para que esta providencia quede ejecutada.

II. Que a los demás que no fueren de estas clases se les permita entrar en el reino, pero no el venir a la corte ni establecerse en pueblo que estuviese a menos de veinte leguas de distancia de ella. Y allí, en cualquier pueblo adonde mudaren su residencia, se presentarán al comandante, gobernador, alcalde o justicia, quien dará aviso al gobernador político de la provincia, y éste al Ministerio de Gracia y Justicia, porque haya noticia de su persona; quedando tales sujetos bajo la inspección de los expresados jefes, o, en su defecto, de la justicia del pueblo, que celarán su conducta política, y serán de ellos responsables.

III. A ninguno de éstos se les propondrá para empleos ni comisión de gobierno, de pública administración, ni de justicia, ni los oficiales de inferior grado al de capitán, ni los cadetes, continuarán en sus empleos y uso de uniforme, ni de otro modo, en la milicia. Pero no dando éstos a los demás, a quienes se permite entrar en el reino con las condiciones dichas, lugar con su conducta a que contra ellos se proceda, no se les molestará en el uso de su libertad, y gozarán de seguridad personal y real como todos los demás.

IV. A los de las expresadas clases que se hallen en la corte y no se hubieren expatriado, se les hará entender por los alcaldes de Casa y Corte y demás jueces de ella, que inmediatamente salgan de Madrid a residir en pueblo que esté a la expresada distancia; a saber, constando que están comprendidas en dichas clases.

V. Los que antes hubiesen obtenido del rey cruz u otro distintivo político, no podrán usarlo, y mucho menos se permitirá el que lo usen los que hayan recibido del Gobierno intruso semejante distinción, y traten de volver a usar del que les condecoraba antes. Son estos distintivos premios de lealtad y patriotismo, y los tales no correspondieron a sus obligaciones.

VI. Las mujeres casadas que se expatriaron con sus maridos seguirán la suerte de éstos; a los demás, y a las personas menores de veinte años que, siguiendo al expresado Gobierno, se hubieren expatriado, usando el rey de la benignidad, les permite que vuelvan a sus casas y al seno de sus familias, pero sujetas a la inspección del gobierno político del pueblo donde se establezcan.

VII. A los sargentos, cabos y soldados y gente de mar que se hayan alistado en las banderas del intruso, o tomado partido en alguno de los cuerpos destinados a hacer la guerra contra la nación, considerando S. M. que tales personas, más por seducción que por perversidad de ánimo, y acaso algunos por la fuerza, incurrieron en aquel delito; usando hoy, en su glorioso día, y en memoria de su feliz restitución al trono de sus mayores, de su natural piedad, ha venido a hacerles gracia de la pena que merecieron por él, y en concederles su indulto; si dentro de un mes los que estuvieren en España, y de cuatro los que se hallen fuera, y no siendo reos de otro delito de los exceptuados en indultos generales, se presentarán para gozar de esta gracia a su Real Persona o ante algún capitán general o comandante de provincia, gobernador o justicia del reino. Para lo cual se les dará el conveniente documento, que acredite su presentación en aquel término, pasado aquél se procederá contra los tales con arreglo a Ordenanzas, si fueran aprehendidos en territorio español.

A. H. N., Consejos, leg. 9.392, núm. 1.

VII. Reflexions sur le decret du 30 mai 1814, donné par S. M. C. Ferdinand VII, le jour de sa fête, en conmemoration de son avenement au trone, et publié dans la Gazette de Madrid du 4 juin

C'est le cœur penetré de la plus vive affection, que je hasarde de jeter sur ce papier quelques reflexions sur la triste position dans laquelle se trouvent les malheureux espagnols, qui privés du gouvernement qui devait leur servir d'egide, et subjugués par une armée puissante; ont cèdé aux circonstances, et ont reconnu l'autorité que la force avait placé à la tête de leur nation.

Un decret affreux vient d'être lancé contre eux; ils sont bannis de leur patrie, et proscrits a jamais... Ces mots font tresailler mon âtre, et ma faible plume échappe à mes doigts.

Eh! quel crime leur impute-t-on? Abandonés a eux-mêmes, ennemis déclarés de l'anarchie, et trop éclairés par les malheurs d'une nation voisine, ils jetèrent partout les yeux, demandant un gouvernement qui empechât le dèsordre, et cooperât avec eux a la conservation de la patrie. La force presentà à la nation, pour la gouverner, un homme qu'elle fit reconnaître par toutes les puissances d'Europe, hors par l'Angleterre, avec qui elle était en guerre.

Etait-ce dans un moment pareil qu'il fallait renoncer a servir son pays, et fuir dans le point le plus reculé de la monarchie avec ceux qui, s'enfermant dans Cadix, ont soufflé le feu qui pendant six ans a ravage l'Espagne? Non; ils ont voulu donner tous les soins aux malheureux que la guerre acablait, et il se sont vus qualifiés de traîtres par ceux mêmes qui'ils soulageaient.

Ah! s'il existe encore quelque vertu sur la terre, si les hommes sont susceptibles d'écouter la voix de la justice, et de mettre de côté tout esprit de parti, il est de milliers de familles qui peuvent attester qu'elles ne doivent leur existence qu'aux sollicitudes de ces mêmes infortunés qui, aujourd'hui, sont condamnés a un exil perpetuel. Sans cesse luttant contre la force, ils se sont vus les objets de la haine des conquèrants, et passaient aux yeux de la nation pour en être les instruments. Ah! personne n'a vu de près, et n'a examiné sans esprit de parti, la conduite de ces ministres, qui, dans des circonstances interessantes, ont déployé un grand caractère qui en fit plusieurs. Personne n'a voulu croire aux peines que prenaient les prefets pour diminuer le désordre qu'amène la guerre. Combien de fatigues, combien de maux, et quel desespoir ne se seraient pas epargnés ces mêmes hommes, si, au lieu de présenter leur tête pour porter le fardeau d'une administration périlleuse, ils eussent, comme beaucoup d'autres, abandonné la nation au joug pesant des gouvernements militaires. Les malheureuses provinces livrées aux conquèrants peuvent servir de temoignage; elles ont, sans comparaison, beaucoup plus souffert que celles où des magistrats espagnols ont exercé leurs fonctions.

Il y a, parmi les malheureux proscrits, des gens d'un grand mèrite; n'y voiton pas ceux qui prédirent a Ferdinand ce que lui est arrivé, s'il se rendait a Baionne. Plût a Dieu que cette prédiction eut été écoutée! depuis longtemps l'Espagne heureuse goûterait la paix, et on lui aurait épargné bien des maux.

Voilà donc ces proscrits! Ce sont les mêmes hommes qui ce sont opposés au départ du roi, et qui, abandonnés, n'ont reconnu de pouvoir que celui que la force obtenait. Quel est celui d'entre eux qui a appelé en Espagne le conquérant qui l'a ravagé? Ce n'est que lorsque presque toute la Péninsule avait reconnu le gouvernement amené par les français qu'ils ont cedé.

Ce decret, que l'esprit de parti a dicté, et non le cœur d'un roi, n'excepte aucun être susceptible de reflexion; tout est proscrit, jusqu'aux femmes qui ont suivi le parti adopté par leurs maris. Celui qui prépare ce decret, ne connait sûrement pas quels sont les devoirs d'une épouse.

On a beau parcourir l'histoire, rien de semblable ne se présente: un roi assis sur le trone de ces ancêtres, qui, du sein de sa capitale, prononce l'arret de mort civile de dix mille familles. Ah! celui qui osa conseiller cet acte d'autorite, est sans doute seul sur la terre.

Un gouvernement mal assis, l'anarchie, peuvent lancer des foudres pareils; mais un roi dont tout l'univers a contemplé avec effroi l'attentât comis sur sa personne; mais un roi qui lui-même ordonna à ces sujets de préter serment d'obeissance à celui en fayeur duquel il abdiquait... Non, nulle part on n'a trouvé l'exemple, son cœur a été surpris. La postérité rendra plus de justice aux malheureux que la sort accable aujourd'hui. Puisse l'Espagne n'avoir pas a se repentir d'avoir rejeté de son sein des hommes capables de travailler a son bonheur!

En commençant cet écrit, je ne voulais que presenter quelques idées que mon désespoir et mon indignation me suggeraient, mais, déjà lancé dans les évènements qu'on contribue a nous amener à la terrible catastrophe dans laquelle nous nous trouvons, je vais donner au monde entier connaissance de quelques faits, qui, aux yeux de ceux prevenus contre notre parti, paraîtront des fables, et qui ne sont cependant que trop certaines.

Pendant que l'Espagne, livrée aux fleaux de la guerre, faisait de tous côtés des efforts pour secouer le joug étranger. Ferdinand, retenu dans un château où il jouissait de toute la liberté possible, avait sans doute renoncé a l'espoir de remonter sur le trône de ces ancêtres. Ce fût alors qu'il employa auprès de son apprenseur tous les ressorts imaginables pour lui être agréable, et qu'après avoir demandé l'autorisation de porter le gran cordon de l'ordre royal d'Espagne, creé par Joseph, il poussa la flatterie jusqu'à demander à Napoléon une de ces nièces en mariage; tout lui fit refusé, et aujourd'hui il déclare indignes de porter aucún ordre ceux qui ont été revétus de l'ordre royal d'Espagne.

Hommes, que vous êtes injustes! Vous, roi, vous n'avez pu resister à la force, et vous voulez exiger qu'un simple vassal, pendant six ans de troubles, soit constant dans son opinion!

C'est encore du château de Valençay qui est partie cette fameuse demande de l'infant D. Carlos, qui, pour grâce speciale, suppliait qu'on voulut bien lui permettre de comander les régiments espagnols qui se mettaient en route pour porter la guerre en Russie.

Voilà donc aujourd'hui nos juges. Que n'ont-ils eu, de même que l'illustre exilé qui vient de reprendre en France les rènes du gouvernement, la constance de répondre à Napoléon en conservant leur dignité! Mais puisqu'ils n'ont pas eu ses vertus dans le malheur, que ne cherchent-ils à l'imiter dans la prospérité. L'oubli de tous les torts a été prononcé par un roi sage et humain, dès quil a mis le pied dans son royaume. *Point de reaction,* voilà ces paroles. Est-ce dans un moment où tous les souverains de l'Europe ferment les yeux sur le passé, que l'Espagne voudrait se signaler par des proscription. Non; non; de mûres et sages réflexions viendront ettouffer au berceau les serpents que la discorde veut placer entre les Espagnols, qui ne doivent desormais faire qu'une seule et même famille. Puisse la prépondérance des pissances étrangères faire plonger dans l'oubli un decret que l'esprit de parti a dicté. Puissions-nous revoir un jour nos femmes, nos enfants, et mourir dans le sein de notre patrie!

La misère dans laquelle se trouvent tous les malheureux qu'on refuse de recevoir, est encore une bien grande preuve de la probité avec laquelle ils ont agi dans un temps de désordre ou il était si facile de s'enrichir. Aucun n'a apporté de richesse en France, des families entières sont couvertes de haillons et vivent dans les provinces de la conmisération publique. Ce seul spectacle ne devait-il pas suffire au cœur du roi, pour l'empécher de prononcer un decret aussi affreux? A son passage à Toulouse, Ferdinand daigna porter des paroles de paix et de consolation a une députation que ces malheureux lui envoyerent. N'était ce que pour mieux leur enfoncer le poignard dans le cœur, qu'il leur fit espérer un prompt retour dans leur patrie. Pourquoi de si bonnes dispositions se sont-elles si vite evanouis? Non seulement les malheureux refugiés en France sont proscrits, mais on fera conduire sous escorte, jusqu'à la frontière, ceux qui avaient eu la possibilité de rentrer dans leurs foyers. Que des maux ne vont-ils pas souffrir? la mort est bien préferable à l'horreur de se voir chassé de son pays comme un criminel, exposé a la fureur d'un peuple qu'un decret pareil autorise à se porter des excès. Ceux qui nont pas suivi les conquérants jusqu'en France, et qui ont préféré s'exposer à la licence effrenée d'un peuple ivre de joie de ses succès, sont chassés de Madrid, relegues à vingt lieues de la capitale et mis sous la surveillance particulière des magistrats.

Quel que puisse être notre sort, nous donnerons a l'Europe l'exemple de la moderation, fiers de notre innocence, dégagés du serment de fidelité envers Ferdinand, par son acte d'abdication, sujets de Joseph Bonaparte, par ordre du roi qui abandonnait son trône, nous conserverons intact, au milieu de nos malheurs, cet idole des honnêtes gens, l'honneur, qu'aucun decret ne peut nous ôter; et si la misère vinent hâter nos instants, au moins en prononçant non dernières paroles, pourrons-nous dire: Nous avons tout perdu, hors l'honneur.

A. H. N. Estado, leg. 5.219, núm. 36.

Fuentes manuscritas

La documentación relativa al gobierno josefino, así como la inmediatamente anterior, es muy escasa en los archivos españoles, y únicamente en el Histórico Nacional se encuentran documentos de valor histórico apreciable en relación con los afrancesados.

También aquí se echan en falta las más importantes colecciones, especialmente la correspondencia diplomática. Faltan total o casi totalmente los despachos correspondientes a las distintas embajadas josefinas, tanto ordinarias como extraordinarias, así como los de los representantes españoles en las restantes cortes.

Hay varios motivos que explican esta ausencia. En primer lugar, hay que señalar las que suponemos enormes pérdidas a consecuencia de las devastaciones producidas por la guerra. Creemos que en los sucesivos cambios de dueño por que pasó la corte durante los cinco años de guerra, los archivos ministeriales debieron sufrir las consecuencias de un doble saqueo más o menos metódico. Las retiradas de los afrancesados hacia

Valencia y Francia contribuyeron a hacer mayores las pérdidas.

También hay que tener en cuenta la especial organización política imperante en España desde el año 1810, que dividía al país en regiones casi totalmente independientes, gobernadas por mariscales franceses, cada uno de los cuales consideró como personales todos los documentos referentes al gobierno de las provincias por ellos regidas. Al retirarse a Francia llevaron consigo gran parte de esta documentación, que fue a parar de este modo, bien a los archivos particulares de determinadas familias, o bien a los ministeriales del vecino país.

A estas dos causas hay que añadir la posterior purga a que, con toda seguridad, sometieron los descendientes de los afrancesados todos los documentos que lo recordase y que estuviese en sus manos destruir.

Lo que se salvó de este triple saqueo se encuentra desperdigado en una serie inconexa de legajos de distintos Archivos, especialmente en las secciones de Estado y Consejos del A. H. N.

Archivos españoles

ARCHIVO DE LA REAL CASA Y PATRIMONIO

Archivo reservado de Fernando VII

Tomo V. Actas del Consejo de Ministros afrancesados. Comprende las sesiones de 24 de abril a 15 de julio de 1811.

Tomo VI. Papeles de la Secretaría de Estado del rey José. Actas del Consejo privado (26 junio 1808 a 5 mayo 1813). Noticias del asunto de los diamantes de la corona, administrativas y económicas. Presupuestos, etc.

Tomo VII. Relación de los que obtuvieron la Orden Real de España.

Tomo VIII. Ídem de obispos, grandes, togados y pretendientes.

Tomo IX. Relación de individuos que juraron fidelidad al intruso. Catálogo de expedientes, decretos, órdenes. (Faltan).

Tomo X. Relación de adeptos al intruso. Varios de administración, bienes nacionales, etc.

Tomo XIII. Expediente general sobre amnistía de afrancesados y contestaciones de todos los consultados.

Tomo XV. Papeles de la Logia Santa Julia.

Tomo XVI. Correspondencia de revolucionarios liberales en Francia.

Tomo XX. Medidas para evitar la introducción de libros prohibidos.

ARCHIVO HISTÓRICO NACIONAL

Estado

Legajo 6-B. Órdenes de la Junta Central para secuestrar los bienes de los afrancesados en represalias (14 enero 1809).

Leg. 10. Correspondencia interceptada de franceses y afrancesados. Proyecto de decreto para declarar a los afrancesados traidores a la patria. Relación de sujetos que sirven al rey José.

Leg. 19-B. Carta circular (impresa) aconsejando la sumisión a José.

Leg. 20-B. Correspondencia interceptada a un correo de gabinete francés (julio de 1809).

Leg. 29-H. Expediente formado con motivo de unas cartas dirigidas por los afrancesados a Floridablanca. Anónimos acusando a diversos individuos de afrancesados.

Leg. 34-A. Copia de la carta de que habla el anterior.

Leg. 37-E. Expediente de D. Joaquín María Sotelo. Negociaciones con la Junta Central.

Leg. 40. Correspondencia de confidentes de las Juntas (1808-1810).

Leg. 44-B. Multitud de documentos de la Junta Central, clasificados por orden alfabético, de los interesados (1808-1810).

Leg. 46-J. Impresos y manuscritos afrancesados que circulaban por Zaragoza en 1809. Boletines del ejército, circulares, etc.

Leg. 46-K. Expediente de la junta de Puigcerdá, acusada de afrancesamiento.

Leg. 52-A. Anónimos dirigidos a la Junta Central contra diversos generales y autoridades (1808-1810).

Leg. 53-A. Expedientes de afrancesados formados por las Juntas de represalias y confiscación (1808-1810).

Leg. 53-B. Documentación varia sobre represalias y confiscaciones.

Leg. 70-T. Anónimos impresos distribuidos por los franceses en Valencia.

Leg. 81-M. Órdenes del general Sebastiani para que se nombren diputados que pasen a Madrid a jurar al rey intruso. Papeles de la Junta de San Clemente (Cuenca).

Leg. 240. Varios de diversas épocas (1793-1808).

Leg. 878. Núm. 52. Nombramientos de consejeros de Estado, en fechas diversas, que abarcan casi un siglo.

Leg. 893. Varios del Gobierno intruso. Nombramiento de Murat. Minuta de la proclamación de José I, etc.

Leg. 916. Cuestiones de etiqueta. Supresión de consejeros. Asuntos familiares y de gobierno interno.

Leg. 2.648. Cartas de protocolo de todos los países manteniendo relaciones diplomáticas con el intruso, comunicando noticias particulares: bodas, nacimientos, defunciones, etc.

Leg. 2.652. Correspondencia del rey de Baviera. Una carta del príncipe de Masserano (14 de julio de 1807).

Leg. 2.644. Expedientes de purificación de empleados por su intervención durante la guerra de la Independencia.

Leg. 2.816. Correspondencia de diversos individuos con Floridablanca (1781-1792).

Leg. 2.838. Credenciales y recredenciales de diversos diplomáticos españoles y de embajadores cerca del Gobierno afrancesado.

Leg. 2.952. Relaciones con Estados Unidos. Empréstito de Holanda. Correspondencia diplomática varia. Toda clase de documentos *pêlemêle*.

Leg. 2.962. Rentas de la provincia de Guadalajara y papeles de fecha posterior. Correspondencia del cónsul de Dunquerque sobre gastos, etc.

Leg. 2.967. Correspondencia del cónsul en Ámsterdam, D. José de Arripe (1808-1813).

Leg. 2.984. Correspondencia del encargado de Negocios en Constantino pla, D. Constantino Duval (1809-1813).

Leg. 2.993. *Gaceta de Madrid* (julio-noviembre de 1810). Un libro en 8.° titulado. *Colección de leyes, decretos, etc., de José I cuando era rey de Nápoles, relativas a la liquidación de la Deuda pública,* editado para ver de aplicarlo en España. Algunos ejemplares de las *Gacetas* de Granada y Sevilla.

Leg. 3.003. Toda clase de papeles sin ningún orden. Nombramientos de consejeros, memoriales, papeles de diversos ministerios, reales decretos, cartas interceptadas, papeles sobre contribuciones, exacciones de los franceses. Correspondencia de Azanza durante su embajada en París en 1810. Un folleto titulado «Pragmática de los papamoscas» (3 de abril de 1811).

Leg. 3.004. Circulares, bandos y proclamas. Papeles de consulados, confirmaciones de empleos, etc. (1809-1812).

Leg. 3.064. Correspondencia de los cónsules en Alejandría, Bayona y Constantinopla (1808-1811).

Leg. 3.065. Correspondencia del embajador español en París, duque de Frías, y del secretario de la Embajada, Santibáñez (1811).

Leg. 3.067. Estados y otros documentos de los ejércitos franceses (1810).

Leg. 3.068. Correspondencia interceptada, letra G (1808-1810).

Leg. 3.069. Ídem, letra F (1808-1810).

Leg. 3.070. Ídem, letra R (1808-1810).

Leg. 3.072. Expedientes de empleados procedentes de territorios ocupados por los franceses. Papeles administrativos de los ministerios y de las juntas. Documentos relativos a la misión de D. Badía en África en 1805.

Leg. 3.073. Correspondencia interceptada, letra H (1808-1810). Leg. 3.078. Ídem, letra P (1808-1810).

Leg. 3.079. Correspondencia del cónsul español en Rouen (1809-1812).

Leg. 3.080. Papeles relativos a contribuciones; ídem referente a consulados de tiempos de José, mezclados con otros de tiempos de Carlos IV. Correspondencia de particulares.

Leg. 3.085. Papeles para formar la *Guía de forasteros.* Pasaportes extendidos en Valencia durante los meses de octubre y noviembre de 1812.

Leg. 3.086. Correspondencia del duque de Frías (1809). (Falta la mayor parte). Expediente de cuentas del encargado de Negocios en París, Santibáñez. Correspondencia de Campo Alange, cuentas de gastos, etc.

Leg. 3.087. Purificaciones de correos de gabinete por su actuación durante la guerra de la Independencia.

Leg. 3.088. Juramento a José de embajadas, ministerios, etc. Peticiones de subsidios, minutas de presupuestos, etc.

Leg. 3.091. Correspondencia interceptada (1810).

Leg. 3.092. Toda clase de papeles mezclados, nombramientos, reclamaciones de sueldos, decretos josefinos, confiscación de títulos, cartas reales, etcétera.

Leg. 3.093. Correspondencia de Leonardo Gómez Terán, desde Roma, Holanda, sobre pago de sueldos y gastos extraordinarios. Correspondencia con el barón de Zuylen, ministro de Holanda en Madrid.

Leg. 3.095. Papeles impresos por el Gobierno josefino en Andalucía. Periódicos.

Leg. 3.096. Correspondencia de particulares interceptada (1813).

Leg. 3.101. Papeles administrativos varios (1809-1812).

Leg. 3.102. Correspondencia interceptada por la censura (1809-1818).

Leg. 3.105. Correspondencia con el conde de La Forest. Autorizaciones a súbditos franceses para servir a S. M. C. Papeles relativos a la administración. Sobre tránsito de lanas y algodón entre Portugal y España. Colisiones entre las comisiones españolas y francesas de secuestros.

Leg. 3.106. Correspondencia de D. Pío Gómez de Ayala desde Nápoles. Asuntos de protocolo, saludas, etc.

Leg. 3.108. Comisaría regia general de Andalucía. Papeles de oficio interceptados. Correspondencia interceptada.

Leg. 3.112. Ídem, íd. (1809-1810).

Leg. 3.115. Correspondencia de D. Ignacio López de Ulloa, embajador de Sajonia. Cartas de saludas y asuntos del país (1890-1812).

Leg. 3.116. Relación de individuos civiles y militares al servicio del intruso. Correspondencia interceptada, impresos varios.

Leg. 3.125. Correspondencia del cónsul español en Corfú (1809-1811).

Leg. 3.128. Conspiraciones (1814-1819). Deportaciones a Francia de individuos introducidos clandestinamente en España. Relaciones. Noticias de la insurrección americana.

Leg. 3.135. Expediente de M. Paulin Courier y correspondencia con liberales. Conspiraciones liberales. Reclamaciones diplomáticas por tal motivo. Tentativas de Mina, su expediente. Expediente de Gallardo. Noticias de América. Conspiración de Lacy.

Leg. 3.138. Expediente sobre conspiraciones (1817-1820). Intentos de Mina en Navarra. Regreso de A. Lista a España. Proceso de Adolfo de Pontecoulant o Juan Salaberry.

Leg. 3.142. Correspondencia del cónsul español en Hamburgo (18081812).

Leg. 3.431. Reforma de empleos, destituciones. Todos del Ministerio de Asuntos Exteriores.

Leg. 3.435. Núm. 4. Expediente del conde de Campo Alange. Correspondencia del mismo desde Viena (1801).

Leg. 3.437. Núm. 4. Expediente de José Martínez Hervás, marqués de Almenara. Un folleto del mismo en que justifica su conducta.

Leg. 3.702. Correspondencia diplomática varia. Ídem de Fernán Núñez (1788-1789).

Leg. 3.921. Reclamaciones y peticiones de particulares. Oficios del embajador francés sobre asuntos del mismo estilo.

Leg. 5.219. Correspondencia de la Embajada de París (abril-diciembre de 1814).

Leg. 5.220. Ídem, íd. de París (1815).

Leg. 5.221. Ídem del conde de Paralada (1816).

Leg. 5.222. Ídem del encargado de Negocios en París, Manuel González Salmón, y del embajador, duque de Fernán-Núñez (1817).

Leg. 5.223. Varios de Inglaterra. Memoriales de particulares, etc. (18091840).

Leg. 5.224. Ídem que el anterior.

Leg. 5.225. Ídem que el anterior.

Leg. 5.311. Núm. 5. Varios de Francia, de fechas muy variadas, que saltan de 1805 a 1841.

Leg. 6.479. Núm. 4. Nota de los efectos para amueblar la Sala del Consejo de Guerra permanente de la guardia de S. M. I. (1809).

Libro 618. Cartas de protocolo con los soberanos de Europa.

Libro 619. Registro de circulares. Libro 620. Copiador de decretos. Libro 621. Obras en Santoña.

Consejos

Leg. 5.288. Núm. 7. Oidores de Valladolid. Notas de sus empleos, hechas en los años 1813 y 1814.

Leg. 5.511. Reales decretos, órdenes y expedientes cursados en el Consejo Real con motivo de los sucesos de Aranjuez, en marzo de 1808; entrada de las tropas en Madrid y demás extraordinarios sucesos ocurridos hasta el 10 de diciembre del mismo año. Es una serie de 17 legajos (núms. 5.511 a 5.527).

Leg. 5.512. Ídem que el anterior.

Leg. 5.513. Recibimiento a los afrancesados. Secuestro de bienes.

Leg. 5.514. Expedientes de la junta para conservar la tranquilidad después de la retirada de los franceses. Medidas contra los franceses que habían permanecido en Castilla.

Leg. 5.515. Expedientes financieros anteriores a mayo.

Leg. 5.522. Acuerdos de la Junta Suprema.

Leg. 5.527. Decretos de la Junta Central.

Leg. 5.569. Núm. 44. Sobre censura de libros.

Leg. 9.391. Regreso de los afrancesados. Medidas de vigilancia y seguridad.

Leg. 9.392. Salida de afrancesados (1814-1818).

Leg. 9.395. Núm, 1. Expediente de D. José Orrit, detenido por expander noticias favorables al intruso (noviembre de 1808). Varios expedientes por motivos semejantes (relaciones con el intruso, etc.). Orden de secuestro de los bienes de D. Eugenio Izquierdo.

Leg. 9.395. Núm. 2. Secuestros y expedientes del marqués de Caballero, O'Farrill, Azanza, Cabarrús, Urquijo, Estala, etc. Diligencias, inventarios, reclamaciones de parientes, etc.

Leg. 9.492. Núm. 3. Expedientes de D. Fausto Foronda, duquesa de Sorrentino, D. Zacarías Pastor, D. Juan de la Parra, D. Antonio Torres, D. Cristóbal de Atero, D. Fernando y D.

García Gómez Jara, D. José Marquina Galindo y D. Gabriel García Pablos (18121819).

Legs. 11.784 al 11.821. Treinta y siete legajos de purificaciones de fechas posteriores a la guerra.

Legs. 12.245 a 12.353. Papeles del Ministerio de Seguridad Pública. Causas de liberales y algunas de afrancesados. Es una serie de 108 legajos.

Leg. 12.247. Expediente de D. José Antonio Gallardo.

Legs. 13.538 a 13.564. Veintiséis legajos conteniendo peticiones de empleos y memorias de infinitos individuos.

Leg. 17.781. Expedientes de afrancesados, en su mayor parte desconocidos.

Leg. 17.782. Ídem que en el anterior. Entre ellos figuran los de Llorente, Muriel (falta) y Leonardo Gómez de Terán.

Leg. 17.783. Ídem que los anteriores. Entre ellos figuran los de los duques de Sotomayor y el de la marquesa de Bedinar.

Leg. 17.784. Relación de empleados de José Bonaparte. Reales decretos, nombramientos de empleados, noticias de la Comisaría General de Cruzada.

Leg. 17.785. Papeles del Ministerio del Interior (1809-1812). Expedientes y oficios diversos.

Leg. 17.786. Administración civil. Cartas de los prefectos al Ministerio del Interior.

Leg. 17.787. Gobierno intruso. Pinturas y objetos de arte. Comisión encargada de elegir cincuenta cuadros destinados al emperador. Gestión de M. Quillet.

Leg. 49.613. Reales decretos señalando las atribuciones de los ministerios. Informes del Ministerio del Interior. Medidas de gobierno del conde de Montarco. Expediente de suspensión de Solís, prefecto de Sevilla.

Leg. 49.614. Papeles de administración local. Diversos expedientes de individuos desconocidos.

Leg. 49.615. Ídem que el anterior. Papeles varios del Ministerio del Interior. Reclamaciones de atrasos, peticiones de empleos, etc.

Leg. 49.616. Ídem que los anteriores. Papeles que acusan a D. Badía de contrabandista. Atribuciones de los ministerios. Gastos de establecimientos oficiales.

Leg. 49.618. Ídem que los anteriores. Administraciones locales. Papeles eclesiásticos, administrativos, etc. Cuentas de Cruzada.

Leg. 49.642. Partidarios del intruso (1816). Expedientes del marqués de Arneva, de D. Antonio de Entrecanales y de D. Manuel Antonio Guerrero.

Leg. 49.643. Expedientes de partidarios del intruso. Peticiones para regresar a España. Denuncias contra afrancesados que conservaban sus cargos. Varios expedientes de infidencia.

Leg. 49.644. Ídem, íd. (1816). Entre ellos el de Sebastián Miñano. Peticiones de regreso a España.

Leg. 49.809. Ídem, íd. (1818). Causas contra María Antonia Junco, condesa de Casa Valencia; Martín Gallardo, alcalde mayor de Jarandilla bajo José I; D. Rafael Leguy, D. Joaquín Jerónimo Navarro, D. Pedro Antonio Tellaeche, etc.

Leg. 49.810. Ídem que los anteriores, entre ellos el de D. Juan Antonio Contreras y D. Rafael Daniel, arcediano de Valderas.

Leg. 50.066. Junta de negocios contenciosos. Toda clase de papeles en un desorden total.

Leg. 51.555. Núm. 23. Sobre reintegro de bienes confiscados por el intruso (1822).

Leg. 51.578. Comunicaciones de protocolos. Grandes entradas, reunión de Consejos, etc. (1810). Papeles administrativos de todas clases del gobierno afrancesado (1809-1811).

Leg. 55.540. Núm. 29. Embargo de los bienes de los españoles que acompañaron a José I en su retirada.

Lib. año 1808. Tomo I. Proclama de Napoleón (8 de junio). Ídem de los afrancesados. Tomo II. Proclama de José (12 de julio).

Lib. año 1809. Circular del Ministerio de Policía. Real Decreto nombrando comisarios regios. Decretos de Napoleón.

Lib. año 1815. Tomo I. Real Decreto para que se vigile a unos individuos delatados simultáneamente como afrancesados, liberales, masones y tahúres. Sobre si son válidas las resoluciones de los juicios verificados por los tribunales del intruso. Tomo II. Circular contra afrancesados. Real Cédula por lo que se declara el valor que deben tener las actuaciones y sentencias seguidas durante el gobierno intruso. Real Cédula sobre prohibición de entrada de libros.

Lib. año 1816. Tomo I. Que se destierren a veinte leguas de Madrid a unos afrancesados que regresaron sin permiso. Tomo II. Real Cédula de 28 de junio de 1816, en la que se prescriben las reglas que han de observarse en las causas contra los afrancesados. Sobre regreso de las viudas de los afrancesados.

Lib. año 1817. Tomo II. Medidas contra los afrancesados que permanecieron en España.

Archivos franceses

ARCHIVES NATIONALES

Serie AF IV:

1.605. A. Correspondencia Murat. Enero-abril de 1808.
1.606. Ibíd. Mayo-julio de 1808.
1.607. Ídem.
1.608. Ídem.
1.609. Cambio de dinastía. Julio de 1808.
1.610. Ídem. Panfletos, etc. Julio de 1808.
1.611. Correspondencia de José. Agosto-octubre de 1808.
1.612. Reorganización del Ejército.
1.613 a 1.617. Mando de Napoleón. Noviembre-marzo de 1809.
1.618. Mando de José. Abril-diciembre de 1809.
1.623 A. Correspondencia de José, 1810.
1.623 B y 1.624. Correspondencia Jourdan. Marzo-diciembre de 1810.
1.625. Gobierno de Cataluña. Enero-diciembre 1810.
1.626. Ídem de Aragón, Mediodía, etc., 1810.

1.627. Correspondencia de José y Jourdan, 1811.
1.628. Ídem de Jourdan, 1811.
1.629. Ejército de Aragón, 1811.
1.630. Ídem del Mediodía, 1811.
1.631. Ídem del Norte, 1811.
1.636. Proclamas, boletines, etc., 1808.
1.680. Correspondencia con José, 1808-1813.

ARCHIVES DU MINISTERE DES AFFAIRES ETRANGERES
Correspondance diplomatique Espagne

Vol. 674. Embajada del conde de La Forest, abril-junio de 1808.
Vols. 675 a 681. Correspondencia varia.
Vol. 682. Embajada duque de Santa Fe, 1810.
Vols. 683 y 684. Ídem, íd. y marqués de Almenara, 1810.
Vols. 685 a 688. Correspondencia varia.
Vol. 689. Ídem de los ministros josefinos.
Vol. 690. Ídem varia.
Vol. 691. Ídem de españoles refugiados.
Vol. 692. Ídem del tratado de Valengay.
Suplemento 20. Correspondencia varia, 1806-1824.

Bibliografía

En la presente bibliografía, que no comprende todas las obras consultadas y que en ningún caso pretende ser exhaustiva, se han eliminado, por causas obvias, todas las referencias al proceso de evolución ideológica –Ilustración, Despotismo Ilustrado, *Enciclopedia,* etc.– que precedió al afrancesamiento. Igualmente se han indicado sólo aquellos libros o artículos de interés más general o con mayor relación con el tema en lo relativo a asuntos que, cual la guerra de la Independencia, las Cortes, etc., no constituyen propiamente el asunto de la presente obra.

I. Fuentes impresas Catálogos de fuentes, etc.

El Senado en el Centenario de la Independencia, Madrid, 1808, 8.º, 29 pp.

Gómez Imaz, M.: *Los periódicos durante la guerra de la Independencia (1809-1814),* Madrid, 1920, 4.º, 421 pp.

—: *Bibliografía de la guerra de la Independencia,* Sevilla, 1888, 4.°.

Hartzenbusch, E.: *Apuntes para un catálogo de periódicos madrileños desde el año 1661 a 1870,* Madrid, 1894, 4.°, 421 pp.

Ibáñez Marín, J.: *Bibliografía de la guerra de la Independencia,* por el teniente coronel, Madrid, 1908, 4.°, 80 pp.

Índice de los papeles de la Junta Central Suprema Gubernativa del Reino y del Consejo de Regencia, publicados por el Archivo Histórico Nacional, Madrid, 1904, 4.°, 197 pp.

La diplomática española. Colección de tratados entre España y las demás naciones desde 1801 hasta... Amadeo I. Comentarios, notas históricas... y apuntes biográficos, publicada por don José Joaquín Ribó, Madrid, 1871, 2 vols. en 4.°.

Prontuario de las leyes y decretos del rey nuestro señor Don José Napoleón I, Madrid, 1810, 2 vols. en 8.°.

Obras contemporáneas

Alcalá Galiano, A.: *Memorias de un anciano,* Madrid, 1886, 2 vols. en 8.°.

Amorós, F.: *Representación del consejero de Estado D. Fernando VII, quejándose de la persecución que experimenta su mujer de parte del capitán general de Castilla la Nueva, y defendiendo la conducta que ha tenido Amorós en las convulsiones políticas de su patria, acompañada de documentos,* París, 1814, 12.°, 346 pp.

Avella y Navarro, P. J.: *Manifiesto que presenta al juicio de la nación D. canónigo de Barcelona e individuo de la Junta Superior de Guerra,* Mallorca, 1811, 4.°, 40 pp.

Benito, A.: *Reflexiones de un amante de su patria,* Madrid, 1809.

Cabarrús, F. (conde de): *Consideraciones de un español a sus conciudadanos.*

Camerero, J. M. de: *Dos palabritas dirigidas a D. Juan Nellerto, recogedor y recopilador de las Memorias para la Historia de la Revolución española,* París, 1817, 8.°, 45 pp.

Canga-Argüelles, J.: «Documentos pertenecientes a las observaciones sobre la historia de la guerra de España, que escribieron los señores Clarke, Southey, Londonderry y Napier, publicadas en Londres el año 1829», Madrid, 1835, 3 vols. en 8.° (Para la correspondencia de Sotelo).

Capmany, A. de: *Centinela contra franceses,* Madrid, 1808, 12.°, 166 pp.

Carnicero, J. C.: *Historia razonada de los principales sucesos de la gloriosa Revolución de España,* Madrid, 1814, 4 vols. en 8.°.

Carta de un patriota español, que reside disimulado en Sevilla, a un antiguo amigo suyo domiciliado en Cádiz, Cádiz, 1811, 14 pp.

Carta respuesta de un amigo a otro que pregunta por el conde de Montijo, Jaén, 1808, 4.°, 20 pp.

Cevallos, P. de: *Exposición de los hechos y maquinaciones que han preparado la usurpación de la corona de España,* Madrid, 1808, 4.°, 95 pp.

—: *Política peculiar de Bonaparte en cuanto a la religión católica, medios de que se vale para extinguirla y subyugar a los españoles por la seducción, ya que no puede dominarlos por la fuerza,* Cádiz, 1811, 4.°, 56 pp.

—: *Observaciones sobre la obra del Dr. D. Juan Escóiquiz titulada «Ideas de las razones que motivaron el viaje de Fernando VII a Bayona en 1808»,* Madrid, 1814, 8.°, 100 pp.

—: *Nuevas observaciones provocadas por la nota con que Escóiquiz ha pretendido defender su obra, «Idea de las razones...»,* Madrid, 1813, 8.°, 202 pp.

—: *Respuesta de la carta y papel que desde París le escribió el marqués de Amenara el 27 de septiembre último,* 1815, 8.°, 100 pp.

De la conduite des refugiés espagnols dans les departements du Midi pendant les Cents Jours, París, 1817, 8.°, 51 pp.

El gran proyecto de Bonaparte para agregar la España a la Francia. Documentos interceptados por una de nuestras partidas, Valencia, 1811, 4.°, 22 pp.

Escóiquiz, J.: *Idea sencilla de las razones que motivaron el viaje del rey Fernando VII a Bayona en el mes de abril de 1808,* Barcelona, 1814, 4.°, 64 pp.

Estala, P.: *Reflexiones imparciales sobre el estado actual de España.*

Exposición de la conducta política del marqués de Arneva durante la Revolución de España, París, 8.°.

Flores Estrada, A.: *Introducción para la historia de la Revolución de España,* Londres, 1810, 8.°, 252 pp.

Hautefort, CH. V. de: *Coup-d'oeil sur Lisbonne et Madrid en 1814,* París, 1820, 8.°, 440 pp.

Justificación de la conducta del Excmo. Sr. D. Miguel Lagrua y Talamanca, de los príncipes de Carini, marqués de Branciforté..., hecha y presentada al Consejo de Castilla por los Excmos. señores D. Carlos Inríziati y D. Carlota Lagrua, sus hijos, etc., Madrid, 1821, 4.°, XVI + 21 pp.

Lardizábal y Uribe, M. de: *Manifiesto que presenta a la Nación el consejero de Estado D. , uno de los cinco que compusieron el Supremo Consejo de Regencia de España e Indias, sobre su conducta política en la noche del 24 de septiembre de 1810,* Alicante, 1811, 4.°, 99 pp.

Llorente, J. A.: *Defensa canónica y política de D. contra injustas acusaciones de fingidos crímenes,* París, 1812, 8.°, 178 pp.

—: *Noticia biográfica,* París, 1818, 8.°, 239 pp.

Manifiesto imparcial y exacto de lo más importante acaecido en Aranjuez, Madrid y Bayona, desde el 17 de marzo hasta el 15 de mayo de 1808, Madrid, 1808, 8.°, 43 pp. (Juan de Arias?).

Manifiesto de lo que no ha hecho el conde de Montijo, Cádiz, 1810, 4.°, 88 pp.

Manifiesto de los procedimientos del Consejo Real en los gravísimos sucesos ocurridos desde octubre del año próximo pasado, Madrid, 1808, 8.°, 116 pp.

Manifiesto sobre la verdadera inteligencia de la voz «afrancesados», a quiénes es aplicable; los daños que trae a la patria su impunidad, el modo de remediarlos radicalmente y las ventajas que de hacerles restituir sus robos pueden y deben resultar a la nación, Madrid, 1814, 4.°, 32 pp.

Martínez, M.: *Los famosos traidores refugiados en Francia. Respuesta de Fr., mercedario descalzo, a la carta que envía desde Montpellier el obispo auxiliar de Zaragoza, y el apéndice a la representación que D. Francisco Amorós «soi-di-sant», consejero de Estado español, dirige a. Fernando VII,* Madrid, 1814, 4.°, 20 pp.

—: *Nuevos documentos para continuar la historia de algunos famosos traidores refugiados en Francia,* Madrid, 1815, 4.v, 62 y 179 pp.

Martínez Hervás, J.: *Defensa de D. contra la acusación de deslealtad con que el Excmo. Sr. D. Pedro Cevallos ofende la memoria de aquel joven,* París, 1814, 8.°, 39 pp.

Meléndez Valdés (?): *De nuestro estado, nuestros males y su seguro y único remedio,* Madrid, 1812.

Osuna, F. de (duque de): *Evasión del. de Francia,* Cádiz, 1812, 4.°, 29 pp.

Palo de ciego a los que no ven que 105 miran, Madrid, 1812, 16.°.

Reflexiones sobre el decreto de 30 de mayo de 1814, dado por S. M. C. Fernando VII el día de su santo, en conmemoración de su advenimiento al trono, y publicada por la «Gaceta de Madrid» de 4 de junio.

Rehfues, P. J. von: *L'Espagne en 1808,* París, 1811, 4 vols., 8.°.

Reinoso, F. J.: *Examen de los delitos de infidelidad a la patria, imputados a los españoles sometidos bajo la dominación francesa,* Auch., 1816, 8.°, 439 pp.

Salmón, F.: *Resumen histórico de la Revolución de España, año de 1808,* Cádiz, 1812, 6 vols. en 8.°.

Satisfacción dada a los cargos de traición e infidelidad imputados a los españoles sometidos a la autoridad por los contratos o por la fuerza que ocupó casi toda España, París, 1816, 8.°.

Silvela, M.: *Obras póstumas,* Madrid, 1845, 2 vols. en 8.°.

Suárez de Santander, F.: *Apuntaciones para la apología formal de la conducta política del Ilmo. Sr. Suárez,* Madrid, 1817, 8.°, 159 pp.

Uriarte y Landa, J.: *Manifiesto sobre su conducta política durante la dominación intrusa, fundado en los documentos que le acompañan,* Sevilla, 1816, 4.°, 117 pp.

Yurami, F. A. M.: *Luz brillante puesta sobre el candelero, por inducción de las Cortes generales y extraordinarias, alumbra a toda España, de uno a otro hemisferio, para que conozcan el principio de esta guerra y medios de terminarla con la más plausible victoria,* Madrid, 1811.

Zamora, L.: *Cotejo imparcial entre la conducta que se ha tenido y la que... se debió tener con los oficiales... que, hechos prisioneros, admitieron o no el servicio del Gobierno intruso,* Cádiz, 1813, 4.°, 32 pp.

Memorias y correspondencias

Azanza, M. J. de, y G. O'Farrill: *Memoria sobre los hechos que justifican su conducta política desde marzo de 1808 hasta abril de 1814,* París, 1815, 8.°, 296 pp.

Barante, P. (barón de): *Souvenirs,* París, 1890, 2 vols. en 8.°.

Bausset, L. de: *Mémoires anecdotiques sur l'inteurieur du palais imperial (18091814),* París, 1827, 4 vols. en 8.°.

Beauchamps, A. de: *Collection des Memoires relatifs aux Revolution d'Espagne, mis en ordre et publiées par Mr...,* París, 1824, 3 vols. en 8.°.

Bigarre: *Memoires du general..., aide de camp du roi Joseph (1775-1813),* París, 1893, 8.°, 320 pp.

Cea Bermúdez: *Memorias de Jovellanos,* Madrid, 1814, 8.°, 395 pp.

Champagny: *Souvenirs de Mr. de..., duc de Cadore,* 1846, 8.°, 211 pp.

Constant, B.: *Memoires,* París, 1830, 6 vols. en 4.°, t. IV.

Doblado, B. W.: *Lettres from Spain by Leocadio...,* Londres, 1822, 8.°, 432 pp.

Du Casse. P.-E.-A. (barón de): *Memoires et correspondance politique et militaire du roi Joseph,* París, 1853-1854, 10 vols. en 8.°.

—: *Les Rois frères de Napoléon I. Documents inédits relatifs au premier empire,* París, 1883, 8.°, 686 + CLXVII pp.

—: *Documents inédits relatifs au Premier Empire: Napoleón I, le roi Joseph,* RH, 1879, X, XI. (Correspondencia inédita de José, 1797-1841).

Escóiquiz, J. de: *Memorias (1807-1808).* Publ. por Paz y Meliá, Madrid, 1915, 8.°, 516 pp.

Grandmaison, G. de: *Correspondance du comte de La Forest, ambassadeur de France en Espagne (1808-1813),* París, 1905, 7 vols. en 4.°.

Jourdan: *Mémoires militaires,* editadas por el barón de Grouchy, París, 1899, 8.°, 494 pp.

Jovellanos, M. G. de: *Cartas de... y lord Vassall Holland sobre la guerra de la Independencia (1808-1811),* Madrid, 1911, 2 vols. en 4.°.

Las Cases, E. (conde de): *Memorial de Santa Elena,* Barcelona, 1944, 3 vols. en 8.°.

Lettres et documentes pour servir a l'histoire de Joachim Murat, publ. por S. A. el príncipe Murat, con notas de Le Brethon, París, 1908, 12 vols. en 8.°.

Llorente, J. A.: *Memorias para la historia de la Revolución española, con documentos justificativos, compilados por Juan Nellerto,* París, 1814, 3 vols. en 8.°.

Macdonald: *Souvenirs du maréchal..., duc de Tarente,* París, 1892.

Marmont: *Memoires du maréchal..., duc de Raguse, de 1792 a 1841,* París, 1857, 9 vols. en 4.°

Mélito, M. de: *Mémoires,* París, 1873, 3 vols. en 8.°.

Meneval: *Mémoires pour servir a l'histoire de Napoléon I depuis 1802 jusqu'a 1815,* 3 vols. en 8.°.

Mesonero Romanos, R. de: *Memorias de un sesentón,* Madrid, 1880, 8.°, 489 pp.

Montgaillard, J. G. M. de: *Memoires diplomatiques (1805-1819),* París, 1895.

Montholon: *Recits de la captivité de l'Empereur Napoléon,* París, 1847, 2 vols. en 8.°.

Murat, Joaquín: *Correspondance de Joachim Murat, chasseur a cheval, general, maréchal de l'Empire...* (julio de 1791-julio de 1808), publ. por A. Lumbroso, 1899, 8.°, 512 pp.

Napoleón I: *Correspondance de...,* publ. por orden del Emperador Napoleón III, 18571870, 32 vols. en 4.°.

—: *Lettres inédites, an VIII, 1815,* publ. por Leon Lecestre, París, 1897, 2 vols. en 4.°

Pradt, M.: *Mémoires historiques sur la Revolution d'Espagne,* París, 1816, 8.°, 406 pp.

Roederer: *Oeuvres de...,* París, 1853, 8 vols. (No se pusieron a la venta).

Savary, M.: *Memoires du duc de Rovigo,* París, 1828, 8 vols. en 4.°.

Suchet: *Mémoires du maréchal..., duc d'Albufera, sur ses campagnes en Espagne depuis 1808 jusqu'à 1814, écrits par lui-même,* París, 1834, 2 vols. en 4.°.

Talleyrand: *Memoires du prince de Benevent,* París, 1801, 5 vols. en 4.°.

Vignau, V.: *Correspondencia de Carlos IV con el Emperador Napoleón. Año 1805,* Rabm, 1897, t. I, pp. 202-204.

II. Obras históricas

Obras generales

Antón de Olmet, F.: *Proceso de los orígenes de la decadencia española. El Cuerpo diplomático español en la guerra de la Independencia,* Madrid, 6 vols. en 8.°, t. IV, *Los afrancesados.*

Arteche, G. de: *Reinado de Carlos IV,* 3 vols. en 4.°.

Arzadun, J.: *Fernando VII y su tiempo,* Madrid, 1942, 8.°, 387 pp.

Becker y González, J.: *Historia de las relaciones exteriores de España durante el siglo XIX,* Madrid, 1924-1926, 3 vols. en 8.°.

—: *La reforma constitucional en España,* Madrid, 1923, 8.°, 333 pp.

Bermúdez de Castro, S. (marqués de Lema): *Antecedentes políticos y diplomáticos de los sucesos de 1808,* Madrid, 1911, vol. I: 1801-1803.

Borrego, A.: *Historia parlamentaria de España durante el siglo XIX, a partir de la instalación de las Cortes generales y extraordinarias de 1810 hasta el advenimiento del rey Don Alfonso XII, por D...,* Madrid, 1886, 2 vols. en 8.°.

Calvo Serer, R.: *España y la caída de Napoleón,* Arbor, 1946, vol. V, pp. 215-258.

Cambronero, C.: *El rey intruso: Apuntes históricos referentes a José Bonaparte y a su gobierno en España,* Madrid, 1909, 8.°, 196 pp.

Danvila y Collado, M.: *Historia del poder civil en España,* Madrid, 1885, 6 vols. en 4.º. (Para el estudio de los decretos josefinos).

Desdevises du Dezert G.: *L'Espagne de l'Ancien Régime,* París, 1897, 3 vols. en 4.º (t. I: *La société;* t. II: *Les institutions;* t. III: *La richese et la civilisation).*

—: *Le Conseil de Castille en 1808,* RHi, 1907, vol. XVI, pp. 66-378.

La España del siglo XIX. *Conferencias históricas del Ateneo,* Madrid, 1886-1888, 3 vols. en 4.º.

Fernández Almagro, M.: *Orígenes del régimen constitucional en España,* Barcelona, 1928, 8.º, 181 pp.

Foy (general): *Histoire de la guerre de la Peninsule,* París, 1827, 4 vols. en 4.º.

Fugier, A.: *Napoleón et l'Espagne (1799-1808),* París, 1930, 2 vols. en 4.º.

Gaffarel, R.: *Regne de Joseph Bonaparte de 1810 a 1812. Les difficultés gouvernamentels,* PCInd., t. IV, pp. 125-176.

Gómez de Arteche, J.: *Historia de la guerra de la Independencia,* Madrid, 1868 1903, 14 vols. en 4.º.

Gómez Hermosilla, J.: *El jacobismo,* 1823, 3 vols.

Grandmaison, G. de: *L'Espagne et Napoleón,* París, 1908-1931, 3 vols. en 4.º.

Grasset, A.: *La guerre d'Espagne (1807-1813),* París, 1914-1932, 3 vols. en 4.º.

Hume, M.: *Historia de la España contemporánea (1788-1898),* Madrid, 4.º, 517 pp.

Jones, J.: *Account of the war in Spain, Portugal and the south of France (1808-1814),* Londres, 1821, 2 vols. en 4.º; París, 1819, 2 vols. en 4.º.

Lecestre, L.: *La guerre de la Peninsule (1807-1813), daprés la correspondance inédite de Napoleon I,* RQH, 1896, LIX, pp. 442-490.

Lefebvre, A.: *Histoire des cabinets de l'Europe pendant la Consulat et l'Empire (18001815),* París, 1866, 5 vols. en 8.°.

Lucas-Dubreton, F.: *Napoleon devant l'Espagne. Ce qu'a vu Goya,* París, 1946, 8.°, 533 pp.

Madelin, L.: *L'affaire d'Espagne,* RDM, 1941, vol. LXV, pp. 257-271; vol. LXVI, pp. 415-427.

Marliani, M.: *Histoire politique de l'Espagne moderne (1810-1840),* París, 1840, 2 vols. en 8.°.

Marx, K.: *La Revolución española,* Madrid, 1929, 8.°, 201 pp.

Masson, F.: *Napoléon et sa famille,* París, 1911, 9 vols. en 4.°.

Méndez Bejarano, M.: *Historia política de los afrancesados,* RABM, 1911, XXIV, 339-349; 498-509; XXV, 107-118, Madrid, 1912, 8.°, 422 pp.

Menéndez Pelayo, M.: *Historia de los heterodoxos españoles,* Madrid, 1888, 7 vols. en 4.°

Muñoz Maldonado, J.: *Historia política y militar de la guerra de la Independencia de España contra Napoleón Bonaparte desde 1808 a 1814, escrita sobre los documentos auténticos del Gobierno, por el Dr. D...,* Madrid, 1833, 3 vols. en 4.°.

Muriel, A.: *Historia del reinado de Carlos IV. Memorial histórico español,* vols. XIX-XXXIV, Madrid.

—: *Los afrancesados. Cuestión política,* Madrid, 1820.

Napier, W. F. P.: *Histoire de la guerre de la Peninsule,* Londres, 1872, 6 vols. en 4.°.

Oman, C.: *History of the Peninsular War,* Oxford, 1930, 7 vols. en 8.°.

Pabón, J.: *Las ideas y el sistema napoleónico,* Madrid, 1944, 4.°, 167 pp.

Pérez de Guzmán, J.: *La historia inédita. Estudios de la vida, reinados, proscripción y muerte de Carlos IV y María Luisa de Borbón, reyes de España,* Madrid, 1909, 8.°, 342 pp.

Picard, L.: *Guerres d'Espagne. Le prologue: 1807: expedition de Portugal,* París, 1911, 8.°, 351 pp.

Príncipe, M. A.: *Guerra de la Independencia. Narración... precedida del relato verídico de los acontecimientos ocurridos durante el reinado de Carlos IV,* Madrid, 1844, 3 vols. en fol.

Rico y Amat, J.: *Historia política y parlamentaria de España,* Madrid, 1860, 3 vols. en 4.°.

Riera y Estada, E.: *El afrancesamiento,* Palma de Mallorca, 1944, 4.°, 20 pp.

Sarrazín, J.: *Histoire de la guerre d'Espagne et de Portugal de 1807 a 1814,* París, 1814, 4.°, 399 pp.

Seignobos, C.: *Transformations des sociétés europeennes au* XIX *siécle,* RCC, 19021903, p. 457.

Sorel, A.: *L'Europe et la Révolution française,* París, 1904, 8 vols. en 4.°.

Suárez, F.: *La crisis política del antiguo régimen en España (1800-1840),* Madrid, 1950, 8.°, 212 pp.

Tap y Núñez de Rendón, N.: *Apuntes para la historia o... principios de la... Revolución de Sevilla... de 1808,* escritos por Mirtilo Sicuritano (seud.), Madrid, 1814.

Thiers, A.: *Histoire du Consulat et de l'Empire,* París, 1865, 3 vols. en 4.°.

Toreno (conde de): *Historia del levantamiento, guerra y revolución de España,* Madrid, 1835-1837, 5 vols. en 8.°.

Vandal: *Napoleon et Alexandre I,* París, 1891-1896, 3 vols. en 8.°

Villanueva, C. A.: *Historia y diplomacia. Napoleón y la Independencia de América,* París, 1912, 8.°, 383 pp.

Villaurrutia, W. (marqués de): *El rey Napoleón...,* Madrid, 1929, 4.°, 226 pp.

Viñas-Mey, C.: *Nuevos datos para la historia de los afrancesados,* BHi, 1924, vol. XXVI, pp. 52-67; 323-328; 1925, vol. XXVII, pp. 97-130.

White, G. F.: *A century of Spain and Portugal (1788-1898),* Londres, 1909, 8.º, 424 pp.

Obras especiales

Advielle, V.: *Joseph Bonaparte, roi d'Espagne,* Rev. «Napoleón», Roma, 1902.

Aguilera, I.: *Notas sobre el libro de Reinoso..., «Delitos...»,* BBMB, Homenaje a Artigas, t. I, pp. 319-386.

Alfaya-López, M. C.: *Noticias para la historia económica y social de España (18001820),* Segovia, 1924, 8.º, 222 pp.

Álvarez Gamero, S.: *Libelos del tiempo de Napoleón,* RHi, 1917, vol. XXXIX, pp. 391582; 1919, vol. XLV, pp. 274-348; 1923, vol. LIX, pp. 301-358.

Antón del Olmet, F.: *La Secretaría de Estado de José Bonaparte,* EM, 1913, vol. CCXCV, pp. 61-73.

Arenilla Sáez, M.: *La teoría de la administración* en *Javier de Burgos desde sus escritos periodísticos,* Sevilla, 1996.

Artola, M.: «Los afrancesados y América», *Revista de Indias,* 1949, vol. IX, pp. 541-567.

Aymes, J. R.: *Los españoles en Francia (1808-1814). La deportación bajo el primer imperio*, Madrid, 1987.

Balagny (comandante): *Campagne de l'Empereur Napoleon en Espagne (1808-1809),* París, 1902-1906, 5 vols. en 8.º.

Bamis, C.: «Napoleón y la guerra de la Península», *Revista de Indias,* pp. 143-165.

Barbastro Gil, L.: *Los afrancesados: primera emigración política del siglo XIX español (1813-1820),* Alicante, 1993.

Becker y González, J.: *Acción de la diplomacia española durante la guerra de la Independencia (1808-1814),* Zaragoza, 1909, 8.º, 256 pp.

Belmontet, L.: *Biographie de Joseph-Napoleon Bonaparte. Let-*

tre politique a la Chambre des Deputés de 1830, París, 1832, 8.°, 86 pp.

—: *Joseph Napoleon jugé par ses contemporains,* París, 1832, 8.°, 52 pp.

Bermúdez de Castro, S. (marqués de Lema): *La política exterior española a principios del siglo XIX,* Madrid, 1935, 8.°, 203 pp.

Bernhardi, T. von: *Napoleons politik in Spanien,* HZ, 1878, vol. XL, pp. 471-511; vol. XLI, pp. 38-116.

Boppe, P.: *Les espagnols a la Grande Armée. Le corps de la Romana (1807-1808). Le régiment Joseph-Bonaparte (1809-1813),* París, 1899, 8.°, 237 pp.

Bugueño, Jesús: *Geografía política de la España constitucional: la división provincial,* Madrid, Centro de Estudios Políticos y Constitucionales, 1996.

Busaall, J.-B.: *Le regne de Joseph Bonaparte: Une experiencie décisive dans la transition de la Ilustration au liberalisme modéré.*

Camp, F.: *Contribución al estudio de la administración napoleónica en Cataluña (1808-1814),* Estudio, 1914, vol. VII, pp. 214-223.

—: *Contribución al estudio de la administración de Barcelona por los franceses (18081814),* Barcelona, 1920, 8.° (Publ. I).

Carreras Bulbena, J. R.: *La influencia de los afrancesados en los constitucionalistas,* BRABLB, 1929, vol. XXIX, pp. 165-174.

Cavanilles, A.: *Diálogos políticos y literarios y discusiones académicas (Los afrancesados),* Madrid, 1859, 8.°, 300 pp.

Conard, P.: *La Constitution de Bayonne. Essai d'édition critique,* Lyon, 1909, 4.°, 182 pp.

—: *Napoleon et la Catalogne. Etude sur le régime de l'ocupation française en Espagne,* París, 1909, 8.°, 476 pp.

Cortines y Murube, F.: *Noticias sobre un afrancesado (D. Félix José Reinoso),* RABM, 1909, vol. XXII, pp. 555-558.

Courteault, P.: *Un homme d'Etat espagnol inhume à Bordeaux en 1926. (Azanza),* RPh, 1939, abril-junio.

Chaves, M.: *Alberto de Lista,* Sevilla, 1912, 4.°, 124 pp.

De Lanzac de Laborie: *Joseph Bonaparte en Madrid (1809-1811),* C. 10 de abril de 1925.

Deleito y Piñuela, J.: *La emigración política durante el reinado de Fernando VII,* Asociación Española para el Progreso de las Ciencias, Congreso de Bilbao, t. I, p. 139.

—: *La expatriación de los españoles afrancesados, 1813-1820,* N. T. junio de 1921, núm. 270, pp. 257-273; julio de 1921, núm. 271, pp. 29~46.

—: *La intervención de los españoles expatriados en los sucesos de los Cien Días,* Asociación Española para el Progreso de las Ciencias, Congreso de Oporto, 1921, vol. VIII, pp. 45-56.

—: *El regreso de los afrancesados a España en 1820,* Madrid, 1927, 4.°, 7 pp.

Desdevises du Dezert, G.: *De Trafalgar a Aranjuez (1805-1808). Notas de historia diplomática,* Madrid, 1907, 4.°, 45 pp.

—: *Ideas de Napoleón acerca de España,* ReAra, 1908, vol. II, pp. 40-50, 118-128, 203-212.

—: *L'intervention de Napoleon en Espagne,* RCC, 1902, 1903; vol. XI, pp. 355369, 400-415, 506-522, 554-567, 758-798; vol. XI2, pp. 58-72, 115-130, 175-189, 317-331, 355-368, 450-463, 491-505.

—: *L'intervention française en Espagne en 1808,* RCC, 1904-1905; vol. XIII1, pp. 176-189, 452-465; vol. XIII2, pp. 27-39, 77-88, 117-131, 161-175, 241-255.

—: *La Constitution de Bayonne,* PCInd, t. II, pp. 41-72.

—: *L'Espagne heroique,* RCC, 1902-1903, núm. I, p. 355.

Ducere: *Napoleon a Bayonne. D'aprés les contemporaines et des documents inédits,* Bayona, 1897, 8.°, 348 pp.

Du Fay, H. G.: *Coup d'œil sur le mouvement européen de 1790 a 1814 justifiant l'invasion d'Espagne de 1808, où notice sur le marquis de Spoleta* (sic. *por Sotelo), conseiller d'Etat du roi d'Espagne Joseph Napoleon,* París, 1855, 8.º, 248 pp.

Dufour, G.: «Infidencia et afrancesamiento: quelques donnes statistiques», *Etudes d'histoire et de litterature ibero-americaines,* París, 1973.

Dupuis, L.: «A propos d'afrancesamiento», *Caravelle I,* 141.

F., M. de: *José Bonaparte,* Alh, 1839, vol. II, pp. 432-433, 454-455, 477-478, 490-492; 1840, vol. IV, pp. 11-12, 179-180, 262-264, 275-276, 285-288.

Fernández Sebastián, J.: *La génesis del fuerismo. Prensa e ideas políticas en la crisis del Antiguo Régimen (País Vasco, 1750-1840),* Madrid, 1991.

García Madaria, J. M.ª: *El pensamiento administrativo de P. Sainz de Andino (18291848),* Madrid, 1982.

Genovés Amorós, V.: *Estancia en Valencia del rey Don José I,* Valencia, 1929, 4.º, 38 pp.

Geoffrey de Grandmaison, C.-A.: *Murat en Espagne daprés des documents nouveaux,* C., 1899, vol. CXCV, pp. 1156-1183; vol. CXCVI, pp. 124-147.

—: *Les princes d'Espagne à Valençay (1808-1814),* C., mayo-junio de 1900, vol. CXCIX, pp. 703-732; 1132-1150.

—: *Talleyrand et les affaires d'Espagne en 1808 (D'aprés les documents inédits),* RQH, 1900, vol. LXVIII, pp. 511-531.

—: *Napoleon en Espagne (novembre 1808-janvier 1809),* C., vol. CCXXX, pp. 647672.

—: *L'Etat-major du roi Joseph, d'aprés des documents inédits et les archives de la guerre,* C., 1913, vol. CCXXV, pp. 356-376, 984-1916.

—: *Les débuts de Joseph Bonaparte à Madrid (janvier-abril 1809),* RQH, 1908, vol. LXXXIII, pp. 543-574.

—: *Savary en Espagne,* RQH., enero 1900, vol. LXVIII, pp. 188-213.

—: *Un ambassadeur de Napoleon. Le comte de La Forest,* C., 1904, vol. CCXVIII, pp. 1165-1186.

—: *La cour de Joseph Bonaparte à Madrid (1809-1813),* C., 1912, vol. CCXIVI, pp. 762-785.

—: *La France et l'Espagne pendant le premier Empire (archives espagnoles),* Besançon, 1899, 8.°, 71 pp.

—: *La cour de Joseph Bonaparte à Madrid,* Polyb., 1911, p. 156.

—: *Napoleon à Bayonne. Les Cents Jours de 1808. (Avril-juillet),* RHeb, 1908, vol. I, pp. 456-480; vol. II, pp. 75-99.

Girardin, C.-S. X.-L. (conde de): *A la cour de Joseph Bonaparte à Madrid (18091813),* París, 1911, 8.°, 192 pp.

Historia constitucional, revista electrónica: http://hc.rediris.es/07/index.html

Hugo, A.: *Souvenirs et memoires sur Joseph Napoleon,* RDM, 1833, t. I, p. 307.

Juretschke, H.: *Vida, obra y pensamiento de Alberto Lista,* Madrid, 1951, 4.°, 717 pp.

—: *Los afrancesados en la Guerra de Independencia: su génesis, desarrollo y consecuencias históricas.*

Labat, L.: *La château de Márracq,* RHeb, 1897.

Lasso de la Vega, M.: *Un gentilhombre de José I. El marqués de Arrieva,* Madrid, 1922, 4.°, 25 pp.

—: *Mr. Frederic Quiliet, comisario de Bellas Artes del Gobierno intruso (1809-1814),* Madrid, 1933, 4.°, 94 pp.

Lefebvre, A.: *Les Bourbons d'Espagne en 1807 et en 1808,* RDM, 1847, vol. XVIII, pp. 217-248, 509-537, 675-713.

López Tabar, J.: *Los famosos traidores. Los afrancesados durante la crisis del Antiguo Régimen (1808-1833)*, Madrid, 2001.

Mathorez, J.: *Les refugiés politiques espagnols dans l'Orne au XIX siécle,* BHi, 1915, XVII, pp. 260-279.

Mercader, J.: *La anexión de Cataluña al Imperio francés (1812-1814),* His., 1947, vol. VII, pp. 125-141.

—: *Puigcerdá, capital del Departamento del Segre. Noticias inéditas sobre el dominio napoleónico en España,* Pir., 1948, vol. IV, pp. 413-454.

—: *Barcelona durante la ocupación francesa (1808-1814),* Madrid, 1949, 4.°, 527 pp.

—: *Las divisiones territoriales napoleónicas en el Principado de Cataluña,* EG., 1949, vol. X, pp. 251-298.

—: *José Bonaparte rey de España (1808-1813). Estructura del Estado español bonapartista*, Madrid, 1983.

Moliner Prada, Antonio: *Estructura, funcionamiento y terminología de las Juntas Supremas Provinciales en la guerra contra Napoleón,* Barcelona, 1981.

Morel-Fatio, A.: *D. Juan Antonio Llorente,* BHi, 1921, vol. XXIII, p. 116.

—: *D. Francisco Amorós, marqués de Sotelo, fondateur de la gymnastique en France,* BHi, 1924-1925, vol. XXVI, p. 209; vol. XXVII, p. 37.

—: *Le moine «afrancesado» Manuel Concha, d'aprés les «Memoires» du general Hugo et de Victor Hugo et des documents inédits,* RHLF, vol. XXX.

Murat, J. (conde de): *Murat lieutenant de l'Empereur en Espagne,* 1808.

—: *D'aprés sa correspondance inédite,* París, 1897, 4.°, 478 pp.

Muriel, A.: *Notice sur D. Gonzalo O'Farrill,* París, 1831, 8.°, 82 pp.

Núñez de Arenas, M.: *Llorente en Burdeos,* BHi, 1928, vol. XXX, pp. 72-74.

Pastor Díaz y Cárdenas, T. de: *Galería de españoles célebres contemporáneos. Félix José Reinoso,* Madrid, 1841, vol. VII, pp. 97-223.

Pérez Bua, M.: *Publicación y juramento de la carta otorgada de Bayona por el Consejo de Castilla,* Sevilla, 1911, 8.°, 61 pp.

Pérez y González, F.: *Un cuadro de... historia: alegoría de la villa de Madrid, por Goya. ¿Goya fue afrancesado? Investigaciones históricas y artísticas,* Madrid, 1910, 8.°, 214 pp.

Pérez de Guzmán y Gallo, J.: *Bosquejo histórico de la «Gaceta»,* Madrid, 1902, 8.°, 248 pp.

—: *El Dos de Mayo de 1808,* Madrid, 1908, 4.°, 867 pp.

—: *La corte del rey José,* IEA, 1908, vol. LXXXV, pp. 342-343; 367; 369-371.

Pietri, F.: *Un caballero en El Escorial,* Madrid, 1947, 4.°, 354 pp.

Pingaud, L.: *Bernadotte, Napoleon et les Bourbons (1794-1844),* París, 1901, 8.°, 458 pp.

Rincón Lazcano, J.: *Regreso a España de José I en 1811 y obsequios dispuestos a su entrada en Madrid,* RevBAM, 1924, vol. I, pp. 493-501.

Rogers, P. P.: *The Spanish sobriquets of Joseph Bonaparte,* PhQ, 1930, vol. IX, pp. 390-394.

Rousseau, F.: *Retraites du roi Joseph et du maréchal Soult dans le royaume de Valence (Armees du Centre et du Midi),* RHi, 1897, vol. VI, pp. 129-138.

—: *Les societés secretes en Espagne au xviii siécle et sous Joseph Bonaparte,* REH, marzo-abril de 1914, pp. 170-190.

Roy, J. J. E.: *Les français en Espagne. Souvenirs des guerres de la Peninsule (1808-1814),* Tours, 1856, 12.°.

Salillas, R.: *En las Cortes de Cádiz. Revelaciones acerca del Estado político y social,* Madrid, 1910, 8.°, 336 pp.

Sanz-Cid, C.: *La Constitución de Bayona,* Madrid, 1923, 8.°, 499 pp.

Sarrailh, J.: *D. Juan Antonio Llorente,* BHi, 1923, vol. XXV.

Savine, A.: *L'abdication de Bayonne d'aprés les documents d'archives et les memoires,* París, 1908, 16.°, 192 pp.

Serrano Jover, A.: *Recuerdos históricos. La residencia de Marrac,* EM, 1909, vol. CCLII, pp. 123-132.

Vignau, V.: *Documentos referentes a D. Leandro Fernández de Moratín,* RABM, 1898, vol. II, p. 221.

Villaurrutia, W., (marqués de): *Relaciones entre España e Inglaterra durante la guerra de la Independencia,* Madrid, 1911, 3 vols. en 4.º.

Welschinger, H.: *Talleyrand et la guerre d'Espagne,* EM, 1908, vol. CCXXXVII, pp. 162-169.

Índice onomástico